# 리더십의 **성공**과 실패

조 윤 수 지음

대부등大不等

# 리더십의 성공과 실패

| | |
|---|---|
| 초판 1쇄 발행 | 2025. 5. 9. |
| 지 은 이 | 조윤수 |
| 표지디자인 | 홍나희 |
| 편집디자인 | 김소희 |
| | |
| 펴 낸 이 | 조윤수 |
| 기    획 | 홍나미 |
| 펴 낸 곳 | 대부등<br>출판등록 2007년 8월 3일(제2001-000042호) |
| 주    소 | 서울특별시 용산구 이촌로 71길10, 11층 |
| 블 로 그 | blog.naver.com/bigpinetree2022 |
| 이 메 일 | bigpinetree2021@nate.com |
| 전 화 번 호 | 010-2419-6659 |
| | |
| 정    가 | 19,800원 |
| ISBN | 978-89-960182-6-1 |

ⓒ 대부등大不等 2025

※ 본 책 내용의 전부 또는 일부를 사용하려면 반드시 저작권자의 사전 서면 동의를 받으셔야 합니다.

# 리더십의
# 성공과 실패

조윤수 지음

대부등大不等

위대한 대통령은 국민의 삶과 관련하여 역사적 생각과 결단이 분명해야 할 특정시기에 사상의 지도자들이었다. 변화에 민첩하게 대응하는 기민한 리더십이 없다면 우리는 모두 수렁에 빠지거나 갈 길을 잃게 될 것이다.

- 프랭클린 델러노 루스벨트 -

## 들어가며

 외교관으로 여섯 나라에 근무하였는데 우연히도 근무하던 나라마다 대선 또는 총선이 열려 이를 주의 깊게 살펴보았다. 지도자를 뽑는 선거이기에 후보들의 성향·경력·업적과 함께 그 나라의 정치·경제·사회적 문제를 파악할 좋은 기회였으며 계기에 역사도 들추어보곤 하였다. 또한 50여 개 나라를 출장·여행하는 가운데 어떤 나라는 폐허와 갈등을 극복하고 발전하여 국민들의 생활이 윤택한 반면, 어떤 나라는 풍부한 인적·물적 자원 그리고 온후한 기후에도 불구하고 겨우 살아가거나 심지어 많은 사람들이 나라를 등지는 상황에 이른 것을 보면서 무엇이 이러한 차이를 가져왔을까 하는 호기심도 생겼다.

 중국의 덩샤오핑은 1978년부터 15여 년 간 통치하는 동안 개혁개방을 실시하여 현재 G2 국가가 될 수 있는 기반을 마련하였다. 베네수엘라의 우고 차베스도 1999년 집권하여 2013년 사망할 때까지 14년간 기존의 제도와 정책을 완전히 바꾸었으나 나라는 빈곤의 늪으로 빠져들었다. 두 지도자 공히 거의 비슷한 기간 동안 강력한 권한을 가지고 통치하였는데 상반된 결과를 가져왔다.

 왜 어느 국가는 어려운 가운데도 성장하고 어느 국가는 좋은 여건에도 쇠퇴하는가? 2024년 노벨경제학상을 받은 아제모을루 MIT 대 교수는 제도와 체제가 포용적인가, 착취적인가에 따라 국가의 소득과 생활수준이 극심한 차이를 보이는 사례를 제시하였는데 그 한 예가 남북한이다. '총·균·쇠'의 제러드 다이어먼드 교수나 '지리의 힘' 저자인 팀 마샬은 경제력이나 문명 발달 수준의 차이가 지리나 기후 등의 환경적인 요인에 따라 나타난다고 주장하였다. 이와 같이 제도적 요인과 지리적 요인이 국가의 융성과 쇠퇴와 연관되어 있다는 주장이 상당한 공감을 얻었다. 이에 반해 나는 어느 나라의 과거와 현재를 조사하면서 무엇보다 지도자를 살펴보았는데, 국가의 발전은 지리적 환경이나 제도·체제에 못지않게 지도자의 역량에 따라 크게 다르게 전개된다는 생각이 들었기 때문이다.

세계 인류문명의 발상지인 메소포타미아의 이라크는 토양이 비옥하고 에너지 자원도 풍부하다. 중동에서 오래전부터 전해지는 이야기로 '이집트에서 책을 저술하면 레바논에서 인쇄하고 이라크 인들이 읽는다.'라고 할 정도로 이라크 인들은 예전부터 지적 수준이 높았다. 그러하기에 미국 CIA는 1970년에 예측하기를 한 세대 후인 2000년이 되면 이라크가 세계 10대 경제 강국이 될 것이라고 보았다. 그러나 2014년 내가 이라크를 방문하기 위하여 바그다드 공항에 도착하였을 때 가장 먼저 방탄복을 입어야 할 정도로 불안하였으며 지금도 혼란스럽다. 시내로 들어가는 동안 곳곳에 총탄의 흔적을 보면서 사담 후세인이라는 한 지도자의 잘못된 통치로 나라가 이렇게 무너질 수 있구나 하는 생각이 들었다. 2016년 튀르키예와 시리아 국경에서 하루하루 생활을 어렵게 이어가고 있는 수많은 시리아 난민을 보았는데 교육과 위생은 언감생심이었다. 이 난민들은 1971년 이후 집권해 온 아사드 부자父子 정권 치하에서 삶의 위협을 받아 고향을 등지고, 먼 이국에서 오직 생명만 부지하고 있었다. 지도자의 통치가 실패하여 국민들이 가난과 불안 속에 살고 심지어 생존을 위협받는 정도까지 이르는 경우가 적지 않다.

현장에서 이러한 사례를 보면서 과연 지도자들은 어떠한 역량을 가져야 할까, 성공한 지도자들은 어떻게 국정을 운영하였을까 하는 생각이 들어 여러 나라 지도자의 정치역정을 살펴보았다. 아울러 대외 전쟁을 일으키거나 선동적인 발언을 하고 포퓰리즘 정책을 펼치는 지도자로 인하여 국가가 점차 무너지는 경우도 있어 실패한 지도자에 대해서도 조사해 보았다. 외교관이었기에 근무한 나라의 지도자를 만나기도 하고 가까이에서 관찰하기도 하였다. 이를 바탕으로 지도자의 특성에 대하여 기록하였으며, 그들에 대한 각종 자료를 조사하기도 했다.

싱가포르 근무 중에는 리콴유 총리의 역량을 볼 기회가 있었다. 1995년 9월, 싱가포르를 방문한 이홍구 총리가 리콴유 선임장관과 면담하던 때의 분위기를 나는 지금도 잊지 못한다. 리콴유는 싱가포르가 독립한 1965년부터 1990년까지 25년간 총리를 역임한 이후 고촉동 총리에게 권력을 이양하고 선임 장관으로서 싱가포르의 중장기 전략을 구상하거나 국제 흐름에 대한 식견을 세계 여러 지도자와 공유하고 있었다. 싱가포르의 국부, 아시아의 현인으로 지칭되는 지도자와의 회담이어서 실무자로서 어느 때보다 많은 자료를 준비하였다. 그러나 두 지도자는 착석하자 각기 실무자들이 준비해 준 자료를 보기보다 회담 내내 자유토론 방식으로 의견을 교환하였다. 리콴유는 착석하자마자 중국이 급속히 변화하고 있다고 하면서 중국에 대한 이홍구 총리의 평가와 전망에 대한 의견을 문의하였다. 그는 수천 년에 걸쳐 중국과 긴밀한 관계를 유지해 온 한국, 그 가운데 국제정치학자로 명성이 높은 이홍구 총리의 중국에 대한 의견을 듣고 싶어 했다. 두 지도자가 외교적인 격식에 구애됨이 없이 중국의 변화에 대한 심도 있는 의견을 자유롭게 나누는 것은 젊은 외교관에게 신선한 충격이었다. 이로부터 30년이 지난 현재 우리 지도자들의 역량은 어떠할까?

2003년 8월, 베를린에 부임하였을 때 독일의 정치는 매우 뜨거웠다. 그해 3월 슈뢰더 총리가 의회에서 제안한 개혁법안인 '어젠다 2010'에 대하여 의회·노동계·시민단체의 반대로 온 나라가 들쑤셔지고 있었다. 당시 독일은 높은 실업과 저성장, 동서독 주민 간의 갈등 등으로 유럽의 병자라고 조롱받을 정도로 경기가 침체된 상황이었다. 사회 분위기를 파악하기 위하여 내가 만난 대학 졸업생들은 직장을 구하기가 힘들다 보니 정부에 대하여 강한 불만을 나타내고 있었다. 지역 간의 갈등도 심화되어 사람들은 오씨(Ossi, 동독주민에 대한 비판적 표현), 베씨(Wessi, 서독주민에 대한 비판적 표현) 등 상대를 비하하는 용어도 종종 사용하고 있었다. 어젠다 2010은 실업급여 등 복지를 줄이고 저임금 일자리를 늘이는 내용을 담은 노동개혁 법안이었다. 이에 대하여 집권당의 지지기반인 사민당과 연정 파트너인 녹색당 그리고 노동계에서 강하게 반대했다. 이에 총리는 사민당 의원, 노동계 지도자들을 직접 접촉하여 독일 경쟁력을 회복하기 위하여 개혁 법안을 지지해 주도록 설득하였으나 워낙 저항이 심하여 한계가 있었다. 이에 총리에 대한 신임투표를 실시하였으나 실패하여 조기 총선을 실시하여야 했다. 슈뢰더의 개혁 법안은 의회에서 힘겹게 통과되었지만, 사민당은 총선에서 다수 의석을 확보한 기민당의 메르켈 총리에게 정권을 내주어야 했다. 그럼에도 어젠다 2010 법안을 통한 노동 개혁이 계속 추진되어 독일은 2006

년 이후 경제가 회복되기 시작하였으며 유럽의 선도 국가로 우뚝 서게 되었다. 우리도 국가 경쟁력 확보를 위하여 연금·의료·교육·노동 개혁이 필요하지만, 어느 정당이나 지도자가 이를 추진할 역량이 있을까 하는 의구심이 든다.

2009년 3월, 미국 휴스턴 총영사로 부임하였을 때 2008년 발생한 금융위기가 지속되고 있어 혼란스러웠다. 2009년 1월 막 출범한 오바마 정부는 경기부양법안과 금융개혁법안을 의회에 제출하는 등 미국 경제의 회복에 총력을 기울이고 있었다. 이와 동시에 오바마는 건강보험에 가입하지 못한 저소득층 등 사회약자를 위하여 모든 미국인이 의료보험에의 가입을 의무화하는 건강개혁법안을 의회에 제출하였다. 이 법안에 공화당뿐만 아니라 일부 민주당 의원들도 강하게 반대하여 오바마는 일부 조항을 완화하여 민주당 반대의원을 설득하고 하원의장, 공화당 상원 대표 그리고 여야의원들을 만나 협조를 구하였다. 나아가 국민들에게 그 필요성을 설명하기 위하여 타운 홀 미팅과 여러 언론매체를 통하여 끈질기게 설득하는 것이 인상적이었다. 공화당 의원들은 의료 수가가 높아지고, 의료보험에 들지 않는다고 하여 벌금을 내는 것은 개인의 자유를 제한하는 불합리한 조치임을 시적하면서 의회에서 토론 시 필리버스터를 전개하기도 하고 보수 우익의 티파티 의원들은 시내 곳곳에서 반대 시위를 하였다. 그러나 오바마의 끈질긴 노력으로 오랫동안 채택되지 못하였던 건강개혁법안이 간신히 통과되었다. 이후 트럼프 대통령 1기 집권 기간에 의무적 가입조항은 삭제되어 그 효과가 일부 희석되었지만, 오바마케어의 기본 골격은 현재도 유지되고 있다. 대통령이 반대자를 설득하기 위하여 혼신의 노력을 기울이던 미국의 정치를 보면서

여·야간의 협치는 차치하고 정책 사안에 대한 토론조차 이루어지지 않고 있는 우리의 정치 현실이 답답할 따름이다.

이 책에서는 15명의 지도자를 소개할 것이다. 13명은 성공한 사례로, 2명은 실패한 사례로서 그들의 인생 역정과 함께 업적 그리고 비판받는 내용도 같이 수록되어 있다. 이들 지도자 개개인에 대한 전기와 평전 등 책이 여러 권이 출판되어 있어 손쉽게 구할 수 있으며, 이러한 책들은 한 지도자를 다루기에 세밀하고 깊이가 있다. 그러나 필자는 한 개인에 대하여 종적으로 심도 있게 분석하는 접근방식 대신 15명의 지도자에 대하여 조사한 후 그 성과를 횡적으로 살펴보았다. 이를 통하여 여러 지도자의 성장배경·시대적 상황·주요 시행정책과 성과·현재에 주는 교훈 등을 비교하여 보니 공통된 특징이 나타나며 이는 우리에게도 좋은 시사점을 제공하고 있다. 예를 들어 13명의 성공한 지도자들 대부분이 젊어서부터 관심 사안에 대하여 기록하면서 자신의 입장을 정립해 나갔고, 지도자가 되어서는 국가 운영을 위한 현실적인 정책을 제시하였을 뿐만 아니라 이를 바탕으로 의회·언론 및 대국민 접촉을 통하여 상대방을 끈질기게 설득해 나갔다는 점에 공통점이 있었다. 이에 반해 2명의 실패한 지도자들은 집권 후 먼저 언론을 장악한 후 여론을 통제·조작하거나 자신의 정권 연장 도구로 사용한 점이 비슷했다.

여러 지도자가 서로 다른 환경에서 위기를 헤쳐 나가는 과정을 비교해서 보면서 얻는 특징이나 교훈은 우리 지도자들에게 참고가 될 수 있다. 현재 우리가 처한 시대적 환경을 좇아보니 1980년 미국의 상황과도 비슷한 점이 있었다. 당시 미국은 닉슨·포드·카터 대통령 집권 12년 동안 리더십의 위기로 국민들은 희망을 잃고 국가는 방향을 헤매는 상황이었는데 새로이 집권한 레이건 대통령은 국민들에게 희망을 불어넣어 주었으며 국가 경제를 회복하고 세계평화를 달성하였다. 우리는 지난 10여 년간 리더십의 위기로 나라가 불안한 상황이다. 이제 앞으로 새로이 등장할 지도자는 현 위기 상황을 수습하고 국가 경제를 회복해야 한다. 통찰력을 가지고 무엇을 할 것인가에 대하여 명확한 방향을 설정할 수 있어야 하며, 또한 자신이 제시한 정책을 실천할 용기와 책임감을 가져야 할 것이다. 이러한 점에서 성공한 지도자의 정치역정을 살펴, 앞서간 지도자의 통치에서 역사적 교훈을 얻을 필요가 있다.

지도자의 역량에 따라 국가의 향배가 크게 달라지기에 성공한 지도자에 대한 연구는 이어지고 있다. 헨리 키신저 박사는 '리더십'이라는 책에서 자신이 만난 6명의 지도자를, 마이클 만델바움 교수는 '20세기의 거장'이라는 책에서 8명의 지도자를, 그리고 도리스 굿윈 전기 작가는 '혼돈의 시대, 리더의 시대'라는 책에서 4명의 대통령을 소개하고 있어 이 책을 쓰는 데 도움이 되었다. 김황식 총리의 '독일의 힘, 독일의 총리들' 이라는 책이 있지만 독일의 지도자에만 초점을 맞추고 있으며, 국내 서적 중에는 여러 국가의 지도자 리더십에 접근한 사례가 없다. 이 책에서는 미국·유럽·아시아·남미의 15명 지도자를 살펴 보았는데 앞으로도 지역·시대를 확장하여 조사해 나갈 예정이다. 다른 나라의 성공한 지도자 경험을 정면교사로 삼고 실패한 지도자의 실정을 반면교사로 삼아 향후 국가를 경영하게 될 우리 지도자가 성공한 대통령이 되기를 바라는 마음 간절하다.

# 목차

들어가며 ·················································· 6

I. 시어도어 루스벨트 대통령(미국) ················· 15
   - Square Deal 공정한 거래

II. 프랭클린 델러노 루스벨트 대통령(미국) ········· 33
   - New Deal 새로운 거래

III. 존 에프 케네디 대통령(미국) ··················· 53
   - New Frontier 새로운 개척

IV. 로널드 레이건 대통령(미국) ···················· 67
   - Government is the Problem 정부가 문제다

V. 윈스턴 처칠 수상(영국) ························· 91
   - Blood, Toil, Tears and Sweat 피와 눈물과 땀

VI. 오토 폰 비스마르크 재상(독일) ················ 105
   - Blood and Iron 피와 철

VII. 빌리 브란트 총리(독일) ······················· 125
   - Change through Rapprochement 접촉을 통한 변화

VIII. 게르하르트 슈뢰더 총리(독일) ················ 139
   - Agenda 2010 어젠다 2010 개혁

# 목차

IX. 앙겔라 메르켈 총리(독일) ·················· 153
 - Freedom 자유

X. 샤를 드골 대통령(프랑스) ·················· 173
 - The State is Me for Now 내가 국가이다

XI. 덩샤오핑 지도자(중국) ···················· 197
 - 黑猫白猫, 韜光養晦 검은 고양이와 흰 고양이,
   기다리며 실력을 기른다

XII. 리콴유 총리(싱가포르) ···················· 211
 - From Third World to First 삼류국가에서 일류국가로

XIII. 아타튀르크 대통령(튀르키예) ·············· 225
 - Peace at Home, Peace in the World
   국내의 평화를 통해 세계의 평화로

XIV. 블라디미르 푸틴 대통령(러시아) ············ 239
 - Russia is a Great Power 러시아의 영광 회복

XV. 우고 차베스 대통령(베네수엘라) ············ 255
 - Until Victory, always! 승리할 때까지 계속!

글을 마치며 ································ 273

참고한 자료 ································ 281

# Ⅰ. 시어도어 루스벨트 대통령
## (미국)

개인이나 국가는 스스로 강해야 한다는 자조·자강의 정신으로 시대 흐름에 따라 항상 변화하고 성장을 모색해야 한다는 입장을 견지하면서 이에 맞는 현실적인 정책을 추구하였다.

미국의 26대 대통령, 시어도어 루스벨트 대통령(TR)이 사망한 지 100년이 지났지만 지금도 그의 기록과 업적이 자주 인용되고 그에 대한 전기가 종종 나오고 있다. 그는 미국인들에게 여전히 인기가 있고 그의 치적은 높이 평가받고 있는데 사우스다코타 주의 러시모어 산에 조각되어 있는 4명의 대통령 얼굴상에 시어도어 루스벨트 대통령이 포함되어 있다는 데서도 나타난다. 대내적으로 대기업의 횡포를 막았고, 국립공원을 조성하여 환경을 보호하였다. 대외적으로 파나마 운하를 건설해 나가고, 먼로 독트린을 적용하여 미주대륙에 대한 유럽 세력의 관여를 억제하였으며, 국제무대에서 미국의 주도권을 확립해 나갔다. 또한 러일전쟁의 중재자로서 국제적 평화를 정착시키는 데 기여한 것으로 평가받아 노벨평화상을 수상하기도 했다.

그러나 그는 무너져 내리는 조선에 대하여 냉정했던 지도자였다. 구한말 조선이 흔들리고 그 마지막 불꽃이 꺼져 갈 때 고종은 필사적으로 미국의 구원을 요청하였지만, 당시 루스벨트 대통령은 매몰차게 이를 뿌리치고 초지일관 일본을 지지하였다. 그러하기에 조선에 대하여 냉대하였던 그의 리더십을 평가하면서 긍정적인 면을 기술하는 것에 꺼림칙한 점도 있다. 우리는 시어도어 루스벨트 대통령을 주로 조선과 연관시켜 보는 경향이지만, 그가 조선에 대하여 취한 입장은 그의 냉철한 세계관이 나타났을 뿐이다. 오히려 쇄국정책을 견지하던 조선은 세상이 어떻게 변하고 있고, 미국이 세계 주요 국가들과 어떻게 협상하고 있는가를 전혀 몰랐다.

그에 대한 기록을 읽으면 읽을수록 그 개성이 독특하다는 것을 느낀다. 미국인들이 존경하는 지도자가 국내문제에서 어떻게 대응하였는지 그리고 국제 정세를 어떤 시각을 가지고 보면서 대처하였는지를 냉정하게 살펴보는 데 있어 그의 사례는 매우 유용하다. 이는 그가 미친 영향력이 지금까지 이어 내려오고 있어 미국을 이해하는 데 도움이 되기 때문이다.

## 독특한 개성과 용기의 소유자

시어도어 루스벨트 대통령은 1901년 윌리엄 매킨리 대통령이 암살된 이후 42세에 대통령으로 취임하였는데 120년이 지난 지금까지도 가장 젊은 나이에 대통령이 된 경우이다. 그는 1909년까지 8년 조금 못 미친 기간 통치하면서 뚜렷한 족적을 여럿 남겼다. 1904년 대선에서 승리한 이후 3선 출마를 하지 않겠다고 서둘러 선언하여 재임 중 레임덕 현상도 생기기도 했다. 임기를 마친 후 개인적인 삶을 누리다가 자신이 재임시 추진하던 자연보호 정책·노동 개혁·대기업 규제 등의 정책을 후임인 태프트 대통령이 훼손시켰다는 이유로 불출마 약속을 어기고 1912년 대선에 제3후보로 뛰어들었다. 그는 개혁당(the Progressive Party)을 창당한 후 여성의 참정권 부여, 8시간 근로시간제, 아동노동 금지, 대기업 규제, 노인 사회보장, 국가건강보험제도 도입 등 상당히 진보적인 공약을 내걸고 출마하였다. 태프트 현직 대통령보다 많은 2위의 선거인단 득표를 하였지만 그의 출마로 공화당이 분열되어 우드로 윌슨 민주당 후보가 어부지리로 당선되었다.

그는 집권 이전부터 개성이 강했는데 그가 강조했던 용어를 통해서 그의 특성을 이해할 수 있다. 뉴욕주 주지사 시절 이후 평온한 삶이 아니라 땀과 노력, 노동과 투쟁이 스며있고 어려움을 마다하지 않는 '격렬한 삶(the Strenuous Life)'을 유지하고 '마지막까지 간다(Go to the last drop)'라는 정신으로 노력해야 궁극적으로 영광과 성공을 거둔다고 강조해 왔다.

그의 행동은 독특한 기행이라고 비판받기도 하고 용기 있는 행동이라고 격찬을 받기도 하였다. 해군성 차관보직을 사직하고 자원 기병대(Rough Riders)를 조직한 후 스페인과의 전쟁에 직접 참전하여 무공을 거두었다. 대통령직을 마친 이후 1909~1910년 1년 동안 스미스소니언 박물관과의 협력 프로그램 일환으로 아프리카 동부 및 중부 지역(현재 케냐·우간다·콩고민주공화국)에서 사파리 및 사냥 여행을 하면서 각종 동물표본을 수집하였다. 1912년 대통령 후보 유세를 위하여 이동하는 중 암살 시도를 겪었는데 총알이 그의 갈비뼈에 박힌 가운데도 예정된 일정을 강행해 나가면서 한 시간 반이나 연설할 정도로 강인함을 보이기도 했다.

## 20세기를 연 새로운 리더십

시어도어 루스벨트가 대통령직을 수행하기 전 시대인 19세기의 100여 년 동안 미국은 국내외적으로 변모하면서 새로운 상황에 직면했다. 1800년에 13개 주 500만여 명 인구에서. 1900년에는 45개 주 7,600

만 여 명 인구로 영토·인구 측면에서 급격히 팽창하였고 국제무대에서 강대국으로 부상해 나가고 있었다. 1861~1865년간 남북 전쟁으로 흑백 인종 간 갈등을 겪었고, 산업혁명의 영향으로 자본가와 노동자 간의 빈부격차가 확대되는 등 사회 불안 요인이 가중되고 있어 새로운 방향 설정이 필요한 시점이었다.

이러한 시점에 그는 전임 대통령의 피살로 갑자기 집권하였지만 통치한 8여 년 동안 새로운 리더십을 발휘하여 미국의 변화를 선도하였다. 집권 초기에는 전임 대통령이 임명한 고위 인사를 교체하는 대신 전임 대통령의 정책이나 인사를 그대로 유지해 나가면서 임무를 맡은 사람들이 불안감 없이 일에 충실할 수 있도록 하는 분위기를 조성하였다. 대통령은 또한 충분한 경험과 자격을 갖춘 인사를 엄선했으며, 자신과 의견 또는 업무 성향이 달라도 성과를 낼 수 있는 인사를 발탁하여 활용하였다. 그는 인사 기준을 새롭게 설정하는 등 인사에 특히 커다란 노력을 기울였는데, 좋은 인물을 활용할 경우 많은 시간을 절약하고 중장기적인 성과를 거둘 수 있다고 보았기 때문이다. 이러한 입장에 따라 고위직 인사뿐만 아니라 민감한 사안을 다루는 중하위직의 인사에도 관심을 기울였다. 아울러 연공서열 대신 성과 위주의 인사를 하면서 지속적으로 능력 있는 인사를 발굴해 나가기도 했다.

그는 행정의 효율에 초점을 둔 가운데 변화를 모색하였는데 헌법과 법률에 금지하는 규정이 없는 경우 행정의 범위를 확대 해석하여 국민 전체를 위한 사업이나 공공복지 확대를 위한 사업을 시행하는 등 적극 행정을 실시하였다. 19세기 말 경제 환경은 무한 경쟁·개인주의 확산 등 자유방임의 분위기였다. 당시 위기 상황이 발생하여도 정부는 불투명한 입장을 취하면서 적극적인 행정 조치를 시행하지 않는 경향이 있었다. 이는 공직자가 어떠한 행정조치를 취하게 될 경우 위험을 짊어지게 되고 이러한 조치가 잘못될 경우 불이익을 받았기 때문이었다. 이러한 경향을 그는 과감하게 바꾸어 나갔다. 또한 영향력 있는 정치인이나 대규모 자산을 보유한 기업가가 법적 제재를 받지 않았던 관행을 타파하고 뿌리 깊이 퍼져있던 부정부패에 엄정한 조치를 취하였다. 이 결과 2명의 상원의원, 2명의 고위 은행가도 법적 절차를 거쳐 감옥신세를 지도록 할 정도로 부패를 척결하기 위하여 성역 없는 조처를 하였다.

정부 기관의 전문성 부족을 보완하고 행정력을 확대해 나가기 위하여 6개 위원회를 새롭게 신설하여 그 위원들을 대통령이 임명하였다. 위원들은 각 부문별 전문가로서 무보수 자원 인사로 구성 되었는데, 그들의 열의가 대단하였고 행정업무의 확대에 따른 재정적인 부담을 경감시켜 나갈 수 있었다. 그 첫 사례는 과학기구위원회(Commission on the Organization of Government Scientific Work)로 정부 과학담당 기관의 현재 상황을 점검하고, 개선 필요성이 있는지, 그리고 있다면 어떻게 개선할 것인가를 파악하는 임무가 주어졌다. 이 위원회는 4개월 동안 운영되었는데 30개 정부 기관의 업무를 점검하고 개선할 방안을 제시하는 성과를 거두었다. 이 외에도 경제위원회·공공토지위원회·수로위원회·국민생활위원회·자연보존위원회 등을 운영하였다. 이러한 위원회 제도는 지금까지 이어오고 있으며, 우리나라도 채택하고 있는 제도이다.

## 공정한 거래, 대기업 규제 그리고 노동 친화적 국내정책

시어도어 루스벨트의 국내정책은 공정한 거래(Square Deal)라는 용어로 대변된다. 국립공원을 만들어 자연을 보전하는 가운데 숲·야생동물·수자원 등 자연 자원을 보호하고(Conservation of Natural Resources), 대기업의 독점적인 행위를 방지하였으며(Control of Corporations), 소비자 권익과 공공위생을 보호하기 위하여(Consumer Protection) 식료품 및 의약품 법과 육류 검역법 등을 적극 적용하였다. 이러한 조치를 3C라고 통칭하였는데 국민들의 후생을 증진하는데 커다란 기여를 하였다.

그는 노동자 계층을 보호하고 공공의 복지를 대기업보다 우선시하였는데 이를 위하여 적용한 법률이 1890년 제정된 셔먼 반트러스트법(Sherman Anti-Trust Law)이다. 이 법률에 따라 정부가 미국 담배회사와 스탠더드 석유사를 상대로 소송을 제기하여 회사 분리 결정 판결을 끌어냈다. 대기업이 잘못된 행위를 할 경우 엄정한 조처를 하였으며, 판결을 통하여 정부가 대기업을 통제할 수 있는 계기가 마련되었는데 지금도 이 법률이 적용되고 있다. 그는 판결을 통하여 대기업을 규제하는데 한계가 있음을 직시하고, 기업이 거대화하는 것을 사전에 막기 위하여 불공정 사안을 다루는 연방위원회(Federal Commission)을 설립하였다.

지금 미국 전역에 걸쳐 자연보호가 잘 이루어진 데는 그의 역할이 컸다. 기존의 산림 보존법(Forest Reserve Act of 1891)을 활용하여 국가

산림지역을 재임 중 5배로 확장하고, 연방 산림청을 설치하여 공공 용지의 산림을 개발하였다. 옐로우스톤 국립공원을 더욱 확장하고 보호조치를 강화하였으며, 그랜드 캐니언 등 여러 지역을 국가 관리지역으로 지정하여 관리해 나갔다.

## 힘을 강조한 외교정책

시어도어 루스벨트는 대외적으로 힘의 정치를 주장하는 냉정한 정치인이다. 그의 외교정책은 '말은 온화하게 하되 커다란 몽둥이를 휴대하라(speak softly and carry a big stick)라는 구절이 대변하고 있다. 다른 나라와 이견이 있을 때 우선 외교를 통하여 협상하고 평화적으로 해결하려고 노력하되, 강한 군사력을 유지하여 평화적인 협상이 실패할 경우 강제력을 사용할 의사가 있다는 것을 나타내어야 한다는 입장이다. 그는 평화 지상주의자들을 백안시했는데 그들이 군대 증강을 반대하면서도 문제가 생기면 뒤로 물러나는 비겁함이 있다고 비판하였다.

그는 군사력을 강화하기 위하여 해군력을 증강하는 한편, 먼로주의를 적극 원용하여 중남미 문제에 유럽의 관여를 억제하면서 미국이 미주 지역의 문제에 주도하는 입장을 취하였다. 구대륙의 열강이 신대륙 문제에 관여하거나 장악하도록 해서는 안 되며, 유럽이 도미니카 및 베네수엘라에 제공한 부채 문제를 이유로 이들 국가에 과도하게 압력을 넣는 것에 반대하였다. 또한 파나마 운하와 쿠바에 대한 콜롬비아와 스페인의 관여를 견제하였으며, 하와이·필리핀에 대하여 미국이 영향권을 행사할 권리도 확보하였다.

그는 쿠바 및 필리핀에 대한 관할권이 미국의 국익에 도움이 된다는 입장을 견지하면서 스페인과의 전쟁을 주도하였다. 필리핀을 확보하기 위하여 스페인과 전쟁을 선포한 이후 듀이 제독에게 명령하여 마닐라 만에서 스페인 함대를 격침하도록 하였다. 쿠바 문제에는 더욱 적극적으로 관여하였는데 해군성 장관이 부재한 동안 차관보로서 스페인과의 전쟁을 지시한 이후 공직을 사퇴하였다. 이후 자원병으로 기병대를 직접 조직하여 '산후안 힐' 전투에 참전하여 승리로 이끌었다. 파나마 운하에 대해서도 그는 군사적·외교적 조치를 취하였다. 미국은 파나마를 영유하고 있는 콜롬비아와 1903년 조약을 맺어 파나마 운하 건설권을 확보하였는데 콜롬비아 상원이 이 조약을 무효로 하였다. 이에 대응하여 파나마가 콜롬비아로부터 독립을 선언하자 미국은 파나마를 지지하고, 콜롬비아 군대가 파나마의 독립을 저지하지 못하도록 미국 함대가 나서 막았다. 이후 새로이 독립한 파나마와의 조약을 통하여 미국은 파나마 운하를 건설하고 그 운영권을 확보하였다.

## 루스벨트의 글로벌 전략과 조선 그리고 일본

루스벨트는 러일 전쟁에서 독일·프랑스 등 유럽 국가가 러시아를 지원한다면 미국은 일본을 지원하겠다는 입장을 표명하였다. 그가 일본을 일방적으로 지원하는 정책을 추구한 배경에는 일본과 상호 협력하여 필리핀을 확보하면서 아시아·태평양권에 진출하는 것 이외에, 유럽 국가에 대응한 글로벌 전략과도 연계되어 있었다.

그는 러일 전쟁을 계기로 유럽의 아시아 지역 진출이 확대될 가능성도 있다고 보았기에 이를 견제하기 위해 일본을 지원하는 정책을 취하였다. 당시 유럽 국가와 러시아는 여러 지역에서 경쟁하는 관계로 상당히 복잡했다. 러시아는 1877~1878년 오스만 제국과의 전쟁에서 승리한 이후 1878년 산스테파노 조약을 체결하여 발칸반도 진출 등 남진에 유리한 상황을 확보하였다. 그러나 영국·프랑스·독일 등 3국은 러시아의 남진과 영향력 확대를 경계하여 베를린 조약을 새롭게 체결하면서 러시아의 승리를 물거품으로 만들었다. 이후 아시아에서도 비슷한 사건이 발생하였다. 1895년 일본은 청일 전쟁에서 승리한 이후 시모노세키 조약을 체결하여 청국으로부터 영토 할양 및 배상 등 전리품을 챙겼다. 그러나 프랑스·독일·러시아 등 3국이 간섭하여 일본은 할양된 영토를 반납한 반면 오히려 러시아가 만주 지역에 진출하였다. 전쟁의 직접 당사자가 아닌 유럽의 강대국들이 종전 협상에 관여하여 실익을 챙기는 것이 국제사회의 현실이었는데 미국은 러일 전쟁 이후 종전 협상을 하더라도 유럽 국가들이 이를 빌미로 아시아에 더욱 진출할 가능성이 있다고 보았다.

　당시 영국은 유럽·발칸·중앙아시아 등에서 러시아와 경쟁하고 있어 러일 전쟁에서 프랑스·독일이 러시아를 지원하여 승리하게 되면 동북아 지역에서 러시아의 영향력 확대될 것을 우려하고 있었다. 미국의 입장도 유사했는데 러시아가 유럽의 지원을 받아 일본에 승리할 경우 이미 스스로 방어할 능력이 없는 중국에 러시아·독일·프랑스 등이 더욱 진출하여 분할할 가능성이 있어 이 경우 아시아에서 미국의 영향력이 미미하게 될 것으로 보았다. 이러한 이유로 러일전쟁에서 독일·프랑스가 러시아를 지원할 경우 미국은 일본을 지원할 것이라고 적극 표명하면서 유럽 세력을 견제한 것이다. 반면 프랑스의 입장은 약간 달랐는데 통일된 독일의 영향력이 확대될 가능성이 있어 이를 러시아가 견제해 주기를 기대하고 있었다. 그러나 러일 전쟁이 일어날 경우 러시아의 군사력이 유럽에 신경 쓸 정도의 여력이 없을 가능성이 있어 이를 우려하는 입장이었다. 이와 같이 러일 전쟁과 그 결과는 아시아의 문제일 뿐만 아니라 미국 및 유럽 각국 간의 영향력 다툼과도 연계되어 있었다.

루스벨트는 거시적인 시각 하에 아시아 및 글로벌 정책을 전개하면서 일본에 대하여 우호적인 입장을 취하였다. 그의 자서전에서도 일본은 미국·유럽과 동등한 대우를 받을 수 있는 충분한 자격을 갖추고 있으며 일본인들은 위대한 국민으로서 이들에 대한 경의를 표한다고 기록하고 있다. 루스벨트는 러일 전쟁의 종전에 기여한 이유로 노벨평화상을 수상하였는데 그가 주도적으로 거중 역할을 하였다기보다 일본의 다카히라 대사가 요청하여 중재 노력을 하였으며 러시아도 루스벨트의 관여를 원하였다. 그럼에도 러시아와 일본 두 나라는 자신들이 먼저 협상을 원하였다고 여겨지지 않도록 조바심을 나타내 루스벨트는 양국에 거중조정 의사를 균형된 형식을 전달하면서 러일 양국이 직접 협상에 임하도록 주선하였다.

승전국인 일본은 전쟁 자원을 소진하여 더 이상 전쟁을 할 수 있는 여건이 아니었고, 러시아 역시 국내 상황이 복잡하게 진행되는 가운데 러시아 함대가 일본에 패배하여 협상에 임하여만 했다. 두 나라 공히 미국의 관여를 원하였던 상황이었지만 패전국 러시아의 '비테' 대표는 배상금 지급을 절대 할 수 없다는 입장을 견지하여 거의 양보 없이 협상을 타결하였다. 러시아는 사할린 남부 지역을 할양하는 정도로 전쟁을 마무리하여 전쟁에서는 졌지만, 외교는 승리를 거두었다는 평가를 받는다. 반면 승전국 일본은 청일전쟁에서 승리한 이후 시모노세키 조약을 체결하였지만, 삼국간섭으로 실익을 챙기지 못한 것과 같이 러일전쟁에서도 거의 소득이 없었다. 포츠머스 조약 체결 후 일본 내에서 폭동이 발생하고 그동안 루스벨트에 대하여 우호적이었던 여론이 급격히 변하여 비호감이 증대되었다.

루스벨트는 일본에 우호적인 입장을 취한 것과는 달리 중국과 조선에 대해서는 부정적이었다. 그는 두 나라 정부와 국민들은 나라를 지키기 위하여 싸울 의지가 없다고 보았다. 그는 조선이 자립할 만한 정부도 없고 자립을 유지할 국방력이 없을 정도로 무능하여 일본에 예속되는 것은 시간문제로 보았기에 조선이 요청했던 지원에 대해서는 전혀 고려하지 않았다. 이러한 이유로 루스벨트의 조선에 대한 외교정책은 친일 일변도이었다. 그의 재임 기간에 가쓰라-태프트 밀약(1905), 루트-다카히라 협정(1908)을 통해 일본의 조선 점령과 통치를 적극적으로 용인하였다. 미일 조약에서 일본이 조선의 독립을 대외적으로 주장하였지만 루스벨트는 일본이 약속을 지킬 의향이 전혀 없는 것으로 보았다.

루스벨트의 아시아 정책에서 조선은 별다른 관심 국가가 아니었으며 필리핀에 대한 관할권 확보에 모든 초점을 맞추었다. 이를 위해 아시아의 강국으로 부상한 일본이 필리핀에 영향력을 행사하지 못하도록 상호 밀약을 통하여 일본의 조선 관할권을 인정하였다. 아울러 러시아의 아시아 진출을 견제하기 위해서도 일본의 조선 지배를 인정하였다. 일본이 조선을 장악하여 러시아의 남하를 제지하고 동아시아의 세력균형이 유지된다면 반대할 필요는 없다는 입장이었다.

구한말 일본이 조선을 장악해 나가고 있음에도 미국이 조미수호통상조약에 따라 조선을 지원하지 않았던 것을 우리는 강하게 비판하는 경향이 있으나 당시 미국에 있어 조선은 고려할 요인이 아니었다. 오히려 일본을 지원하여 러시아를 견제하거나 유럽의 관여를 배제하는 것이 미국의 국익에 도움이 된다고 보는 상황이었다. 당시 조선은 이러한 국제정세를 전혀 알지 못하고 속수무책으로 일본의 속국으로 변하는 상황으로 전개되었다.

## 시어도어 루스벨트에 대한 평가와 교훈

루스벨트는 성공에서뿐만 아니라 실패에서 얻는 교훈도 소중하다는 인식을 했으며, 다른 지도자들의 경험이나 역사적 사건으로부터 배우려는 노력을 끊임없이 해 나갔다. '정보가 힘이다'라는 토머스 제퍼슨의 말을 염두에 두면서 바쁜 와중에서도 책을 가까이하였다. 아울러 헤로도토스·투키디데스·플루타르크·기번 등 저명한 역사가들의 서적을 읽고 집필활동을 해나가면서 미국 역사학회장을 맡기도 하였는데 이러한 지적 노력이 그의 리더십 형성 배경이었다.

루스벨트의 국내 정책은 인본주의 성격을 다분히 띠었다. 부의 편재를 반대하면서 정부가 공공재를 지켜내고 인간적 가치를 보존하지 않을 경우 사회가 혼란에 빠진다는 시각으로 미국 시스템의 변화를 위하여 개혁을 주창하였다. 정책을 집행하는 데 있어 자산이 아니라 사람을 가장 먼저 고려하여야 하며 여성의 정치적 참여 그리고 인종적 평등을 주장하였다. 정부는 경쟁력 있는 사람만을 대상으로 해서는 안 되며, 대다수 사람이 행복할 수 있도록 정책적으로 지원하여야 한다는 입장으로 지금까지 선출된 대통령 가운데 가장 사회적 민주주의를 추구한 지도자로 평가되기도 한다.

그는 자서전에서 어느 국가가 다른 국가에 대하여 잘못된 행동을 하는 것과 공격적인 조치를 취하는 것은 사악하다고 주장하였다. 그러나 그의 주장과 달리 대외적으로 약소국을 저버리고 국익을 위하여 전쟁도 불사하지 않았는데 미주 및 아시아 지역에서 미국의 영향력을 확대해 나가기 위해 제국주의적 입장을 취하던 것이 그 예이기도 하다. 오히려 제국주의 국가가 힘이 없는 국가를 장악하거나 침범하는 것을 당연시하였으며, 실제로 그의 재임 중에 필리핀과 중남미 지역을 미국의 영향력 아래 두는 외교적·군사적 조치를 취하였다. 반면 러일 전쟁의 종전을 위하여 거중조정 역할을 하는 등 국제주의적이고 평화적인 노력도 하였는데 사안·지역별로 입장이 달랐지만, 그가 채택한 기준은 미국의 국익이었다. 이러한 측면에서 그는 상황에 따라 변하는 카멜레온적 지도자라고 할 수 있으며, 이성이나 가치를 중요시한 지도자라기보다 군사력이 뒷받침된 힘의 외교를 추구한 냉정한 현실주의 정치인이었다.

그는 개인이나 국가는 스스로 강해야 한다는 자조·자강의 정신과 시대 흐름에 따라 항상 변화하고 성장을 모색해야 한다는 시각을 가졌으며 대통령으로서 이러한 정책을 추구하였다는 점에서 미국적 사고방식을 가진 지도자였다. 이러한 그의 시각을 알았다면 그의 조선에 대한 입장은 충분히 예상될 수 있다. 조선인 스스로 자신을 위하여 노력하지 않고 또한 능력상 할 수 없는 일을 미국에 기대한 것은 당시 조선이 루스벨트나 미국의 정책을 전혀 몰랐다고 할 수 있다. 조선의 요청에 대하여 그는 전혀 대응하지 않았고 오히려 일본의 병합 노력이 현실화되자 공사관을 구미 국가 가운데 가장 먼저 철수할 정도였다. 이러한 것이 과거의 일만은 아니며, 우리가 현재 당면한 국제 현실일 수 있다.

한국은 더 이상 구한말 조선과 같은 미약한 국가가 아니지만 그럼에도 우리 스스로 강해지지 않을 경우에도 미국이 우리를 끝까지 지원할 것이라고 보는 것은 더 이상 현실적이지 않다. 2025년 1월 출범한 트럼프 대통령은 자국 국익 우선을 어느 때보다 강조하고 있는데 향후 미국이 동아시아에서 어떠한 정책을 취할 것인가가 우리에게는 초미의 관심사이다. 미국은 한국에 초점을 두는 것이 아니라 미·중 간의 갈등 상황에서 자국의 국익 추구 측면에서 한국을 비롯한 아시아 국가와의 협력 범위 등을 결정한다는 점을 유의해야 할 것이다. 미국의 정책 우선순위가 중국을 견제하기 위하여 한국과 일본을 어떻게 활용할 것인가에 있지, 한반도의 평화 및 북한의 비핵화 등이 우선 순위가 아니라는 것을 인식하여야 한다. 또한 미국의 아시아 전략은 중동·유럽·러시아 상황과도 연계되어 있다는 점에서 100여 년 전 시어도어 루스벨트가 추구한 정책을 지금 우리가 되새겨야 하는 이유이다.

루스벨트가 조선에 취한 정책은 우리로서 커다란 유감이지만, 미국인들에게 그는 뛰어난 지도자로서 표상이다. 그는 국가가 어떻게 가야 할 것인가 하는 뚜렷한 국내외적 정책 방향을 설정하였다. 나아가 엄격한 인사기준에 따라 자기와 입장을 달리하더라도 능력 있는 인사를 중용하여 자신이 설정한 목표를 실현하였다. 우리가 현재 시점에서 그를 되돌아보아야 할 이유이다.

# II. 프랭클린 델러노 루스벨트 대통령(미국)

전대미문의 국가적 위기에 처하여 불안해하는 국민들에게 직면한 상황을 가감 없이 설명하면서 정부가 어떻게 대응할 것인가를 제시하고 정책을 실천하여 시대가 원하는 방향으로 국가를 이끌었다.

**전**쟁이 없다면 위대한 장군이 탄생할 수 없고 거대한 사건이 없다면 위대한 정치가는 나오지 않는다. 워싱턴은 미국의 건국, 링컨은 남북전쟁, 프랭클린 루스벨트(FDR)는 경제대공황·제2차 세계대전이라는 거대한 사건이 있었기에 역대 미국 대통령 평가에서 이들이 늘 1~3위를 차지하는 이유이고 또한 이들이 있었기에 현재의 미국이 있다. 그랜트 대통령과 시어도어 루스벨트 대통령이 3선을 시도한 바 있으나 이루지 못하였던 반면 FDR은 대통령직을 4번이나 연임할 수 있었던 것은 커다란 두 사건이 있었기 때문이다. FDR의 4선 연임은 전무후무했고 미국 수정 헌법 제 22조로 인하여 앞으로도 일어날 수 없는 기록이다. 그는 4번의 선거 모두 박빙이 아니라 국민으로부터 압도적인 지지를 받아 당선되었는데 이는 긴박한 시대적인 상황을 헤쳐 간 그의 뛰어난 지도력 때문이다. 전대미문의 국가적 위기에 봉착하여 그는 위기의 원인을 정확하게 파악하여 극복하고 시대가 원하는 방향으로 국가를 이끌어 미국이 세계적인 지도 국가가 되도록 하였다.

## 국민과 함께 하면서 소통하다

 FDR은 유복한 상류층 가정에서 성장하였으나 특권의식을 가지기보다 취약계층과 약자의 고충을 이해하면서 이들을 위한 정책을 실시하였다. 미국의 전통적 가치인 개인의 자유나 사유재산의 보호보다 공공의 이해가 우선되어야 한다는 신념을 가지고 있었다. 민주당 출신의 뉴욕주지사로서 주의 상·하원 모두 공화당이 우세한 상황에서도 합리적인 설명과 설득을 통하여 농민·노동자를 위한 법이나 실업보험·노령보험을 만들기도 했으며 대통령 재직시 내내 약자의 편에 섰다. 한 사람의 귀족이 금융과 산업의 거물들에 대항하여 힘없는 국민들 편에 섰다고 해도 과언이 아니었다.

말솜씨가 차분하고 웃는 얼굴에서 나타나는 친근감으로 다른 사람을 끄는 매력이 있어 대중의 지지를 끌어냈다. 소통을 통하여 문제의 원인을 설명하여 상대를 이해시키고 복잡하게 얽힌 문제를 해결하고자 한 정치인이었다. 그는 당시 언론의 성향이 대체로 민주당에 비판적이어서 이를 우회하기 위하여 라디오를 통한 노변정담을 활용하였다. 이는 라디오라는 신기술 매체를 통하여 국민들에게 직접 호소하는 새로운 방식이었는데 12년 집권하는 동안 30차례 주요 현안에 대하여 설명하는 기회를 가졌다. 청취자들은 대통령이 바로 앞에서 자신에게 말을 걸고 있고 또한 허심탄회하게 대화한다는 생각이 들 정도였다고 하고, 어려운 시기에 국민들에게 신뢰와 자신감을 불어넣어 주었다는 평가를 받는다.

그는 경제대공황이나 전쟁 등 음울한 상황에서 연설이나 담화를 통하여 핵심 쟁점에 대하여 실행할 수 있는 구체적인 접근 방안을 제시하여 국민들을 안심시켰는데 몇 가지 사례는 지금도 회자된다. 1932년 민주당 전당대회에서 새로운 경제정책인 '뉴딜(New Deal)'을 통하여 일자리를 창출하고 사회 안정을 이룰 것임을 공약하였다. 1933년 취임 연설에서는 "우리가 두려워해야 할 유일한 것은 두려움 그 자체이다."라는 신념을 밝히면서 비이성적이고 근거 없는 공포를 탈피하도록 독려하였다. 1940년 유럽에서 전쟁이 확산되는 상황에서 노변정담을 통하여 "미국이 민주주의의 위대한 병기창이 되어야 한다."고 하면서 국민들에게 전쟁 상황과 함께 미국의 역할을 설명하였다. 1941년 1월 연두교서에서 언론의 자유·종교의 자유·결핍으로부터의 자유·공포로부터의 자유를 위해서는 민주주의 국가에 무기를 공급하여 전체주의 국가의 침략에 대응해야 한다고 호소했다. 1941년 12월 일본의 진주만 공습을 받은 이후 의회에 보내는 교서에는 전쟁 선포를 요청하였으며, 다음날 노변정담을 통해서 미국이 이미 전쟁에 돌입하였고 모든 미국 국민은 같이 전쟁에 참여해야 한다는 메시지를 차분하게 전달하였다.

그는 대통령 후보 시절부터 브레인 트러스트(Brain Trust)라는 전문가 그룹을 만들어 이들을 적극 활용하였다. 어느 한편의 주장에 경도되기보다 다양한 의견을 경청하였으며, 전문가들이 제시한 방책 가운데 유용한 내용을 채택하여 활용하였다. 어느 논리에 함몰되기보다 실용적인 사고를 통하여 자신의 방침을 정하고, 이를 정부가 주도하는 공공정책으로 변환하여 실행하였다. 그러나 그와 가까이하면서 접촉해 본 사람들은 보이는 것과는 달리 성격이 차가우며, 협상에서도 일관성이 없고 정직하지 못한 이중성을 보이기도 한다는 비판을 가한다. 그럼에도 이들 역시 FDR이 정하는 의사결정은 매우 훌륭하다고 평가하였다.

의회와의 협력이 무엇보다 중요하였는데 FDR 이전에는 공화당에 유리했던 의회 구도이었다. 그러나 FDR이 집권한 이후 약자 중심의 정책을 적극 시행하고 이에 국민들이 호응하면서 여론은 민주당에 우호적으로 변하였다. 그 결과 FDR의 집권 내내 상·하원 공히 민주당이 우세하여 의회와의 협력이 비교적 순탄했던 점은 FDR에게 행운이었다. FDR에 대한 확고한 지지층이 형성되면서 이를 기반으로 민주당은 30년 이상 의회를 주도할 수 있었다. FDR과 민주당에 대한 지지층은 산업계 노동자·시골 농부들·아프리카계 미국인들·비주류 종교인들·남부 백인·도시 이민자들이었다. 민주당이 의회 내 다수 의석을 차지하기는 했지만, 각 지역구의 이해가 정부의 방침과 배치될 가능성도 있다. FDR은 이러한 점을 충분히 인식하여 민주당 의원들에 대한 배려를 등한시하지 않고 주요 사안에 대하여 계속 설명하면서 동의와 협력을 구하는 노력을 기울였다.

FDR은 국민 그리고 의회와 긴밀하게 소통하는 계기에 어떠한 어려움도 극복할 수 있다는 자신감을 보여 주면서 국민들에게 용기를 불어넣었다. 히틀러가 분노와 미움으로, 처칠이 용기와 저항 의식으로 국민적 단결을 도모하였다면, FDR은 자신감을 통하여 국민들에게 위기를 극복할 수 있다는 용기를 심어주었다. 특히 노변정담을 통하여 현재의 위기가 무엇인가, 정부가 어떠한 조처를 하고 있는지를 국민들에게 직접 설명하면서 자신감 있게 국정을 운영해 나가자, 국민들도 정부 및 FDR에 대하여 믿음을 가지게 되고 이는 4번의 대선에서 크게 승리하는 결과로 나타났다.

## 새로운 거래(New Deal)를 통하여 경제위기에 적극 대처하다

1929년 경제 대공황은 예전 겪어보지 못했던 전대미문의 위기로서 당시 새로운 상황에 대처할 국가적 시스템도 갖추어진 것이 아니었다. 이러한 위기에 직면하여 후버 대통령은 기존의 방식을 답습할 정도이었고 이에 대응할 방법을 찾지 못하였다. 산업 인구의 1/4이 실업자로 전락하고, 주택담보대출을 갚지 못하여 길거리로 나서는 사람들이 급증하는 가운데 도시 외곽에는 무허가 판자촌이 즐비하게 생기는 등 상황은 악화되어 갔다. 농촌에서는 농산물 가격 하락으로 소농 경작자들이 파탄에 직면하는 등 도시와 농촌 할 것 없이 국민들의 심리적 불안은 더욱 확산되어 갔다.

민주당 역시 위기를 돌파할 방안을 혁신적인 방안을 찾은 것은 아니었지만 종래의 방식으로 해결할 수 있는 상황이 아니라는 점을 충분히 인식했다. 이에 뉴욕주지사의 경험을 가졌던 FDR은 대선 후보로서 민주당 전당대회 연설에서 '새로운 거래(뉴딜, New Deal)'라는 공약을 발표했다. 뉴딜은 당시 심각한 경제적 위기를 탈피하기 위하여 창의적인 프로그램과 정책을 적극적으로 시행하겠다는 뚜렷한 방향성을 가진 구상으로서 국민에 대한 약속이었다. 인척인 26대 시어도어 루스벨트 대통령이 20세기 초, 부의 불균형과 불공정한 관행을 타파하기 위하여 공정한 거래(Square Deal)를 제기한 것과 유사하게 FDR은 뉴딜을 통하여 당시의 경제 위기를 극복하겠다는 플랜을 제시하였다.

FDR이 새로운 거래(New Deal)라는 정책 방향을 제시하였지만 1933년 3월 취임 시까지 구체적인 계획과 사업을 공표한 것은 아니다. 상황이 점차 악화되어 가는 가운데 취임할 즈음 실업률이 24%에 이르렀고 파탄 난 경제 상황으로 국민들의 불안과 공포는 높아가고 있었다. 이에 예금 인출 상황이 발생하고 우려가 확산되자 당시 48개 주 가운데 40개 주의 은행이 휴업을 선언할 정도로 금융거래와 자본주의 제도가 빈사 상태로 가고 있었다. 급박한 상황이다 보니 FDR은 취임 직후 3일 만에 은행휴일(bank holidays)을 선포하여 건전한 은행과 불안정한 은행을 분리하는 조치를 취하였다. 또한 노변정담을 통하여 정부가 취한 조치의 배경과 향후 금융위기 극복을 위한 방안을 설명하고 국민들이 은행을 믿고 금융거래를 해 주도록 설득하였다. 이후 국민들이 은행에 다시 돈을 맡기는 상황으로 돌아오고, 안정적인 은행에 대하여 우선 영업 재개를 허용하게 되자 은행거래가 원활히 재개되었다.

FDR은 금융거래 조처를 한 이후 본격적으로 광범위한 경제회복 조치를 시행하였다. 취임 후 100일간 동안 금융·농업·산업 등 여러 분야에서 경제 살리기를 위한 입법·행정조치와 함께 테네시강 유역 개발공사 등 정부 주도 사업을 실시하였다. 금융과 관련한 글래스-스티걸 법을 통하여 상업은행과 투자은행을 분리해 상업은행이 위험도가 높은 증권 관련 거래업무를 하지 못하도록 하였다. 연방예금보험공사(FDIC)를 창설하여 개인의 저축예금을 보호하는 조치도 취하여 안전망을 설치하였다. 농산물의 과잉생산 및 가격 하락, 만성적인 농민 부채를 해결하기 위하여 농산물 가격의 상승을 유도하는 방향의 농업조정법(Agricultural Adjustment Act:AAA)을 제정하였다.

노동 입법으로 국가산업부흥법(National Industrial Recovery Act: NIRA)을 만들어 산업노조를 구성할 수 있도록 하였다. 이에 따라 노동자들이 노조를 구성하고 고용주와 집단 교섭할 권리를 가지면서 고용 악습을 근절해 나가 노동자의 지위가 견고화되었다. 이로써 반숙련·비숙련 노동자, 이민노동자 그리고 여성 노동자들이 노조에 가입할 수 있는 기반이 마련되었으며 이들은 민주당의 견고한 지지기반이 되었다. 구제 정책 사업으로 테네시 강 유역 개발 사업을 시행하였는데, 이는 민간 기업에 의한 비싼 전기요금을 규제하고 국민들에게 값싼 전기를 공급하는 데 목적을 두었다. 이 사업은 대규모 일자리를 창출하여 지역경제를 활성화하였을 뿐만 아니라 토양 부식방지와 강의 범람을 통제하는 효과도 가져왔다. 또한 민간자원 보존단을 통하여 100만 명 이상의 일자리를 창출하였다. 이들을 활용하여 교량·저수지 건설, 야생동물의 서식지 마련 등 사업을 시행한 결과 자연을 효율적으로 이용하고 보존하는 효과도 거두었다.

뉴딜 정책이 광범위하게 시행되었지만 순탄하게 진행된 것은 아니다. 정부 주도로 사업이 실행되다 보니 개인의 자유와 사유재산권의 보호를 주창하는 보수주의 세력은 뉴딜 정책이 미국의 전통적인 가치와 배치된다고 강하게 반대했다. 연방대법원은 국가산업부흥법·농업조정법 등 뉴딜과 관련된 주요 법안이 연방정부 권한을 벗어난 규정이 있음을 들어 위헌으로 판결하였다. 무엇보다 어려웠던 점은 뉴딜정책의 성과가 기대만큼 시현되지 않아 점차 경기침체 상황으로 진입하는 경향을 보였다는 점이다. 실제로 뉴딜정책으로 대공황에서 탈출하였다기보다 미국의 대공황 탈출은 1941년 12월 제2차 세계대전 참전을 통하여 가능했다. 전쟁 수행을 위하여 군사 지출 프로그램에 투입된 돈이 뉴딜정책에 들인 돈을 압도했기 때문이다.

이러한 어려움에도 불구하고 FDR은 재선 이후 제2기 뉴딜 정책 시행에 더욱 박차를 가하였을 뿐만 아니라 더 나아가 경제적으로 불안한 상황에 부닥친 국민들에게 복지를 제공할 수 있는 입법 조치도 취하였다. 그 대표적인 법안이 실업보험과 노령연금을 포함한 사회보장법과 노동자의 권익을 보호하기 위한 국가노사관계법이다. 또한 뉴딜정책을 성공적으로 이끌기 위하여 대통령실의 규모와 권한을 대폭 확대해 나가면서 행정부에 대한 통제를 강화하였다. 재무부 소관의 예산국을 백악관으로 이관하는 조처를 하여 대통령이 예산에 직접적으로 영향을 미칠 수 있도록 하였다. 이에 대하여 공화당과 언론은 대통령이 과도한 권력을 행사할 수 있음을 지적하고 비판하는 입장이었지만 이에 개의치 않았다.

그의 정책적 과감성은 예산 확대 지출과 사법부 개혁 추진 등에서 나타났다. 뉴딜 정책을 시행한 초기에 경기회복의 움직임이 나타났을 때는 균형예산에 초점을 두기도 하였으나, 1937년경 이후 경기 침체 동향을 보이자, 경제학자 케인스의 이론을 반영하여 정부 재정지출을 확대하여 경기부양정책을 추진하였다. 또한 연방대법원이 뉴딜과 관련된 주요 법안의 위헌 판결이후 대법원 판사 규모를 늘리는 방향으로 대법원을 재구성하려는 계획을 추진하였다. 미국 헌법에 대법원 판사 수를 구체적으로 정하지 않고 있어 대통령이 그 수를 조정하여도 문제가 없으나 이전까지 어느 대통령도 9명의 판사 규모를 확대하거나 변경하지 않았다. 그러나 FDR은 당시 70세 이상 판사 수 만큼인 6명의 신규 판사를 추가로 임명하여 대법원 규모를 15명으로 함으로써 개혁의 걸림돌을 제거하고자 하였다. 그러나 이러한 시도에 대하여 공화당뿐만 아니라 여당인 민주당의 일부 의원도 반대하여 성사되지 못하였다.

그는 자신의 신념과 정책을 추진하는 과정에서 뉴딜 핵심 법안을 위헌

이라고 판결한 대법원을 개혁하고자 하여 삼권분립이라는 민주주의의 기본 원칙을 훼손한 점도 있다. 공공의 이익에 도움이 된다면 그 과정에서 기존의 절차·제도를 무시하거나 기득권층을 배제하면서 희생해도 무방하다는 과격한 시각도 있었다. 민주주의가 무너지는 사례를 연구하는 정치학자들은 중남미·아시아 등 개도국이나 권위주의 국가의 여러 사례를 주로 인용한다. 그러나 예외적으로 선진국의 민주주의 훼손 사례도 인용하는데 그 대표적인 경우가 FDR이 시도한 대법원 개혁 추진 시도이다.

## 제2차 세계대전을 승리로 이끌고 전후 세계질서를 만들다

1930년대 유럽·아시아 지역에서 파시즘·군국주의가 확산되어 세계평화가 위협받고 있음에도 미국 국민들은 이를 저지하는 노력에 관여하는 것을 거부하는 분위기였다. 우드로 윌슨 대통령의 잘못된 판단으로 제1차 세계대전에 무리하게 참전하였다는 것이 국민들의 여론이다 보니 의회는 교전 중인 국가에 지원하는 것을 금지하는 중립법을 통과시켰다. FDR 역시 대공황에 대응하여 국내적으로 광범위한 개혁을 추진하고 사업을 시행하는 것이 우선순위이었기에 대외문제에 관심을 둘 여력이 없었고 또한 해외 지원에 적극적이지 않았다.

그러나 1939년 9월 독일이 폴란드를 점령하자 FDR은 미국이 더 이상 국제적 분쟁을 간과할 수 없다고 판단하게 되었다. FDR은 영국을 지원하기 위하여 중립법을 우회하여, 현금을 받고 교전 중인 국가에 무기를 판매하는 현금자국선운반 규정을 채택하도록 의회에 요청하여 통과시켰다. 한편, 유럽에서는 독일이 1940년 네덜란드·벨기에 등을 침략하면서 전체주의가 확산되어 갔는데 여전히 미국인들은 참전에 반대하는 여론이 지배적이었다. 이렇다 보니 처칠 수상이 미국의 참전과 물자 지원을 적극적으로 요청하였음에도 FDR은 소극적이었다.

유럽의 전쟁 상황이 더욱 악화되어 가운데 프랑스가 1940년 6월 함락되자 FDR은 내심 참전이 불가피하다고 판단하면서도 1940년 10월, 3선을 위한 선거유세에서는 미국의 아들들을 외국의 전장에 보내는 일은 절대 없을 것이라고 공언하기도 했다. 그러나 독일의 점령이 유럽 전역으로 확대되고 영국이 현금으로 전쟁 물자를 구입하기가 어려워지자, FDR은 현금을 받고 무기를 판매하는 대신 무기를 대여하는 방식으로 전환하였다. 그는 노변정담을 통하여 악화되는 전황 가운데서도 전쟁에 참여하지 않기 위해서는 군수물자 지원이 최선이며, 미국이 민주주의의 거대 병기창이 되어야 한다고 설명하여 국민들의 지지를 끌어냈다. 유럽에 물자를 지원하는 형태이지만 미국은 점차 전쟁 참전에 한발 한발 다가가고 있었다.

그럼에도 전쟁 참전을 반대하는 국민들의 입장은 변하지 않았다. 이러한 분위기가 반전된 결정적인 계기는 1941년 12월 일본의 진주만 공격이었다. FDR은 의회 연설을 통하여 일본의 공격으로 상당수의 미국 군인이 전사한 상황과 함께 미국이 참전해야 할 필요성을 설명한 이후 전쟁 선포를 요구하였다. 상·하원 승인을 거쳐 공식적으로 참전을 선언하였고, 노변정담을 통하여 미국이 전쟁에 참여하여야 하는 이유를 차분히 설명하여 국민적 지지를 끌어냈다.

미국이 유럽 전쟁에 관여하기를 주저한 점은 여러 정황에서 나타난다. 1939년 9월 유럽에서 전쟁이 발발한 이후 1941년 12월 미국의 참전이 이루어지기까지는 2년 이상 걸렸다. 이 과정에서 처칠은 수없이 많은 서한을 보내고 상호 정상회담을 통하여 미국의 지원과 참전을 줄기차게 요구했지만, 미국은 국민의 여론으로 인하여 간접적인 지원에 한정하는 정도이었다. 그럼에도 점차 전황이 악화되다 보니 상황에 따라 미국은 중립 입장에서 현금자국선운반 규정을 통한 지원, 무기대여법을 통한 지원 등 점차 참전 범위를 확대하였지만, 직접 참전은 자제하였다. 그러다가 일본의 공습을 받고 많은 군인들이 전사한 이후에야 마침내 참전하였다.

미국이 참전하면서 독일의 공격에 대응하는 정책에 대하여 미국·영국·소련 간에는 의견 차이가 상당히 있었고 연합국 정상들은 양자 또는 3자 회담을 통하여 계속 조정해 나갔다. FDR은 일본의 공격으로 미국이 참전하였지만 전략적으로 아시아 지역보다 독일을 함락시키는 데 우선순위를 두었으며 참전의 규모도 점차 늘려 나갔다. 처칠은 FDR과 미국·모로코·이집트·이란 등에서 20여 차례 양자 회담을 했고, 많은 서한을 보내 미국의 광범위한 지원과 참전을 지속적으로 요청하였다. 스탈린은 독일과의 동부 전선에서 희생이 커지면서 미국·영국의 서부 전선 참전을 강하게 요구하는 등 3국 정상은 자국의 입장에서 상대국에 요구하고 대응해 나갔다. 특히 소련은 미국과 영국의 연합군이 서부에서 독일에 대하여 적극적인 공세를 주춤하고 있다는 의문을 가지면서 이의를 제기하자 루스벨트와 처칠은 1943년 1월 카사블랑카 회담을 통하여 독일에 무조건 항복을 요구하였으며 세 연합국 간의 공조를 통하여 추축국에 대한 공세를 이어갔다.

FDR·처칠·스탈린 세 정상은 1943년 11월 테헤란 회담에서 미국과 영국이 서유럽으로 진격하여 독일을 공격하는 오버로드 작전을 1944년 5월에 시행하는 것에 합의하였고(실제는 6월 6일 노르망디 상륙작전 시행), 소련은 독일이 항복할 경우 대일본 전쟁에 참여할 의사를 표명하였다. 독일의 패망 가능성이 높아지는 가운데 1945년 2월 얄타회담에서 독일을 분할 점령하되 프랑스도 전후 독일 처리 과정에 참여시키며, 소련은 극동지역 내 일부 영토를 보장받는다는 조건하에 대일본 전쟁에 참여하기로 하였다. 또한 폴란드에의 신정부 구성 방안에 대하여 협의하고 소련이 국제연합에 참여하되 추가적인 의결권을 가지기로 하였다.

　FDR은 국내적으로 반전 여론이 강하였음에도 점차 참전 규모를 늘리는 방식으로 이를 극복하였다. 또한 대외적으로 상호 이해관계가 충돌해 온 영국·소련 등과 공동 전선을 구축하여 궁극적으로 추축국을 물리치고 인류의 평화와 안전을 확보하는 데 크게 기여하였다. 미국·영국·소련 간의 협의 과정에서 그는 처칠보다 스탈린을 더 신뢰하였다. 스탈린이 대단한 결단력과 뛰어난 유머를 갖추었으며 러시아의 정신과 기백을 대표하는 인물로 상호 이야기가 잘 통하리라고 생각하면서 얄타회담에서 처칠과 거리를 두고 스탈린과 가까이하는 태도를 보였다. 이러한 배경에는 일본과의 전쟁에 소련이 참가하도록 하여 미군의 피해를 줄이고 전쟁을 조속히 마무리하기 위한 의도가 있었다. 또한 국제연합을 창설하여 전후 새로운 국제질서를 마련하는 데 초점을 맞추었는데 이를 점차 쇠퇴하는 영국보다 강대국으로 부상하는 소련과 함께 시행해 나가고자 하는 의도가 있었다. FDR은 소련에 대하여도 무기대여법에 근거하여 대규모 물자 지원을 하였으며, 새로이 창설될 국제연합에서 소련이

3개의 의석(소련, 우크라이나, 벨라루스)을 가지도록 허용하였다. 또한 소련이 일본전에 참전할 경우 쿠릴열도 및 만주지역 등에의 진출을 용인하여 소련의 동아시아 진출이 확장되도록 하였다.

FDR은 자신이 스탈린을 설득할 수 있다는 믿음을 가지고 그와 같이 협력하여 전후 질서를 구축할 수 있을 것으로 보았다. 반면 처칠에 대해서는 영국 식민지를 계속 보유하면서 제국의 지위를 유지하고자 하여 전후 질서 재편에 도움이 되지 않는다고 판단하여 전쟁의 마지막 단계에서는 서로 불신하고 껄끄러운 관계가 될 정도이었다. 처칠은 스탈린의 속내를 통찰하여 소련이 전후 인근 국가에 대하여 공산화 시도를 강하게 할 것으로 보면서 유럽에서 공산주의가 확산될 가능성이 있다는 경고를 했지만, FDR은 이를 불신하였다.

이후 스탈린은 얄타회담에서 약속한 동유럽의 자유선거를 지키지 않고 런던의 폴란드 망명정부 대신 모스크바의 친소 폴란드 단체를 내세우는 등 유럽의 공산화를 적극 추진하였다. 아시아에서 일본의 패색이 짙어지는 가운데 소련은 대일 전쟁을 선포한 이후 만주와 북한에 진주하여 공산화 작업을 전개하였다. 결과적으로 유럽은 양분되고 철의 장막이 내려졌으며 서구 진영은 나토, 동구 진영은 바르샤바조약 기구가 출범하면서 1991년 소련 해체 시까지 46년간 냉전이 지속되었다. FDR은 제2차 세계대전이 연합국의 승리로 마무리되는데 기여하기는 하였지만 처칠의 냉철한 판단을 도외시하고 스탈린을 과신하여 인류가 양 진영으로 나뉘어져 전쟁의 위협에 직면하게 한 뼈아픈 실수를 하였다.

## 현재도 FDR의 리더십과 유산을 되새기며 본받다

　FDR은 뉴딜을 통하여 미국 경제를 회복하고, 전쟁을 승리로 이끌어 세계의 평화를 이루면서 미국이 세계의 중심 국가가 되는 데 주도적인 역할을 하였다. FDR 이후 국내외 정치 환경, 의회의 여야 구도, 대통령 연구제도 등 커다란 변화가 생겼다. 국가 권력의 중심이 의회보다는 대통령으로 확실하게 이전하게 되었다. 약자를 위한 조치와 경제위기 또는 불황에의 정부 개입이 정당화되고, 국민들의 기대가 높아지면서 경제적 관여가 대통령의 중요한 권한으로 자리매김하게 되었다. 나아가 오랫동안 중요시해 온 개인의 자유나 사유재산의 보호 대신 정부의 관여를 통하여 공공의 이해를 우선시하는 분위기가 형성되었으며, 이는 1960년대 존슨 시대의 위대한 사회로까지 35여 년 이어졌다.

　의회 구도에 있어 FDR 이전까지 약세였던 민주당이 FDR때부터 50여 년간 의회의 다수당으로 자리매김하게 되었다. 1861년 남북전쟁 이후 FDR이 대선에서 승리한 1932년까지 민주당 출신 대통령은 2명에 불과하였고 상·하원 역시 공화당이 우세하였다. 그러나 1933년 이후 1968년까지는 민주당 출신의 대통령이 주로 집권하였고 상원 및 하원도 민주당이 장악하여 정책의 방향이 완전히 바뀌었다. 1968년 이후 대통령은 민주당과 공화당이 서로 교체되었지만 1988년까지 의회는 민주당이 우세한 방향으로 전개되어 상당 기간 민주당이 공화당을 압도하였다.

　국제 문제에 대한 국민들의 시각도 변하였다. 제2차 세계대전 이전에는 국민들은 전쟁에의 관여를 적극적으로 반대하면서 고립주의 경향을 보이는 입장이었다. 그러나 FDR이 전쟁을 승리로 이끌면서 이를 탈피하고 이후 세계의 지도 국가로 활약하는데 거부감을 보이지 않았다. 그러나 최근 들어 미국의 경제가 어려워지면서 국제 문제 관여에 대한 비판적인 시각이 점증해 오는 가운데 새로이 취임한 트럼프 대통령은 국익 우선(MAGA) 입장을 표방하고 있다. 이에 미국이 다시 고립주의 성향을 보일지 아니면 주요 국제 사안에 관여할지 여부는 국제사회의 관심 사안이다.

FDR 사후 처음으로 대통령 도서관이 조성되어 재임 시의 기록이 체계적으로 보존되는 계기가 형성되었다. 대통령 도서관이 조성되기 전까지는 대통령의 개인적 기록이나 원고 등이 의회도서관에 기증되거나 아니면 개별적으로 보존 또는 소각되었다. FDR은 1기 재임 때부터 자신의 고향인 뉴욕주 하이드 파크에 대통령 도서관 마련을 구상하였는데 그의 사후 이러한 구상이 현실화되었다. 이후 후임 대통령들의 도서관도 건설되면서 그의 구상이 현재까지 이어지고 있다. 대통령 기념관 설립 이후 관련 전문가들이 대통령의 성장배경과 사고 형성 과정, 국정운영 방식, 재임 중의 성과와 업적 등에 대하여 각종 사료를 통하여 연구할 수 있게 되고 이를 후세대에 연결될 수 있는 기반이 마련되었다.

대통령에 대한 평가는 재임 중 그리고 퇴임 후에 끊임없이 이루어진다. 시행하는 정책의 목표가 무엇이고, 정책을 결정하는 의사결정과정이 어떻게 이루어지는지, 채택된 정책이 현실 여건에 부합되는지 그리고 실현되기 위하여 상황에 따라 융통성이 있는지, 임기를 마치고 어떠한 영향을 미치는지 등에 대한 중점을 두고 주로 평가된다. 이러한 평가를 하는 기준으로 FDR의 업적에 견주어 비교하는 성향이 나타나곤 하였는데 그만큼 FDR 업적이 높이 평가되었기 때문이다. 특히 FDR이 취임 후 바로 위기 극복 노력을 기울이는 가운데 100일간에 걸쳐 광범위한 입법 및 행정조치를 취하였고 이를 기반으로 재임 기간 내내 정책을 일관적으로 실시하여 왔기에 후임 대통령의 경우도 취임 후 100일간에 제시한 정책이나 프로그램을 언론에서 조명하는 성향도 생겼다. 대통령 이름을 약어로 쓰기 시작한 것은 시어도어 루스벨트(TR)부터이었지만, 프랭클린 델러노 루스벨트(FDR)이 언론에서 가장 많이 언급되었다. 언론들은 보도의 편의상 그의 이름을 FDR이라는 약칭으로 썼고 이후 존 에프 케네디(JFK)에게도 이어졌다. 지금도 언론이나 사람들은 프랭클린 루스벨트 대통령을 FDR로 부르고 있다.

국민이 위기에 처하였을 때 지도자가 어떻게 대응할 것인가가 중요하다. 경제대공황은 전대미문의 사건이었기에 미국과 전 세계에 미친 파급력은 상당했으며 대공황을 전후한 당시 사람들의 무기력한 모습은 노벨문학상 수상 작가인 존 스타인벡의 '분노의 포도'에 잘 드러나 있다. 이 소설은 통제받지 않은 산업자본주의의 거친 흐름 아래 휩쓸린 무기력한 농부들의 좌절과 분노를 담고 있다. 빈곤 속에서 허덕이던 도시민과 농민들은 대공황으로 더욱 피폐한 상황으로 내몰렸다. 설상가상으로 오클라호마의 농민들은 한발·모래폭풍을 맞게 되는데 당시의 자연이 할퀴는 모습이 표현되어 있다.

흙먼지는 아침에도 안개처럼 허공에 떠 있었다. 태양은 선혈처럼 붉었다. 하루 종일 흙먼지가 조금씩 하늘에서 떨어져 내렸고, 다음 날에도 계속 떨어져 내렸다. 평평한 담요가 땅을 덮고 있는 것 같았다. 옥수수 위에도, 울타리 기둥 꼭대기에도, 전선 위에도 흙먼지가 쌓였다. 지붕 위에도 흙먼지가 쌓였고, 잡초와 나무 들고 담요를 덮은 것 같았다.

오클라호마의 역사박물관에 전시된 사진에는 엄청나게 불어오는 모래폭풍, 이 흙먼지가 할퀴고 간 농장에서 망연자실한 나약한 인간의 모습 등을 담고 있다. '분노의 포도' 소설에서는 내몰린 농민들이 생존을 위하여 오클라호마에서 캘리포니아로 이주하여 정착하지만 소수 대농장주들의 약탈과 노동력 착취에 또다시 고통을 맞이한다. 더 이상 갈 곳이 없는 가운데 고단한 일상과 학대에 핏발이 선 노동자들의 눈에서는 분노가 포도송이같이 일어난다.

사람들이 산더미처럼 버려진 오렌지를 주우러 오지만 거기엔 석유가 뿌려졌다. 사람들은우두커니 서서 감자가 떠내려가는 것을 지켜본다.... 사람들의 눈에 패배의 빛이 떠오르고 굶주린 사람들의 눈에 분노가 서린다. 사람들의 마음속에 분노의 포도가 한가득 가지가 휘게 무르익는다. 수확의 때를 향하여 알알이 더욱 무르익어 간다.

FDR은 대공황에서 헤매던 약자와 취약계층의 고통을 이해하였다. 소통을 통하여 약자의 어려움을 어루만져 주면서 현실적인 정책으로 경제적 불평등을 해소해 나가고 사회적 안전망을 확충해 나가는 리더십을 보여주었다. 그는 도시 노동자와 소작농들이 다시 일하도록 일자리를 마련하고 농업에 대규모 지원을 하여 이들을 다시 일으켜 세웠다. 사람들에게 희망을 불어넣어 주고 사기와 자긍심을 심어주어 그들의 눈에 어린 분노의 포도가 사그라지도록 하였다. 대통령으로서 위기에 처하여 불안해하던 국민들에게 직면한 상황을 가감 없이 설명하면서 정부가 어떻게 대응할 것인가를 제시하고 정책의 실현을 통하여 성과를 거두는 리더십을 보여 주었다. 그러하기에 위기에 처할 때마다 FDR이 거론되어 왔고 현재 국가 위기에 처한 우리로서도 그의 리더십을 재조명해야 하는 이유이기도 하다.

# III. 존 에프 케네디 대통령
## (미국)

분쟁과 갈등 상황에서 뛰어난 리더십을 발휘하여 화합과 평화의 국면으로 전환하였고 국민들에게 용기와 자신감, 그리고 꿈과 나은 미래를 선사하고 떠났다.

미국 근무 시절 보스턴 해변에 세워진 케네디 대통령 기념관을 가끔 찾곤 했다. 이 기념관은 재클린 여사가 이오 밍 페이(I. M. Pei)라는 저명한 중국계 미국인 건축가에게 의뢰해 건립되었는데, 건물 전체가 하얀색으로 단순하면서도 운치가 있을 뿐 아니라 바닷가 바로 옆에 위치하고 있어 파도와도 잘 어우러져 있다. 기념관 한 벽면에는 '사람은 죽게 마련이며, 국가는 융성하다가 쇠퇴하곤 하지만 우리의 생각은 계속 살아남는다(A man may die, nations may rise and fall, but an idea lives on.)'는 케네디의 명언이 크게 조각되어 있다. 실제로 케네디는 죽었지만, 그가 남긴 생각은 변화의 원동력이 되었다. 이 기념관에 들어서니 케네디가家의 존·로버트·에드워드 3형제가 함께 웃으면서 서 있는 커다란 사진이 걸려 있고 케네디 대통령의 취임 연설 목소리가 흘러나오고 있었다.

케네디는 준수하게 생겼을 뿐만 아니라 친근한 연설로 대중적인 호감을 얻었다. 그가 떠난 지 60년여 년이 지난 지금도 케네디 영상을 보면 말이 주는 위력을 새삼 느끼게 된다. 그는 연설뿐만 아니라 글도 잘 썼다. 퓰리처상을 수상한 '용기 있는 사람들(Profiles in Courage)'이라는 저서에서 케네디는 여러 상원의원이 자신의 경력이나 명성에 흠이 가는 것을 무릅쓰고 국가를 위하여 과감한 행동을 취했던 용기가 오늘날 미국의 민주주의를 이루었다고 밝히고 있다. 그래서인지 그의 연설이나 발언에는 유독 용기라는 단어가 자주 거론되고 있다.

## 연설이 주는 힘과 일으킨 변화

케네디의 연설 가운데 뛰어나다고 평가받는 것은 1961년 취임사, 1962년 쿠바 위기에 대한 대국민 연설, 1963년 민권법안 관련 연설, 1963년 베를린 시청에서의 연설이다. 위기가 뛰어난 영웅을 낳는다고 하지만 1962~63년 급박했던 미국의 상황을 생각하면 커다란 위기와 사건이 명연설을 낳았다고 할 수 있다. 케네디는 1960년 민주당 대통령 후보 수락 연설에서 미국이 당면한 도전에 대처해 나가기 위해 '새로운 개척 정신(the New Frontier)'이라는 슬로건을 제시하였다. 이러한 정신에 따라 그는 취임사에서 미국의 변화를 위하여 새로운 세대가 새로운 문제에 대응하여 새로운 책임감으로 대처할 때라고 하는 메시지를 강하게 전달하였다. 그의 연설은 사회분열을 치유하기 위한 제퍼슨 대통령의 취임 연설, 남북전쟁 전사자를 추모하고 국가 통합을 다짐하는 링컨 대통령의 게티즈버그 연설, 대공황을 극복할 수 있다는 자신감을 불어넣어 준 프랭클린 루스벨트의 취임 연설과 함께 국민을 통합하는 뛰어난 연설로 평가된다.

케네디 취임 연설의 특징은 전체 길이뿐만 아니라 각 문장도 비교적 짧다. 또한 그 자신의 전쟁 경험과 여러 국가를 방문하면서 느낀 내용, 그리고 당시 세대가 공동으로 인식하는 문제 등을 담았기에 크게 공감을 얻었다. '국가가 당신을 위하여 무엇을 할 수 있는가를 묻지 말고, 당신이 국가를 위하여 무엇을 할 수 있는가를 물어보라'라는 유명한 어구는 국민들도 국가에 의존하기보다 스스로 사회에 기여하면서 주변의 어려운 사람들을 돕는 것이 의무라는 케네디의 개인적 신조를 반영하였다. 이 문장은 학생들 사이에서 '친구가 너를 위해 무엇을 해 줄 수 있는지를 묻지 말고 네가 친구를 위하여 무엇을 할 수 있는지를 스스로 물어 보라'라는 패러디로 널리 퍼졌다.

케네디의 어느 연설에서는 중요한 점이 반복되고 대구對句 형식을 취하고 있어 기억하기 쉽고 호기심을 유발하기도 한다. 예를 들어 소련과의 협상을 두려워할 필요가 없다는 내용을 연설에서 강조하기 위해 '상대를 두려워하는 가운데 협상해서는 안 되지만 협상하는 것을 두려워해서는 안 된다. (Let us never negotiate out of fear, but let us never fear to negotiate.)'와 같은 문구이다. 케네디는 또한 '실패의 원인은 한 가지뿐인데 성공의 원인은 100가지나 나온다. (Failure is an orphan, but success has a hundred fathers.)' 와 같이 재미있거나 '천 리 길도 한 걸음부터(A journey of a thousand miles begins with a single step.)'라는 동양의 경구도 즐겨 인용하여 많은 사람들에게 다가갔다. 케네디의 1963년 베를린 시청에서의 연설도 널리 회자되었는데, 그 가운데 "2000년 전에는 '나는 로마 시민이다(civis Romanus sum!)'라고 하는 것이 커다란 자랑이었지만 이제 '나는 베를린 시민이다(Ich bin ein Berliner!)' 라는 것이 가장 자랑스럽다"고 하는 문구는 분단과 장벽에 둘러싸인 서베를린 시민들에게 커다란 용기를 주었다. 이 연설에 대한 시민들의 반향은 예상을 뛰어넘게 컸으며 독일뿐만 아니라 전 세계에 커다란 울림이 되었다.

케네디는 아무리 좋은 연설이라도 말만 하고 행동의 변화를 불러일으키지 못하면 의미가 없고 연설 그 자체로만 그치게 된다는 점을 충분히 인식하고 있었다. 대통령 후보로서 미시간 대학을 방문하였을 때 젊은 이들에게 가난한 나라를 위한 평화 봉사를 강조했던 즉석연설은 커다란 반향과 열정을 불러일으켰다. 대통령 취임 이후 평화 봉사를 실현하기 위한 조치를 서둘러 추진하여 불과 수개월 만인 1961년 8월에 국제사회에 기여하고자 하는 평화봉사단원 1기 51명을 가나와 탄자니아에 파견하였다. 이후 지금까지 140여 개국에 20만 여명이 참여하였으며, 한국에도 1966~1981년간 2,000명이 넘는 미국 젊은이들이 전국 지방에서 봉사활동을 하였다.

## 처절한 실패에서 교훈을 얻어 미소美蘇 간 협력·흑백 간 화합을 이루다

케네디는 취임 후 100일도 되지 않은 1961년 4월에 카스트로 정권 전복을 위하여 쿠바 망명자들이 주도하는 피그스만 침공을 지원했지만, 처절한 실패로 끝났다. 피그스만 침공은 아이젠하워 대통령 시절부터 진행되어 오던 계획으로서 케네디가 집권 후 업무를 숙지하지 못한 시점에 CIA와 합동참모본부의 주장만을 믿고 추진하다가 일어난 사건이다. 또 다른 실패는 1961년 6월 오스트리아 빈에서 열린 케네디의 첫 미소 정상회담이었다. 그는 이 정상회담을 위해 루엘린 톰프슨 전 소련 주재 대사, 조지 캐넌 등 소련 전문가뿐만 아니라 드골 프랑스 대통령의 자문까지 받아 준비하였지만, 흐루쇼프는 쿠바침공·베를린문제·미국의 반소정책 등을 주제로 맹공을 퍼부어 케네디에게 참담한 좌절을 가져다 주었다. 그는 미소 정상회담이 동서 진영 간 전쟁 위험을 감소시키기는 커녕 오히려 증가시키지 않았는지 하는 우려를 했을 정도로 낙담하였다. 실제로 흐루쇼프는 정상 회담 후 케네디를 경험 없는 연약한 지도자로 평가하면서 1962년에 쿠바 내 미사일 기지를 건설하는 조처를 하게 되고 이에 따라 핵전쟁 직전까지 이르게 되었다. 이와 같이 케네디는 취임 첫해인 1961년 두 차례 커다란 실패를 경험하였으며 이것이 자신에게 족쇄가 되었다.

그러나 케네디는 실패를 교훈으로 삼아 1962년 발생한 미소美蘇 간 핵전쟁 위기 상황에서 소련에 과단성 있게 대응하되 인내심을 가지고 협상하여 전 세계를 핵전쟁의 위협에서 벗어나도록 하였다. 국가 지도자가 얼마나 커다란 짐을 짊어지고 있는지 그리고 얼마나 외로운 결정을 해야 하는지 하는 것을 알려주는 대표적인 사례가 쿠바 미사일 위기이다. 통상 '13일'로 지칭되는 이 사건은 정찰비행을 통하여 소련이 쿠바 내 미사일 기지를 설치한 것을 확인한 1962년 10월 16일부터 미사일 기지 건설이 중지된 10월 28일까지 13일간 일어난 위기 상황을 말한다. 이 위기가 제3차 세계대전을 유발할 가능성이 높았다고 보는 이유가 있다. 미사일 기지 건설을 확인한 시점에 43,000 여명의 소련군과 핵탄두 장착 미사일을 포함한 42기의 중거리 미사일이 이미 쿠바에 배치되어 있었고 소련군 사령관은 핵무기 사용 전권을 위임받고 있었다. 이 상황에서 만약 미군이 쿠바를 공격하였다면 다수의 소련군 피해가 발생할 것이고 이 경우 쿠바 주둔 소련군은 중거리 핵미사일로 대응하여 미국 내 주요 도시에서 커다란 피해가 발생하였을 것이다. 소련은 또한 미군이 주둔한 서베를린 또는 튀르키예 등 유럽 국가도 공격하여 미군의 사상자가 발생하게 될 것이고 이에 대한 보복으로 미국이 소련을 공격할 가능성이 농후하였다. 이는 가상적인 상황이 아니라 제3차 세계 핵전쟁이 발생할 확률이 매우 높았던 사건이다.

이 위기를 극복할 수 있었던 것은 역설적으로 1961년 피그스만 공격과 빈에서 열린 미소 정상회담이 실패로 끝났기 때문이다. 두 차례의 군사·외교적 실패 이후 케네디는 내부 협의 방식을 바꾸었다. 피그스만 공격 당시에는 CIA 등 기관별 보고를 통하여 정보를 받고 의사결정을 했던 반면 미사일 위기 시에는 국가안전보장회의 집행위원회(ExCom)를 구성하여 관계 부서의 장차관급 인사, 소련에 근무했던 대사, 반대파인 공화당 인사 등 서로 다른 의견을 가진 전문가들이 참여하도록 하였다. 이에 따라 다양한 의견이 개진되고 여러 대응 방안을 논의한 후 제시하여 대통령이 최종 결정하는 과정을 밟았다.

케네디는 피그스만 공격 시 실패했던 경험으로 군부가 제안한 강경한 군사 조치 대신 해상봉쇄 방안과 외교적 협상안을 병행하는 방안을 우선 채택하고 이 방안이 효과가 없을 경우 군사적 조치를 검토하는 수순을 택하였다. 또한 소련과의 협의를 위하여 공식 외교채널이 아니라 로버트 케네디 법무부 장관과 도브리닌 미국 주재 소련대사 간의 막후 채널을 활용하였는데 이 채널이 긴박하게 작동하면서 효과를 발휘하였다. 그 결과 핵전쟁 위험에까지 이르렀던 미사일 위기가 마지막 순간에 타결되었으며 이후에 미소 간에 핫라인이 상설 구축되어 제한적 핵실험금지 조약의 체결에까지 이르게 되었다.

케네디는 소련과의 핵전쟁 위기를 해소했지만, 국내에서는 1950년

대 이후 가열되어 오던 흑백 갈등이 점차 표면화되면서 또 다른 위기를 맞게 되었다. 그는 1960년 대선에서 흑인들의 지원에 힘입어 불과 46,000여 표 차이로 대통령에 당선되었으나 흑인들이 염원했던 인종차별 철폐를 백인 계층의 격렬한 반대로 추진하지 못하고 있었다. 이에 '내게 꿈이 있다(I have a dream).'라는 연설로 유명한 마틴 루터 킹 목사를 위시한 흑인 그룹들이 케네디에 대한 지지 철회 움직임을 보이면서 재선 가도에 빨간불이 켜졌다. 케네디는 흑인 시위가 더욱 격화되고 흑백 분열이 가속화되자 인종차별 문제를 더 이상 지연할 수 없다고 판단하여 흑인에게 가해지는 차별을 폐지하고 모든 미국인이 동등한 권리와 기회가 주어질 수 있는 민권법안을 의회에 제출하였다. 이 법안은 링컨의 노예해방 이후에도 지속되어 온 흑인에 대한 불평등과 차별을 해소하는 포괄적인 내용을 담고 있었다. 케네디는 백인 주도 세력의 반대 등 버거운 상황에 맞서 용기를 가지고 단안을 내려 민권법안을 제출하였으며, 의회가 정파 및 피부 색깔과 관계없이 지지해 달라고 강하게 요청하였다. 이 법안은 케네디의 피살로 존슨 대통령 시절에 의회에서 통과되었지만, 케네디의 주요 업적으로 평가되고 있다.

## 케네디가 우리에게 던지는 울림

케네디가 좋아했던 단어는 용기였다. 케네디의 용기는 국가에 대한 헌신으로부터 시작되었다. 그는 허리척추 병으로 군대를 가지 않아도 되었지만 해군에 자원하였으며, 제2차 세계대전이 발발하자 또다시 자원하여 참전하였다. 솔로몬 군도 해역에서 자신이 탄 소형함선이 일본 구축함에 의해 두 동강이 난 그는 험한 바다에서 부상당한 동료를 등에 지고 4시간 동안 수영하여 살아남았다. 또한 해군 장교로서 죽을 고비를 넘기면서도 동료와 국가에 대한 책무를 다하였으며, 후에 대통령으로서 국가의 평화와 안정을 위해 희생한 군인에 대해 세심하게 배려하였다. 소련과의 미사일 위기가 종식된 마지막 날인 1962년 10월 28일 저녁, 모든 사람이 기쁨에 들떠 있을 때 케네디는 자신의 집무실에서 쿠바 정찰 업무를 수행하다가 피격되어 사망한 U-2기 조종사 루돌프 앤더슨 소령의 부인에게 자필로 감사의 편지를 썼다. 나라를 지키다가 순직한 용사들에게 대한 지도자의 감사 표현은 군인들의 애국심과 자부심을 고양했다.

케네디는 국가와 주변의 어려운 사람들을 위하여 국민들에게 책임감을 가지고 노력해 달라고 요청하였는데 국민들은 이에 대하여 부담을 느낀 것이 아니라 평화봉사단원의 예와 같이 자신이 할 수 있는 범위에서 국가와 사회에 기여하는데 자부심을 가졌다. 그는 내각을 구성하면서 국무·재무·국방장관의 선임에 가장 많이 신경을 썼다. 선정의 기준은 유능한 사람인가, 케네디 행정부의 추진 사업에 협력할 것인가 하는 점에 초점을 두었다. 이러한 기준에 따라 케네디는 자신이 속한 민주당 소속의 딘 러스크 국무장관과 함께 공화당원이었던 딜런 재무장관과 맥나마라 국방장관을 정당 성향에 관계없이 임명하였다. 나아가 그는 중요 사안의 경우 한편의 의견에만 귀를 기울이기보다 실효적인 방안을 도출하기 위하여 첨예한 논쟁을 거치도록 하였으며 이러한 과정을 통해 건의된 정책을 최종 판단하여 채택하였다.

케네디는 대외 관계에 있어 상대국과 불편하더라도 솔직히 대화하기 위해 막후 채널을 가동하였다. 흐루쇼프는 비선秘線을 통한 소통으로 케네디가 군사적 압력보다 외교적인 협상과 상호 타협으로서 쿠바 미사일 위기를 해결하고자 하는 것으로 확신하게 되었고 이후 진지하게 협상에 임하였다. 흐루쇼프는 초기에 케네디를 애송이 지도자로 취급하였지만, 쿠바 미사일 협상을 마무리하는 단계에서는 그를 진정한 정치가로 평가하였으며 이후 피살된 것을 진심으로 애도하였다. 이 사례는 민감한 사안의 경우 우리 입장을 미리 공표한 후 협의하기보다 막후 채널을 통해 관련국과 사전에 협의하여 어느 정도 합의가 이루어진 이후 추진하여야 성과를 거둘 수 있다는 교훈을 우리에게 알려주고 있다.

미사일 위기가 성공적으로 해결되는 과정에서 강대국의 행태에 대하여 유의 깊게 살펴볼 필요가 있다. 핵 위기 협상이 긴박하게 진행되기는 하였지만 관련국인 쿠바와 튀르키예는 소련과 미국으로부터 중간에 아무런 통보를 받지 못하였다. 흐루쇼프는 쿠바에 먼저 미사일 기지 건설을 제의하였으나 기지를 철수할 때는 모든 결정이 이루어진 후 쿠바에 통보하여 카스트로는 분통을 터트렸다. 케네디 역시 쿠바 내 미사일 기지 철수 조건으로 튀르키예 역내에 배치된 미사일의 철수를 소련으로부터 요구받고 튀르키예에 사전 통고 없이 수용하였다. 2017년 트럼프 대통령이 시리아 내 쿠르드에 대한 지원을 전격적으로 철회하였던 경우와 2021년 바이든 대통령이 아프가니스탄 주둔 미군을 일방적으로 철수하였던 사례, 그리고 중국이 제기하는 주한미군 철수 주장 등을 볼 때 강대국의 정책은 해당국에 대한 고려 없이 자국의 이해 및 국제 상황에 따라 변할 수 있음을 유의해야 한다. 우리 스스로 안보를 철저하게 지켜야 하는 이유이다.

## 케네디의 지도력을 되새기며

케네디는 실패에서 성공의 교훈과 실마리를 찾았고, 갈등과 분쟁 상황에서 화합과 평화의 길을 찾았다. 그 과정에서 여러 다양한 의견을 청취하고 이를 바탕으로 자신이 어려운 결정을 하였다. 어느 나라이건 전문적 능력과 경험이 풍부한 사람을 기용하기보다 정치적 측근을 중책에 기용하였을 경우 성공한 대통령은 없다는 점을 교훈 삼아 대통령은 내각을 어떻게 구성할지, 정책 결정을 어떻게 할지 고민해야 한다.

케네디는 민권법안으로 흑인들의 불만을 수습하였지만, 미국 남부 백인 보수층의 반감은 더욱 퍼져 나갔다. 그는 백인들의 민심을 수습하고 재선 기반을 구축하기 위하여 공화당 텃밭인 텍사스 주를 방문했다. 1963년 케네디를 반대하는 분위기가 텍사스 전체적으로 감싸고 있었고 암살 위험 가능성도 있다는 정보 보고가 있었는데, 불행하게도 이러한 정보가 현실화되었다. 대통령 차량이 댈러스 시내의 건물을 돌아 서행하는 중에 쿠바·소련에 동조하던 인물인 리 하비 오스왈드가 쏜 탄환이 케네디의 머리와 목 부위를 관통하여 저격 받은 지 불과 30분 만에 운명했다. 당시 사진을 보면 재클린 여사가 차 뒤편 트렁크로 기어가는 모습이 보이는데 이것은 총알이 케네디의 후두부를 가격하여 머리뼈와 뇌수가 튀어나온 것을 수습하기 위한 몸부림이었다.

더 나은 미래를 기대하던 미국 국민들은 케네디의 죽음으로 미래가 박탈당하던 기분이었다고 한다. 케네디는 쿠바 미사일 사태와 대규모 흑인시위 등 분쟁과 갈등 상황에서 뛰어난 리더십을 발휘하여 화합과 평화의 국면으로 전환하였을 뿐만 아니라 국민들에게 용기와 자신감, 그리고 꿈과 나은 미래를 선사하고 떠났다. 케네디 기념관에서 들었던 그의 목소리는 아직도 나의 마음에 잔잔한 울림으로 남아있다. 국가의 운명이 지도자에 달려 있음을 새삼 느낀다.

# IV. 로널드 레이건 대통령
## (미국)

비전을 설정한 가운데 구체적인 계획과 프로그램을 제시하면서 국민들에게 가야 할 길이 무엇인지를 명확히 설명하였다. 침울했던 국민에게 다양한 소통방식을 통하여 미국에 대한 자긍심, 미래에 대한 자신감, 그리고 긍정적인 사고를 불어넣었다.

로널드 레이건 40대 대통령의 사진을 보면 따뜻한 미소로 모두를 포용하는 듯하고 자신감이 묻어난다. 20세기 미국이 가장 커다란 위기를 맞은 때는 1930년대 초 그리고 1980년대 초로 미국 사회뿐만 아니라 세계 전체가 암울한 분위기이었다. 이러한 상황에서 시대적 흐름을 새롭게 바꾸고 국가를 역동성 있게 이끌어 간 것은 탁월한 국가 지도자가 있었기 때문이다.

프랭클린 루스벨트(FDR) 대통령이 20세기 전반 시대를 대표한다고 한다면, 20세기 후반의 시대를 이끌었던 지도자는 로널드 레이건 대통령이었다. 두 대통령 공히 시대적 상황이 영웅을 만들었는데 루스벨트가 경제 대공황과 제2차 세계대전의 위기를 극복하였다면, 레이건은 대공황 이후 최대의 경제위기를 잘 헤쳐 나갔고 미소美蘇 간 냉전 상황을 평화적인 분위기로 전환하였다. 레이건 대통령은 소위 흙수저 출신으로 개인적 배경이나 대통령에 이르는 과정은 독특하다. 탁월한 리더십에 더하여 아무리 어려운 상황에서도 자신의 인생을 스스로 개척하여 성공을 이룬 그의 인생 역정은 우리에게 깊은 감명과 함께 교훈을 준다.

## 흙수저에서 대통령으로 가는 길

1911년 그가 태어난 일리노이주 탬피코(Tampico)는 당시뿐만 아니라 100년이 지난 지금도 인구는 1,000여 명이 안 되는 시골 깡촌 마을이다. 당시 마을 가게는 2개뿐이고 알코올 중독자인 아버지는 구둣가게 점원으로 집안 환경은 어려웠다. 그럼에도 아들에게 노력을 통하여 개인의 운명을 개척할 수 있다는 긍정적인 신념을 물려주었는데 이러한 정신은 레이건 개인을 통하여 미국 전체 국민들에게 이어졌다.

어려운 환경에서 공부하기 위하여 레이건은 고등학교 때부터 수영 인명구조대원으로 일하면서 학비를 벌어야 했고, 알려지지 않은 조그만 유레카 대학에서 빈곤 학생에게 주는 장학금과 기숙사 식당 접시를 닦으면서 번 돈으로 학비를 조달하여 졸업했다. 그러나 그가 졸업한 1932년은 경제대공황의 깊은 터널 속이었기에 일할 자리를 찾는 것은 쉽지 않았다. 스포츠 아나운서, 백화점 점원으로 응모하였지만, 번번이 떨어지다가 갑자기 자리가 빈 라디오 아나운서 직에 임시 자리가 나 취직하였다. 그는 방송 경험을 통하여 소중한 비결을 얻었는데 웅변하듯이 방송한 것이 아니라 부드럽게 친구에게 이야기하듯 편안하게 하여 청취자들에게 다가갔다. 라디오를 통하여 말이 전달하는 힘을 알았고 연설의 기법을 터득하게 되었는데 이는 자신이 추후 정치인과 대통령이 되는데 중요한 디딤돌이 되었다. 이후 영화배우·영화인 노조위원장으로 조직 활동의 경험을 쌓았다. 또한 제너럴 일렉트릭사가 후원하는 프로그램을 소개하는 해설가로서 전국을 다니면서 홍보 강연을 하였는데 이를 통해 대중과 소통하는 기법을 익혀 이후 정치가로 그가 크게 발전할 수 있는 계기를 마련하였다.

20세기를 대표하는 시어도어 루스벨트·프랭클린 루스벨트·존 에프 케네디 대통령이 상류 지도 계층 출신으로 하버드 대학에서 학교 교지 등을 통하여 경험을 쌓아가던 것과는 달리 레이건의 젊은 시절 이력은 삶의 현장이 정치적 성장의 토양이었다. 그가 정치인으로 두각을 나타낸 계기도 어떻게 보면 우연히 주어졌다. 1964년 배리 골드워터 공화당 대선 후보를 지원하는 '선택의 시간(A Time for Choosing)'이라는 연설에서 비대해진 정부의 문제점을 지적하고 감세, 개인의 자유를 강조하면서 공화당의 보수적인 가치에 대한 공감대를 확산시켰다. 그의 이 연설은 1860년 링컨의 쿠퍼 유니언 연설과 함께 미국 정치계를 진동시킨 사례로 종종 거론된다. 링컨은 당시 노예제의 문제를 지적하고 공화당의 단결을 도모하는 연설을 하였는데 이 연설이 커다란 반향을 일으켜 지방의 정치인이었던 링컨이 중앙무대로 진출하고 대통령직에 도전하게 되었다. 레이건 역시 1964년 연설 이전에는 무명 정치인이었는데, 이 연설이 전환점이 되어 1966년 캘리포니아 주지사 선거에서 민주당의 브라운 현역 주지사를 물리치고 미국 정치의 주목을 받는 주의 주지사가 되었다. 주지사로서 그는 방만했던 복지 프로그램을 개혁하고 주민들의 과세 부담도 경감하면서 주의 경제 상황을 현격히 개선하여 일약 대통령 가능성이 제기되었다.

1980년 공화당 대선 후보로 나섰던 시점의 미국은 사기가 바닥에 떨어진 상황이었다. 1968년 닉슨 이후 포드·카터 대통령을 거치면서 미국의 국정은 방향을 잃었고, 국내 정치와 경제 상황은 혼미하였다. 1979년 이란의 이슬람 혁명 이후 미국 외교관이 인질로 장기간 억류되고 소련과의 군비경쟁에서 뒤떨어지면서 FDR이 이루어 놓은 세계의 지도적 국가 위치도 흔들거리는 상황이었다. 레이건은 카터 행정부의 국정운영이 정치·경제·안보 등 여러 부문에서 심각한 문제를 발생시키고 있지만 해결책을 제시하지 못하고 또한 장래에 대한 확신이나 비전을 제시하지 못하고 있는 점을 강하게 비판하였다. 그는 카터와 대선 토론에서 '4년 전보다 여러분의 살림이 나아졌는가? 우리가 4년 전만큼 강한 나라인 가?'라고 국민들에게 울림을 주는 메시지로 토론을 주도하였으며 선거인단 투표에서도 압도적인 승리를 거두면서 대통령에 당선되었다. 국민들은 그만큼 변화를 원하고 있었고 새로운 지도자를 갈구하고 있었다.

## 신념을 견지하면서 소통하다

미국 정치에서 국민이나 국회와의 소통을 통하여 문제를 해결하고자 한 대통령으로 FDR이 대표적으로 거론된다. 이와 함께 레이건 대통령도 위대한 소통가(the Great Communicator)라고 불리는데 그 이유는 정부의 역할을 축소하고 대외적으로 공산주의에 대항하여 세계 평화를 이루겠다는 자신의 신념을 일관성 있게 견지하는 가운데 이를 국민들이 잘 이해할 수 있도록 유머나 사례를 들어 전달하였기 때문이다. 레이건은 FDR의 노변정담과 같이 1982년부터 매주 토요일 '대통령의 주례 라디오 회동(President's Weekly Radio Address)'을 통하여 자신의 정책을 널리 알리는 노력을 기울였다. 이 프로그램은 35년여 지속되었는데 오바마 대통령 때는 유튜브를 활용한 '대통령의 비디오 회동'으로 변형되었다. 미디어 환경이 급속히 변화하는 가운데 트럼프 대통령은 트위터 등 SNS를 활용하면서 라디오를 통한 소통방식은 효과가 미약하여 2018년에 폐지되었다.

라디오 회동 못지않게 주요 정책 연설은 그의 소통 능력을 대변하고 있다. 레이건은 가능한 한 중요한 연설문을 직접 쓰거나 기본 골격 구성에 깊숙이 관여하였는데 연설문 내용이나 연설하는 형식에 있어 몇 가지 특징이 있다. 내용상으로 가능한 한 짧게 쓰고 예를 들면서 쉬운 말을 사용하여 상대방이 쉽게 이해할 수 있도록 하였다. 촌철살인의 용어나 문장을 사용하기도 했는데 소련을 '악의 제국'이라고 하고, 베를린 장벽 앞에서는 "이 장벽을 허물어 버리시오"라고 하여 공산주의에 대한 그의 신조를 강하고도 단순명료하게 나타냈다. 연설 형식에 있어 마치 옆 사람들과 이야기하듯 하여 듣는 사람들에게 매우 친근하게 다가갔다. 딱딱하게 말하지 않았고, 원고를 참조하기는 하였지만 사람들에게 시선을 주면서 원고를 읽는 듯한 느낌을 주지 않았다. 이를 위하여 연설의 대가였던 윈스턴 처칠과 FDR의 사례를 참조하여 여러 차례 연습을 한 후 연설할 정도로 심혈을 기울였다.

그는 의회와의 협력이 대통령의 성공 조건이라는 것을 명확히 인식하여 의원 접촉에 많은 신경을 기울였다. 특히 집권 기간 내내 하원은 야당인 민주당이 우세하였고 마지막 2년 동안에는 상원도 민주당이 우세하여 여소야대의 국면이어서 자신이 추진하고자 한 경제개혁 정책을 시행하는 것이 쉽지 않았다. 취임 후 첫 100일간 50여 차례, 500여 명의 의원들을 만나 자신의 정책 방향을 설명하고 협조를 요청하였다. 특히 1981년 집권 첫해에 제시한 세율 인하 조치에 대하여 민주당 소속 하원의원들이 격렬하게 반대하자 그들과 여러 차례의 회합을 하고 기회가 있는 대로 편지를 보냈으며, 정책 표결 전에는 개별적으로 전화를 하여 설득해 나갔다. 이에 만족하지 않고 라디오를 통하여 국민들에게 직접 호소하여 각 지역구 의원들이 경제개혁안을 지지하도록 독려하여 마침내 다수의 민주당 의원 지지를 얻어 하원에서 통과되도록 하였다.

사회보장 문제에 대한 그의 접근도 의회와의 협력과 소통을 통한 문제해결 방식을 잘 나타내 주고 있다. 그는 집권한 이후, 1930년대에 마련된 국가에 의한 사회보장 프로그램에 심각한 문제가 있음을 파악하였다. 점차 지출 대상자와 보장 범위가 확대되면서 지출이 수입보다 크게 상회하는 문제가 있어 사회보장제도의 상당한 개신 또는 폐지 등도 고려하였다. 하지만 이 제도가 수십 년간 저소득층 경제와 깊숙이 연관되어 제도의 변화 자체에 국민적 저항이 저변에 강하게 흐르고 있음도 인식하였다. 이를 감안하여 중립적으로 문제를 해결하기 위하여 사회보장 개혁위원회를 신설하였다. 대통령·상원 다수당 대표(공화당)·하원의장(민주당)이 각각 5명의 위원을 선임한 후 15명의 여야 합동위원회를 구성하여 사회보장 개혁 방안을 논의하였다. 이 위원회에서 FDR 이후 내려온 사회보장 프로그램의 근간을 유지하되 민영화 방안은 채택하지 않기로 했다. 다만 보장 기여금 납부자를 확충하고 납부율은 증대하되 지출액은 감소하여 재정자립도를 증가시키고 프로그램이 안정적으로 운영되도록 대대적인 개혁을 하였다. 레이건은 국민들에게 분쟁의 정치보다 민생을 돌보는 행정이 더욱 긴요하며, 반세기 이상 지속되어 온 사회보장 프로그램을 시대에 맞게 변화시키는 것이 정치지도자의 역할이라는 것을 인식하였으며, 이를 위하여 행정부 단독이 아니라 야당과도 협력하여 합의점을 도출하였다.

레이건이 의회 및 국민과의 소통이나 협의를 증진해 나갔다고 하여 그의 국정운영에 대한 신념을 바꾸거나 법치의 원칙을 무너트린 것은 아니다. 감세를 통한 경제활성화와 힘을 통한 국제 평화 달성 방침을 재임 기간 내내 견지하면서도 상대방과의 협상을 중요시하였다. 법을 어기면서까지 협상하는 것은 아니었는데 법치 준수의 사례는 집권 첫해 항공 관제사 파업 대응에서 잘 나타났다. 레이건은 자신이 영화배우 노조위원장 출신으로 어려운 환경에 처한 노동자에 대하여 이해하는 입장이었다. 또한 노조가 공화당 후보를 지지하는 사례가 대체로 드물었지만 1980년 대선에서 관제사 노조(PATCO)는 레이건을 지지할 정도로 노조의 일부로부터도 호응을 받고 있었다. 그러나 기간산업인 PATCO가 파업하여 항공대란의 위기가 발생하자 레이건은 견고한 지지 세력임에도 불구하고 업무 복귀를 명령하고 불법 파업을 중단하지 않으면 해고하겠다는 강력한 메시지를 보냈다. 그럼에도 노조 지도자들은 레이건의 노조 경력과 정부가 전국적인 항공노선 폐쇄 위험을 무릅쓰지 못할 것이라는 판단으로 파업을 지속하자 레이건은 강경 대응하면서 해고 조치를 취하였다. 이 결과 항공기 운항에 어느 기간 애로가 있었지만, 법을 수호한 대통령에 대한 국민적인 지지는 오히려 상승하고 과격한 노조 활동은 받아들일 수 없다는 원칙을 확립하는 계기가 되었다.

## 정부가 문제라는 판단으로 자유방임의 경제개혁을 추진하다

레이건 집권 이전 1970년대 미국 경제는 장기간 혼란에 빠진 상황이었다. 닉슨·포드·카터 기간 동안 경기침체와 인플레이션이 동반되는 스태그플레이션이 발생하여 경제 환경은 매우 불확실하였다. 1974~79년 기간 중 실업률이 5%에서 점차 상승하여 1980년에는 7%, 레이건의 임기 초기인 1982년에는 10.8%까지 올라 대공황 이후 최대 실업률을 기록하였다. 인플레이션도 증가하고 생산성은 점감하고 있었다. 오일쇼크로 에너지 가격은 급등하고, 상승한 물가로 노동계는 임금 상승을 요구하였으며, 외환시장에서 달러의 가치는 점차 하락하였다. 주식시장도 불안한 가운데 수십 년간 확대되어 온 복지 프로그램으로 예산 지출의 폭은 확대되면서 경기침체가 이어지는 상황이었다. 카터 행정부는 연방예산 적자를 줄이고 인플레이션에 대응하기 위하여 긴축재정 예산안을 마련하면서 노동자의 자발적인 임금동결과 사용자 측의 가격통제를 요청하는 희생을 요구하였는데 이에 지지 세력인 민주당마저 정부의 정책에 반대하였다. 1930년대 이후 최대의 경제적 위기로 사회적 분위기는 병적인 상황으로 치닫고 있었으며, 국민들의 불만은 고조되고 있었다.

이러한 상황에서 집권한 레이건은 그 취임사에서 정치·경제·사회 문제의 원인이 거대해진 정부에 있다고 진단하면서 작은 정부를 지향할 것임을 선언하였다. 그는 뉴딜 이후 국민들은 창의적인 경제활동보다는 국가에 의존하여 생활하는 방식의 문제를 지적하였다. 그동안 정부는 비대해진 정부 기관을 운영하는 가운데 광범위하고 복잡한 사회보장 프로그램을 실행하기 위하여 국민들에게 높은 세금을 부과하여 왔다. 이는 개인의 동기와 창의성을 없애고 기업의 투자를 저해하게 되어 경제가 침체될 수밖에 없었다. 이에 레이건은 경기 침체의 원인이 정부에 있다는 판단 하에 총체적으로 '정부가 문제다(Government is the problem.)'라는 슬로건을 내세워 국민들의 호응을 얻었다.

레이건은 집권하자 바로 FDR 이후 50여 년간 이어오던 정부 주도의 경제정책을 시정하였다. 그는 정부의 비효율성을 비판하면서 민간의 경제활동에 정부의 관여를 최소화하는 정책을 제시하였다. 구체적인 방안으로 정부 지출을 삭감하고 세금을 인하하여 개인에게 돌려주며, 규제를 완화하여 기업의 투자를 장려하는 것이었다. 또한 연방준비위원회와 협력하여 통화량의 증가 폭을 감소시키는 노력을 기울였다. FDR 이후 경제정책은 경기 침체 요인이 기업 및 개인의 유효수요가 부족한 점에 있다고 보아 다른 경제주체인 정부가 적자지출을 통하여 수요를 창출하는 데 적극 관여하는 케인스 처방이 주도적이었다. 그러나 레이건은 개인과 기업의 경제활동을 활성화하여 공급 측면의 진작에 초점을 맞추었는데 그의 경제정책은 레이거노믹스 또는 공급 경제정책이라고 불린다. 공급 경제학자들은 래퍼 곡선이라는 명칭의 경제 논리를 제시하였는데 세율을 인하하면 경제주체들의 생산 활동이 활성화되고 이에 병행하여 정부 수입도 증가되어 경제성장과 함께 재정 균형을 이룰 수 있다는 입장이었다.

레이건의 공급 경제정책은 상당한 성과를 거두었다. 집권 초기인 1981년과 1982년에는 경제 침체의 영향이 지속되어 성과가 나타나지 않았지만, 이를 제외할 경우 1988년까지 연평균 3.8%에 이르는 경제성장을 달성하였다. 1980년의 소비자 물가지수가 13.5%에 이르고 은행 금리도 19%에 육박할 정도이었으나 지속적인 통화 긴축정책으로 1988년에는 인플레이션이 4.1%로 하락하고, 이자율도 9% 아래로 하락하여 경기 안정을 가져왔다. 이 외에도 생산성·1인당 GDP·고용률이 점증하고 실업률은 점차 하락하여 레이거노믹스 정책은 성공적이었다고 평가되었다.

그렇다고 하여 경제가 순항한 것만은 아니다. 집권 후반기에 경제가 회복되면서 과열되고 인플레이션 조짐과 주식시장이 하락하는 상황도 발생하였다. 가장 문제가 된 부문은 적자 재정 및 국가채무가 점증한 점이다. 이는 레이건이 대선 과정에서 공약한 세금 인하가 문제였으나 융통성을 보이지 않고 감세 정책을 견지하여 국가채무가 증가하기 시작했다. 또한 민주당의 반대로 사회보장 등 복지 프로그램을 줄이거나 탄력성 있게 운용하기 어려웠으며, 나아가 소련과의 군비 경쟁을 위하여 막대한 국방비를 지속적으로 지출하였던 점에 원인이 있었다.

레이건 이후 국가채무가 급증하여 카터 9900억 불, 레이건 2.68조 불, 부시(41대) 4.17조 불, 클린턴 5.66조 불, 부시(43대) 10.69조 불, 오바마 19.93조 불, 트럼프 1기 27.78조 불, 바이든 36조 불에 이르렀다. 이 통계수치에서 나타나듯 레이건 시대부터 국가채무가 급증하였으며 이에 따라 그의 경제정책에 대한 비판이 증가하고 있다. 그가 채택한 공급 경제논리, 즉 래퍼 곡선을 이용하여 세금을 줄이면 조세수입이 증가한다는 주장에 대해 공화당 대선후보 경선 과정에서 부시(41대)는 주술 경제정책(voodoo economic policy)라고 비판할 정도로 합리성이 결여된 점이 있었다. 레이건의 적극적인 주장으로 3년간 25%의 보편적 감세를 하였지만 이를 통하여 재정적자를 균형화 하겠다는 정책은 모순적이었다. 그는 민주당 정부가 세금을 부과하여 지출을 방만히 운영하였다고 비판하였지만(tax and spend), 정작 레이건 행정부는 지출을 하면서 세금보다는 국가채무를 다음 세대로 전가하는(spend and borrow)하는 방식을 택하였다. 이러한 정책 방향에 따라 경제주체들은 점차 채무를 늘리게 되고, 제조업 대신 금융에 경제가 의존하는 경향으로 바뀌면서 규율과 기강이 해이해졌다. 이러한 정책으로 금융위기를 가져오는 씨앗이 뿌려졌다고 비판받고 있다.

## 힘을 통한 협상으로 냉전을 종식시키다

레이건 이전의 카터 행정부의 외교는 평화와 인권에 기반한 도덕적 외교이었다. 핵무기 제한을 위하여 소련과 전략무기제한협정(SALT II)에 서명하고, 파나마 운하의 주권을 파나마 공화국에 양도하는 협정에 서명하였다. 이스라엘과 이집트 간의 30여 년간 적대행위를 종식시키는 캠프데이비드 협정의 체결을 성사시키기도 했다. 그러나 국제적인 분쟁 사안은 카터가 기대한 대로 도덕적 이상주의로 해결되지 않았고 그의 인권외교는 점차 힘을 잃어갔다. 소련은 SALT II 협정 서명 이후에도 핵 전력을 더욱 증강하였고, 이란의 폭도들이 미국 대사관을 점령하고 외교관을 인질로 삼았다. 카터의 도덕적 지도력을 통한 문제해결은 한계에 도달하였으며 미국의 국제적 위상은 하락하여 국제 분쟁 해결을 주도할 상황이 아니었다.

이러한 시점에 취임한 레이건은 소련에 비하여 열세인 국방력을 만회하고 소련과 협상을 유리하게 이끌기 위하여 전략무기 증강 계획을 발표하였다. 감세 및 정부지출 축소 등 경제개혁 조치에도 불구하고 국방비는 증액할 정도로 국방력 강화에 힘을 기울였다. 그는 카터 행정부뿐만 아니라 닉슨·포드 대통령과 키신저 국무장관의 데탕트 정책으로 미국이 소련에 군사적으로 열세에 놓이게 되었다고 비판하였다. 자신이 전쟁광이라고 비판받기도 했지만, 핵무기 없는 세상을 위하여 힘을 통한 협상 정책을 선택하였다. 이를 위하여 전략무기를 제한하는 것이 아닌 감축하는 전략무기감축협상(START)과 유럽 내 재래식 군사력을 상호 균형을 이루는 최소한의 수준으로 유지할 것을 소련에 제안하였다.

브레즈네프-안드로포프-체르넨코-고르바초프에 이르는 소련의 공산당 서기장들에게 서한을 통하여 협상을 제의하였지만, 소련의 반응은 미온적이었다.

이에 레이건은 1983년에 전략방어구상(SDI)을 발표하였는데 이는 핵전쟁을 추구하자는 것이 아니라 힘을 통하여 평화를 달성하기 위한 방안으로 소련이 무기 경쟁을 하지 못하도록 하는 강한 대응조치이었다. 이전에는 상호확증파괴(MAD: Mutually Assured Destruction) 또는 ABM 조약과 같이 상호 보복 위협을 통하여 핵 억제력을 유지하여 왔지만, SDI는 핵 공격을 막을 수 있는 적극적인 방어 기술을 개발하여 위협에 대응하는 것이다. SDI의 개발을 위해 미국 의회에 제출한 1982~86년간 소요 경비는 1.341조 불로 미국 국민 1인당 6,000불의 부담이 될 정도로 엄청난 규모이었다. 이에 대응하기 위하여 소련도 새로운 기술개발이 필요하고 상당한 경비가 소요되나, 이를 뒷받침할 경제적 여력이 턱없이 부족하여 미국이 추진하고자 한 SDI에 강하게 저항하였다.

레이건은 SDI를 추진하면서 새로이 등장한 고르바초프에 정상회담을 제안하였는데 이에 대한 국내의 반대도 심하였다. 미소 정상 간 단독 정상회담에 대하여 레이건의 일천한 외교 경험을 우려하여 키신저·브레진스키 등 전임 대통령을 보좌하였던 안보 보좌관들은 조심스러운 입장이었고 와인버거 국방장관도 반대하였지만 슐츠 국무장관은 이를 지지하였다. 레이건은 제네바 정상회담에서 고르바초프에게 정상회담을 계속해서 개최할 것을 제안하였다. 이를 고르바초프가 수용하면서 후일 레이캬비크-워싱턴-모스크바 정상회담이 이어져 개최되었다. 이어 집권한 부시(41대)도 고르바초프와의 정상회담을 통해 전략무기뿐만 아니라 재래식 무기도 감축하는 등 실질적인 진전을 이루어냈다.

특히 아이슬란드 레이캬비크 정상회담은 양국 간 협상의 변곡점이었다. 이 회담에서 고르바초프 서기장은 전략핵무기를 반으로 줄이고 유럽에서 중거리 미사일을 철수하자는 레이건의 제안을 받아들였다. 대신 고르바초프는 마지막 순간까지 SDI의 경우 연구 목적으로만 진행하고 ABM 조약을 존중하겠다는 입장을 미국이 수용하기를 요구했다. 그러나 레이건은 SDI를 계속 추진할 것이며 다만 SDI 추진 과정에서 습득한 기술을 소련과 공유하겠다는 입장으로 대응하였다. 두 정상 간에 이틀 동안 여러 차례 정회하면서 7시간 반 동안 협상을 진행하였으나 SDI에 대한 이견으로 합의를 이루지 못하였다. 그러나 미국으로서는 소련의 협상카드를 정확하게 인식하게 되었으며 이후 군비축소를 이루는 중요한 계기가 되었다. 레이건이 SDI를 추진할 필요성을 더욱 느낀 것은 1983년 대한항공 여객기의 격추 사건이었다. 소련이 민간 항공기인 줄 알면서도 격추한 것은 인류와 보편적인 인간의 도덕률에 대한 공격으로서 미국에 대한 공격도 배제할 수 없다는 판단 하에 군사력을 현대화하고 SDI를 포기하지 않은 배경이기도 했다.

SDI는 장거리 탄도미사일을 요격하는 반면 종말고고도 지역방어체계(THAAD)는 단거리·중거리 미사일을 요격한다는 측면에서 방어적인 특성의 무기체계라는 공통점이 있다. 이에 대하여 소련이 미국의 SDI 개발에, 중국이 한국의 THAAD 배치에 강하게 저항한 것이 비슷하다. 김대중 정부 시절 러시아가 한러 정상회담후 발표한 공동성명 문안에 ABM 조약의 보존과 강화 문구를 담았는데, 당시 부시(43대) 행정부는 국가미사일 방어망(NMD)을 추진하면서 ABM 조약의 폐기를 추진하는 상황이었다. 미사일 문제가 미소 간에 민감한 사안임을 충분히 인식하지 못한 가운데 우리가 관여한 모양이 되어 곤혹스러웠던 사건이었다. SDI는 미국 경제에 주름살을 주었지만 미소 간에 START 핵전략 무기감축 협상이 본격적으로 진행될 수 있도록 하고 또한 실제로 커다란 성과를 거두어 궁극적으로 국제 평화를 이루는 데 상당한 역할을 하였다. 고르바초프는 부시(41대) 행정부 시절 마침내 SDI를 수용하였으나 이후 국가채무를 줄이고자 노력하던 클린턴 행정부는 더 이상 SDI를 추진하지 않았다.

레이건의 회고록에서 우리가 주목해야 할 사안은 한국에 주둔한 미군과 관련한 사안이다. 1984년 레이건의 중국 방문 시 후야오방 총서기는 주한 미군의 철수를 요구했다. 이에 대하여 레이건은 미군을 철수시키지 않을 것임을 명확히 하면서 오히려 북한이 남북 관계를 개선하기 위하여 군사분계선을 넘어 지하터널 뚫는 것을 중단해야 한다는 강한 입장을 제시하였다. 이러한 사례와 함께 1971년 미중 간의 관계 개선을 논의하는 와중에 저우언라이 중국 총리가 키신저 국가안보보좌관에게 주한 미군 철수를 요구했다는 점과, 2017년 시진핑 주석이 트럼프 대통령에게 '한국은 역사적으로 중국의 일부분이었다.'라고 언급했던 점을 감안하여 중국이 한국에 대하여 어떤 시각을 가지고 있는 점을 명심해야 한다. 레이건은 한반도 및 동북아 안정을 위하여 한미공약을 철저하게 준수한 반면, 트럼프는 주한미군을 거래적 사안으로 보고 있으며, 중국은 자국의 영향력 확대 차원에서 주한미군과 한반도 문제를 수십 년간 면밀하게 지켜보고 있음을 유의할 필요가 있다.

## 현재에 되돌아보는 레이건의 리더십

정치인들의 전기를 읽다 보면 종종 지지하던 정당을 바꾸는 것을 알게 되는데 이는 자신의 신념이나 사고가 바뀌는 것을 의미한다. 영국의 처칠은 보수당에서 자유당, 자유당에서 다시 보수당으로 당적을 옮겼고, 새로이 취임한 트럼프 대통령도 민주당을 지지하다가 공화당으로 정당을 옮겨 대통령에 당선되었다. 레이건은 젊어서 아버지를 따라 민주당을 지지하였고 FDR을 존경하여 뉴딜의 신봉자였다. 그러나 영화배우로서 일하는 동안 소득에 높은 세율이 부과되어 일에 대한 의욕이 줄어들고, 국가가 영화사의 경제활동에 과도하게 관여하는 것을 경험하였다. 이에 점차 민주당과는 멀어지고 여러 연설에서 민간 기업의 역할과 중요성을 강조하는 보수적인 성향으로 변화하였으며 마침내 1962년 공화당으로 당적을 옮겨 주지사 그리고 대통령이 되었다. 그럼에도 여러 계기에 연설하면서 군데군데 FDR 문구를 인용하곤 했으며, 은퇴 후 FDR 도서관 개관 50주년 기념식 연설에서는 FDR이 자신의 롤 모델이었음을 공표하기도 했다. 이 당시만 하여도 정강·정책이 다르더라도 상대 정당을 인정하고 사안별로 다른 정당의 의원 협조가 가능하였다. 레이건 역시 경제개혁을 할 수 있었던 것은 민주당과의 협력이 있었기에 가능하였다.

그러나 2000년대 들어 정당 간의 협력이 점차 줄어들고 상대의 정책을 인정하지 않으려는 경향이 증가되고 있는데 오바마 대통령이 추진한 건강보험 개혁이 그 사례이다. FDR과 레이건에 이어 오바마도 뛰어난 소통 능력을 지닌 대통령으로 평가받고 있다. 오바마는 2008~2009

년 세계 금융위기 와중에 대통령으로 당선되고 취임하여 어려운 여건이었다. 그럼에도 금융개혁을 이루어내었을 뿐만 아니라 건강보험이 없는 사람을 건강보험 플랜에 가입시키기 위한 건강보험 개혁법안을 통과시켰다. 소규모 기업이라도 건강보험 가입이 의무화되어 사용자에 추가 부담을 주고, 일자리를 줄인다고 하여 이 법안에 대해 공화당 및 소상공인 등의 반대가 극심하였다. 공화당의 반대에도 불구하고 이 법안은 상원에서 비교적 무난하게 통과되었지만, 하원에서는 민주당 의원으로는 부족하여 무소속 의원의 도움을 얻어 가까스로 통과되었다. 법안 통과를 위하여 오바마 대통령은 공화당 의원을 여러 차례 초청하여 협조를 요청하였지만, 공화당 의원 중 지지한 인사는 한 명도 없었다. 공화당은 법안이 통과된 이후에 이를 무력화하는 법안을 제출하곤 하였으며 심지어 트럼프 집권 1기에도 이러한 움직임이 있었다. 건강개혁 법안 통과 과정에서 나타나듯이 민감한 사안에 대하여 양당 간의 이견 대립이 심화되고 있으며, 보수와 진보 간의 협력이 점차 무너지고 있다. 2024년 의회 선거에서 상·하원 모두 공화당이 우세하게 되어 트럼프 대통령은 의회와의 협력에 커다란 장애요인이 없이 2025년 출범하였다. 그러나 공화당 의원이라고 하여도 자신의 지역구 주민 이해를 대변하고 우선시하기에 트럼프 행정부와의 입장과 반드시 같다고 할 수 있는 것은 아니다. 이를 감안하여 FDR이나 레이건은 의회의 협조를 구하기 위하여 상당한 노력을 기울였는데 재집권한 트럼프 대통령은 의회와의 협력을 어떻게 전개할지는 두고 보아야 할 것이다.

2025년 1월 트럼프의 제2기 대통령 취임을 계기로 45여 년 전 레이건의 정책을 되살펴 보면서 트럼프의 정책 방향과 유사점 내지 차이를 살펴보는 것도 의미가 있다. 트럼프 대통령은 2016년 대선 과정에서 '미국의 위대함을 되찾자(MAGA: Make America Great Again)'는 구호를 사용하였으며 MAGA는 지금도 그를 상징하는 슬로건이다. 그러나 이 슬로건은 레이건이 1980년 카터의 실정을 부각시키고 국민들에게 희망과 자신감을 불어넣어 주기 위하여 사용했었다. '힘을 통한 평화(Peace through Strength)', 베를린 장벽 앞에서의 '장벽을 허물라(Tear down this wall)', 고르바초프와 협상에서 자주 사용한 '믿어라 그러나 확인해라(Trust but Verify)', 대선 토론 시 '4년 전보다 살림살이가 나아졌습니까?(Are you better off today than you are four years ago?)' 등 널리 인용되는 레이건의 슬로건이나 발언이 많다 보니 MAGA는 부각되지 않았는데 최근 트럼프의 집권 이후 재조명되고 있다. 레이건은 경제를 회복시키고 소련과 협상을 통하여 냉전을 종식시키는 성과를 거두었기에 그의 슬로건은 자체로만 그친 것이 아니라 모두 실현되었다는 점에서 의미가 있다. 트럼프도 과연 슬로건대로 엄청난 국채로 휘청거리는 미국 경제를 되살릴지 그리고 중국에 대하여 힘을 통하여 기대하는 성과를 거두어 미국이 다시금 위상을 회복할 수 있을지 주목된다.

레이건의 정책 방향은 시종일관 명확하였다. FDR은 경제공황으로 민간의 투자가 위축된 가운데 취임하여 뉴딜 등 정부 주도의 프로그램을 추구하는 등 진보 성향의 정책을 전개하였다. 이에 반하여 레이건은 공공부문의 비대한 시점에 취임하여 개인의 역할을 강조하는 우익 성향의 정책을 전개하였다. 그의 정치철학은 보수주의로서 평등보다 자유, 집단보다는 개인, 공적인 부문보다 사적인 부문을 강조하였다. 그는 정부가 문제라는 기본 인식하에 정부의 역할을 줄이고 세금 감세 및 정부지출의 감소 등 정책 방향을 제시하였다. 자유를 강조하였던 그의 철학이 대외관계에서도 반영되었는데 소련을 악이라고 규정하고 강한 힘을 통하여 공산주의에 대응하는 입장을 취하였다. 이와 병행하여 협상을 통하여 평화를 달성하고자 하였는데 그는 협상에서 80% 정도가 되면 타결할 수 있다는 실용주의 입장을 견지하였다. 그럼에도 국내 경제적으로 세금 감세, 대외 군사 및 외교적으로 전략방어구상(SDI)에 대해서는 절대 양보하지 않았다.

건전한 사회를 구성해 나가기 위하여 경제 불평등을 해소하고 약자에 대한 효율적인 지원 방안을 강구하는 것이 현재도 국가 지도자들의 커다란 과제이다. 레이건은 1930년대 이후 국가의 역할이 확장되면서 부수적으로 발생되는 경제사회적 문제가 미국의 근간을 흔들고 있다고 보았다. 또한 빈곤에 대한 정부의 지원이 증가함에도 오히려 빈곤을 악화시키고 사회를 붕괴시키고 있다고 보면서 이를 개선하기 위한 방안을 고민하였다. 그는 의회와의 협력을 통해서 또는 국민에게 직접 호소하여 자신이 지향하는 정책을 실현해 나가고자 하였으며 이를 위하여 상대와 적극적으로 협상하거나 타협해 나갔다.

그의 정책이나 접근방식이 옳았다고 하더라도 실제 실천 과정에서는 적지 않은 문제가 발생하기도 했다. 그는 커다란 사안만을 관여하고 구체적인 사안들은 장차관이나 참모진들이 유연하게 처리하도록 하였지만 각료와 측근 간의 이견 차이가 심하게 대립되기도 했다. 또한 어떠한 방향을 제시하면서도 실제로 이루어지는 과정에서 미온적이어서 위선적인 면도 나타났는데 그 대표적인 사안이 이란 콘트라 문제이었다. 레이건은 레바논에 억류된 미국 인질을 풀려나게 해야 하고, 미국의 뒷마당인 중미 국가에서 친 쿠바 및 친 공산 정권에 대해 강력한 견제를 하여야 한다는 입장을 수시로 언급하곤 하였다. 국가안보보좌관과 그의 참모는 이를 대통령의 묵시적인 지침이라고 판단하여 이란에 무기를 판매하면서 일부 인질을 풀려나도록 하고, 판매한 대금으로 니카라과의 반정부 무장단체를 지원하였다. 그러나 이란에의 무기 판매와 비정상적인 금전 거래는 국내법상 불법으로 관계자에 대한 처벌과 함께 대통령에 대한 탄핵 움직임이 의회에서 일어났다. 레이건은 불법적인 거래 사실을 몰랐다고 변명하여 탄핵 절차는 이루어지지 않았지만, 여론은 대통령이 이 사건의 책임에서 벗어날 수 없다는 것이 지배적이었으며, 이에 따라 레이건에 대한 국민적 지지는 급락하였다,

   레이건의 국정운영은 다른 대통령과 특이한 차이를 보이기도 했다. 케네디는 주요 사안에 대하여 중간 실무자에게도 물어보기도 했고, 닉슨은 관심 사안에 대해서는 구체적으로 확인해 나갔으며, 카터는 미미한 사안에 대하여도 관여하였다. 반면 레이건은 감세를 위하여 의회와 협상을 적극 전개하고 소련과 군비감축 협상을 위해 혼신의 노력을 다했지만, 이란 콘트라 사건과 같이 자신이 관심을 가진 중요사안임에도 각료 및 보좌진에 일임하거나 방기하는 경향도 있어 혼선을 일으키기도 했다. 또한 주요 사안에 대하여 누가 책임지는지 불투명한 점이 있었고, 국무장관과 국방장관 간의 업무 경쟁에 명확한 지침을 내리지 않았으며, 낸시 여사가 주요 인사 문제에 관여하여 비서실장을 퇴출시키는 사건도 발생하였다. 나아가 헤이그 국방장관은 소련과의 무기 감축이나

미소 정상회담에 대하여 직접적인 반대 의견을 표명한 것 이외에도 언론에 반대하는 기고를 하기도 하여 지휘 계통의 문제도 제기될 정도이었다.

레이건 부인의 정치 관여는 여러 문제를 드러내었다. 레이건의 일정이나 프로그램을 낸시 여사가 접촉한 점성가의 점괘를 보고 결정하는 것이 다반사였고, 이러한 사실이 점차 외부로 알려졌다. 낸시는 레이건 암살 저격 사건 이후 남편을 보호한다는 명목을 내세워 대통령의 일정을 결정하고 연설문 작성에도 의견을 내었기에 미시즈 프레지던트(Mrs. President)라고 불리었다. 낸시는 리건 비서실장에게 혼수상태에 빠진 CIA 국장을 대통령이 해임하도록 건의하라고 요청하였지만, 거절당하자 궁극적으로 비서실장을 교체하는 데 적극 관여하였다. 이러한 인사 교체에 대하여 레이건은 리건 비서실장이 언로를 막고 있어 바꾸었다고 회고록에 쓰고 있으나 낸시의 국정 관여는 참모들의 사기를 떨어뜨렸을 뿐만 아니라 레이건에 대한 신뢰도를 하락시키는 요인이 되었다.

이와 같이 그의 통치 방식과 함께 레이건 행정부 이후 국채가 급격히 증대되면서 현재 미국 경제문제의 근원이라는 비판이 꾸준히 전개되고 있다. 그럼에도 불구하고 레이건의 통치가 성공적이었다고 평가되는데 이는 시대가 그를 요구한 면도 있다. 20세기 후반의 미국 사회는 레이건의 철학이 반영된 시대로서 점차 보수 성향으로 나아갔다. 정부보다는 개인이 더 강조되고, 국제적으로 소련이 무너지면서 그 여파가 전 세계의 자유 흐름으로 이어져 평화의 세기가 도래되었다. 레이건은 국내 경제를 회복하고 냉전 구도를 와해시켰다. 그가 대통령으로서 성공할 수 있었던 것은 미국에 대한 자신감과 국민들에 대한 믿음이 있었기 때문이었다. 이에 더하여 일을 추진함에 있어 긴밀하게 협력한 두 사람이 있었기에 가능하였다. 폴 보커 연방준비제도위원회 위원장의 뚝심 있는 이자율 정책으로 인플레이션을 억제하여 장기간 경제성장을 이룰 수 있었고, 핵 감축에 적극적이고 소련의 개혁을 추진하고자 한 고르바초프 서기장이 있었기에 끈질긴 협상을 통하여 냉전 종식을 이룰 수 있었다.

그는 장기 비전을 설정한 가운데 이 비전을 실천하기 위하여 구체적인 계획과 프로그램을 제시하면서 국민들에게 가야 할 길이 무엇인지를 명확히 설명하였다. 무엇보다 침울했던 국민에게 다양한 소통방식을 통하여 미국에 대한 자긍심, 미래에 대한 자신감, 그리고 긍정적인 사고를 불어넣었다는 점이 그가 높이 평가받는 이유이기도 하다.

# V. 윈스턴 처칠 수상
## (영국)

전쟁을 승리로 이끌고 영국·유럽·세계 역사의 방향을 바꾸면서 시대를 이끌었다. 과거에 천착하기보다 미래를 설계하고 안내한 지도자였다.

보리스 존슨 전 수상은 많은 젊은이들이 영국의 가장 위대한 정치가인 윈스턴 처칠을 잘 모르고 영국보험회사 광고에 등장하는 개를 연상하고 있음을 개탄한 바가 있다. 나 역시 1990년대 쿠웨이트에 근무하면서 어린 학생들에게 베토벤 음악가를 이야기하니, 영화 '베토벤 개'에서 나오는 개가 어떻게 음악을 만드는지 의아해하던 눈망울이 기억난다.

20세기의 뛰어난 지도자인 처칠의 업적은 점차 잊혀 가고 있다. 아울러 18~20세기에 걸쳐 국제사회의 가장 주도적인 역할을 해 왔던 영국의 국제적인 영향력도 점차 미약해지고 있다. 영국은 국내 정치·경제문제로 골머리를 앓고 있고 보리스 존슨 수상은 유럽연합을 탈퇴하는 과정에서 교체되었다. 이후 집권한 수상들도 혼미한 경제 상황을 극복하지 못하고 있으며, 그들의 이름도 자주 거론되지 않는 가운데 국제무대에서 영국의 존재는 점차 희석되어 가고 있다. 영국은 대외문제에 관여할 여력이 그다지 많아 보이지 않고 예전과 같이 유럽 내에서의 지도적인 역할을 하거나 나아가 전 지구적인 국제 문제를 해결해 나가기에는 한계가 있어 보인다. 이러한 가운데 각국에서는 민족주의와 자국중심주의가 확산되면서 권위주의적인 정치가 팽배해지고 러시아·우크라이나 전쟁과 같이 국가 간 이해 충돌이 증가하고 있어 인류가 누려온 개인의 인권, 민주주의가 위협받고 국제 협력 체제가 무너지고 있다.

인류가 맞닥트린 위기는 지금만이 아니었고 제1차 세계대전을 통하여 민족적인 갈등과 분쟁은 증폭하였고 제2차 세계대전 당시에는 인종 말살 등 전대미문의 위기를 겪었다. 인류호라는 조각배가 폭풍이 휘몰아치는 광대한 바다를 헤쳐 나가면서 비록 성한 곳이 없을 정도로 부서졌지만, 이 가운데서도 잔잔한 평화의 항구로 안착하도록 한 것은 처칠이라는 위대한 지도자가 있었기 때문에 가능했다. 비록 유럽이 전쟁터가 되었지만, 만약 히틀러라는 괴물을 제어하지 못하였거나 전후 스탈린이라는 독재자의 부상을 예견하지 못하였을 경우 한국을 비롯한 동양 국가들도 그 운명이 더욱 불안하였을 가능성이 높았다. 영국이라는 나라뿐만 아니라 유럽 나아가 인류를 광기의 지도자에서 구출한 윈스턴 처칠에 대하여 우리 모두 빚을 지고 있다고 해도 과언이 아니다. 그의 모습이 점차 사라지고 있지만 위기가 닥칠수록 그의 리더십에 대하여 되돌아보게 된다. 또한 그의 전기를 읽으면 읽을수록 전율을 느끼고 아울러 그의 지도력에 경탄을 금할 수 없게 된다.

## 전쟁의 현장을 누비다

처칠의 자서전이나 회고록을 읽다 보면 가장 인상적인 것은 젊어서부터 또한 수상직에 있으면서도 위험한 장소를 마다하지 않고 분쟁이 일어나는 현장을 누비고 있다는 점이다. 처칠은 사관학교를 마치고 쿠바·수단·남아공 등 전쟁이 일어나는 곳에 자원하여 근무하였다. 심지어 남아프리카에서 전개된 보아 전쟁의 종군기자로서 포로수용소에 갇혀 있다가 목숨을 걸고 탈출하면서 민족 간의 분쟁 사안을 직접 경험하기도 했다.

제2차 세계대전 당시에는 수상으로서 프랑스가 독일에 함락되기 직전 프랑스 격전지를 찾았고, 치열한 전투가 벌어지는 가운데서도 북아프리

카를 방문하기도 했다. 또한 독일에 의한 격추 또는 침몰 가능성에도 불구하고 군수지원과 참전을 설득하기 위하여 미국을 여러 차례 방문하였고, 스탈린과의 담판을 위하여 지브롤터를 거치고 테헤란과 코카서스 지역을 경유하여 소련을 방문하기도 했다.

소련이 동유럽과 발칸반도를 장악하고자 하는 의도를 간파하여 그리스라도 민주 진영으로 남도록 하기 위해 공산주의 세력이 우세했던 그리스를 직접 방문하였다. 노르망디 상륙작전에도 직접 합류하고자 하였지만 연합군 야전 사령관의 반대로 이루지는 못했는데 전쟁을 피하기보다 맞닥트린 인물이었다. 그가 제2차 세계대전 당시 국민을 설득하고 전쟁을 이끌 수 있었던 것은 현장 경험이 있었기에 가능하였다고 보아도 과언이 아니다.

## 시류를 읽다

전쟁을 겪고 나서야 모두 체임벌린의 유화적인 정책을 비판하지만, 누구라도 당시 그 시점에 있었다면 과연 반대하였을까? 처칠은 히틀러가 게르만 종족의 우수성을 강조하면서 반유대적인 분위기를 조성하는 상황을 간파하여 히틀러의 전쟁 도발 위험성을 끊임없이 제기하였다. 이에 대하여 영국 내 정치인과 주 영국 미국 대사이었던 조지프 케네디(존 에프 케네디 대통령 부친) 등 거의 모든 국내외 정치인과 저명인사들은 처칠이 나치 독일의 위협을 과장하고 있다고 비난하면서 유화정책을 옹호하였다.

당시 프랑스는 평화와 안전을 희망하였고, 러시아는 국내 숙청에 혈안이 되어 있었으며, 미국은 고립정책을 취하면서 오히려 군비 해제를 추구하고 있었다. 처칠은 영국이 히틀러 위협에 대응하여야 한다고 주장하였지만, 과연 어느 국가와 협력하여 히틀러에게 대응할 것인가 하는 점도 제기되어 체임벌린 수상의 협상 방침이 더욱 현실적이라는 입장이었다. 이러한 이유로 전쟁을 경고하는 처칠보다 평화를 가식적으로 주창하는 히틀러에 국제 여론은 더 경청하는 분위기였고 나치와 무력 충돌은 불가피하다고 주장했던 처칠은 무시되었다.

처칠의 국제적인 시각은 소련에 대해서도 마찬가지였다. 처칠은 전후 처리 과정에서 소련이 동유럽 국가뿐만 아니라 그리스·튀르키예·이란에까지 공산주의를 확산하고자 하는 의도를 간파하고 이를 저지하기 위하여 노력했다. 그는 1946년 미주리 주 웨스터민스터 대학의 풀턴 연설에서 소련의 세력 확장을 철의 장막에 비유하여 스탈린의 비타협성과 공격성을 제기하면서 자유 국가들이 소련에 대한 외교 방향을 분명하게 설정할 필요성을 주창하였다. 이에 대하여 미국은 전쟁이 바로 끝난 시점에 소련에 대한 부정적 입장을 취하기를 원하지 않았으며, 영국이 세계를 구한다는 거창한 구호를 내세워 자국의 이익을 위해 미국을 이용한다는 시각도 가지고 있었다. 심지어 트루먼 대통령은 처칠의 풀턴 연설 내용을 사전에 알았으면서도 국내에서 부정적인 분위기가 제기되자 처칠과 거리를 두는 입장을 취하기도 하였다. 이후 시간이 지나면서 처칠의 판단대로 공산 세력의 확산이 현실화되자 봉쇄정책으로 방향을 선회하였다.

그렇다고 하여 그가 모든 변화를 다 예견한 것은 아니다. 프랑스가 독일과의 전쟁에서 그처럼 빨리 함락되리라고는 생각하지 못했으며, 일본이 영어권 국가들을 상대로 전쟁을 걸어오리라고는 예견하지 못했다. 또한 일본인이 이탈리아인과 비슷한 특성을 가지고 있다고 보아 제2차 세계대전에서 일본은 이탈리아처럼 그다지 어렵게 않게 허물어질 것으로 보았지만 실제 일본은 최후 순간까지 저항하였다.

## 분명한 방향을 설정하다.

처칠은 수상으로 취임하면서 전쟁의 목적이 승리이며 이 과정에서 위험을 감추거나 상대를 과소평가하지 않고 현실을 그대로 국민들에게 설명하였다. 그가 취임할 당시 영국의 산업은 낙후되었고 경제는 파산지경이었으며, 연합국과의 협력은 부실하였고 군대를 재편하지 않고는 전쟁을 계속할 여건이 되지 않았던 상황이었다. 그러한 악조건 상황에서도 그는 국민들이 대가를 치르더라도 싸울 가치가 있다고 믿도록 설득하였으며, '땀과 눈물 그리고 피'로 널리 알려진 연설을 통해 국민의 단합을 호소하였다. 그 스스로 영국 해협을 따라 배치된 진지나 요새 등 전쟁의 현장을 수시로 방문하여 국민들에게 전쟁에 이길 자신감과 조국에 대한 자부심을 불어넣었다.

처칠은 전쟁 초기 프랑스 함대가 독일 수중에 들어갈 위험에 직면하자 전함을 폭파하도록 명령하는 등 정치인으로 생각할 수 없는 냉정하고 무자비한 방식으로 군사행동을 주도해 나갔다. 그는 미국의 참전 없이는 전쟁에 이길 수 없다는 판단 하에 직접 미국을 방문하거나 줄기차게 서한을 보내 프랭클린 루스벨트 대통령을 설득하여 나갔다. 당시 미국은 외국 분쟁에 참여하지 않는 것이 외교의 기본 방침이었기에 설득에 한계가 있었다. 처칠은 전쟁 상황이 악화되고 있고 영국이 붕괴할 경우 미국이 담당할 책임이 증가할 것임을 설명하면서, 미국의 우방국 지원을 지속적으로 요구하였다. 이러한 설득이 성공하여 루스벨트 대통령은 무기 지원을 위하여 중립법을 무기대여법으로 수정하면서 군사적 지원을 하기 시작했다. 미국은 마지막까지 파병을 주저하였으나 독일의 공격이 심해지는 가운데 일본의 진주만 공격을 받은 이후 마침내 참전하게 되었다.

아이러니하게도 처칠이 없었다면 히틀러는 승리하였을 것이고, 히틀러가 없었다면 처칠은 시대의 낙오자가 되었을 것이 거의 확실하다. 1939년 처칠이 정치무대로 귀환할 수 있게 한 인물은 히틀러였으며, 영국 정치인들이 가장 원하지 않았던 인물인 처칠이 1940년 5월 10일 수상으로 결정된 것도 히틀러의 영국 대공습이 있었기에 가능하였다.

전쟁 말기 미국은 인명 손실을 두려워해 소련의 참전을 적극 요청하였으며 처칠이 우려한 소련의 확장을 어떻게 막을 것인가에 대한 관심은 없었다. 오히려 처칠은 국내적으로 나치 독일의 위협을 과장한다고 비난받았듯이 국제적으로 공산주의에 대해 불필요한 우려를 조장하고 있다고 비난받기도 했다. 이후 볼셰비즘이 러시아에 비극을 가져올 것이며 공산주의 정권이 독재체제로 변질될 것임을 예측한 처칠의 주장이 현실화되어서야 미국은 소련에 적극 대응해 나갔다.

제2차 세계대전 이후 일부 수정주의자들은 서구의 안보 방위선 구축과 소련에 대한 봉쇄 및 억지 정책이 냉전의 원인이었다고 비판하였다. 그러나 처칠은 공산주의가 서방세계에 대하여 노골적으로 위협을 가하는 것을 지적하면서 이에 대응할 필요성을 지적한 내용이 당시 자료에서도 나타난다. 그는 공산 세력의 위험을 지적한 데만 그친 것이 아니라 전후 공산 세력과의 긴장이 고조되는 시점에서는 오히려 동서 공존의 가능성을 제기하였다. 처칠은 전쟁 지도자이면서 또한 평화 조정자이기도 했다.

## 좌충우돌의 정치인, 영국의 변화를 선도하다

처칠은 철새 정치인이었다. 보수당 의원으로 당선된 이후 자신의 정책이 보수당 정책과 일치하지 않자, 자유당 의원으로 당적을 옮겼다. 이후 자유당이 지리멸렬하게 되자, 대세에 편승하여 보수당으로 다시 돌아와 재무장관직을 맡았다. 이러한 그의 전력으로 인해 보수당에서는 마지막까지 그의 수상직 수임에 대하여 반대하는 여론이 비등하기도 했다.

그는 1911년 해군성 장관 시절 해군을 재조직하여 해군참모부를 신설하고 전쟁계획을 변경하며 새로운 전함을 발주하는 등 해군 증강을 도모하면서 대폭적인 예산 증액을 내각에 요청하였다. 그러나 군대 현대화에 앞장섰던 자신이 정작 재무장관직을 맡게 되자 군함보다 사회복지와 국채 상환에 더욱 더 주안점을 두는 등 상반된 입장을 보이기도 했다.

그는 시대적인 변화에 따라 군대 개혁을 해 나갔다. 우선 석탄 연료의 중요성이 점감하고 기름 연료를 통한 전함 운용이 불가피함을 인식하여 대형 전함의 연료를 석탄 대신 휘발유로 대체해 나갔다. 군대의 기동력을 높이기 위하여 전차 개발계획을 수립하여 전차를 탱크라 명명하면서 무기의 현대화를 추진하였다. 항공기·가스탄·탱크 장비를 제작하고 원자폭탄 제조 가능성을 예견하기도 하였다. 그 과정에서 자신이 비행기 조종술을 배워 직접 몰다가 추락하여 간신히 목숨을 구하기도 했다.

그는 한편으로 보수적인 엘리트주의자이면서 진보적인 정치가이기도 했다. 복지 국가의 개념을 도입하여 복지 시행의 토대를 구축한 후 최저임금 제도를 주장하고 근로자에게 직업소개소·휴식 기간·실업보험을 제공하는 일자리와 사회보장 서비스를 제공하는 기반을 마련하였다. 또한 부의 불평등이 계급 전쟁을 초래한다고 경고하면서 토지가 불공평하게 분배되기에 토지세 부과를 주장하는 등 혁신적인 정책을 제안하였다. 그는 빈민층의 생활 여건 개선에 지속적인 관심을 추구하였는데 일각에서는 처칠이 일관된 신념이 없다고 비판하기도 하였다.

## 실패한 경험이 자양분이 되다

그의 정치 일생이 모두 성공만을 가져온 것만은 아니다. 그의 중대한 실책으로 끊임없이 거론되는 것은 오스만 제국과의 갈리폴리 전투 패배로 수십만 명의 젊은이들이 희생된 점이다. 제1차 세계대전 당시 유럽 전선에서 전쟁이 교착되고 동맹국인 러시아의 상황이 불안해지자 해군성 장관이었던 처칠은 지중해 동쪽과 다르다넬스 해협을 통하여 흑해로 군대를 진입시켜 콘스탄티노플을 함락시키고자 하였다. 이 경우 발칸반도에서 우위를 점할 수 있게 되어 독일과 오스트리아·헝가리 연합세력을 동쪽에서 공격할 수 있기 때문이었다. 그러나 이러한 계획은 아타튀르크가 이끄는 오스만 제국 군대의 강력한 저항으로 많은 젊은이들의 희생을 초래하였을 뿐 실패로 끝나면서 자신은 해군성 장관에서 물러나야 했다. 제2차 세계대전이 발생될 때까지 정치권은 갈리폴리 전투와 처칠의 실책을 제기하면서 그를 끊임없이 견제하였다.

이후 영국의 식민지를 책임지는 장관직을 맡았지만, 중동 문제 해결의 돌파구를 마련하지는 못하였다. 1914~1918년간 제1차 세계대전 당시 영국이 지배했던 규모는 세계 면적의 9%, 58개국에 이르러 로마제국의 6배나 되는 지역을 관할하고 있었다. 영국은 1915년 맥마흔-후세인 간 서한을 통하여 아랍 부족에 독립을 약속하면서 이들이 오스만 제국에 대하여 반란을 일으키도록 유도하였다. 동시에 프랑스와는 1916년 사이크스·피코 비밀 협정으로 아랍 반도를 영국과 프랑스가 분할하여 관리하려는 계획을 세웠다. 또한 미국 내 유대인 지지를 확보하기 위하여 1917년 밸푸어 선언으로 이스라엘의 독립을 약속하는 등 삼중의 상충되는 약속을 하였다. 처칠은 이러한 상황이 벌어진 이후 식민지 업무를 담당하였기에 중동 문제의 근원과 직접적인 관련이 있는 것은 아니다. 그는 토마스 에드워드 로렌스 및 거트루드 벨 등 아랍 전문가의 자문을 얻으면서 중동 문제 해결을 도모하였다. 또한 그는 요르단과 이라크 국가를 창설하여 아랍 민족의 염원을 일부 충족시켜 주고, 팔레스타인인과 유대인 간의 입장을 조정하는 노력을 하였지만 기대한 만큼의 성과는 거두지 못하였다.

## 과거가 아니라 미래를 보는 지도자

처칠은 젊어서부터 글을 써서 부업할 정도로 뛰어난 저술가이었다. 그렇지만 시작은 미약하였다. 명문가에서 자라 유복한 가운데 어릴 때부터 사립학교에서 공부하였지만, 계속되는 낙제생이었다. 그러나 고집도 있어 학교의 전통적인 교육 방식에 대해 심리적으로는 저항했다. 사관생도 입학시험에서 2번이나 낙방하고, 세 번째 시험에서는 경쟁력이 낮은 기병 부문으로 합격하여 앞날이 그다지 밝지는 않아 보였다. 그러나 영어와 역사에서는 뛰어난 실력을 보였고 인도에 파견되어서는 책에 파묻혀 지내면서 자양분을 얻었다.

그는 불굴의 에너지로 많은 글을 썼는데 여러 장관직을 수행하면서도 글쓰기는 멈추지 않았다. 수상 시절 전쟁 가운데서도 하루 종일 일하고 저녁에 술을 거나하게 마시고 난 후에도 최고 수준의 글을 써 내려갔다고 한다. 그는 방을 이리저리 다니면서 문장을 큰 소리로 뱉어내면 비서가 타이핑하여 정리하도록 하였다. 그는 언어구사력이 뛰어났을 뿐만 아니라 새로운 단어도 만들었는데 중동(middle east), 철의 장막(iron curtain), 정상회담(summit) 등은 그가 만든 단어들이다. 그가 뽑아내는 문장은 쉽게 나오는 것이 아니라 치열한 노력과 함께 많은 경험의 산물이다. 그는 아무리 복잡한 내용이라도 1쪽 내지 반쪽 또는 그 이하로 핵심을 요약하였으며 전체적인 구상을 하고 책을 집필하였다. 그는 국제 문제에 대한 대가이기도 했지만, 자신의 전문성을 집필과 연설로 뿜어냈기에 국민들이 크게 호응하였다. 그는 역사에도 깊은 지식을 가졌는데 특히 로마쇠망사를 저술한 에드워드 기번의 글에 각별한 관심을 가졌다.

처칠의 위대성은 전쟁을 승리로 이끌고 영국·유럽·세계 역사의 방향을 바꾼 데 있다. 이를 위하여 그는 시류에 반항하였으며 또한 시대를 이끌었다. 노벨문학상을 받은 정치인인 그가 남긴 문장 가운데 나의 가슴에 가장 와 닿는 문구는 '현재가 과거를 심문한다면 미래를 잃어버릴 것'이라는 것이다. 그는 전쟁에 임하여서는 냉철하게 대응하였지만, 전쟁의 패배자에 대해서는 포용하였다. 또한 그는 과거에 천착하기보다 미래를 설계하고 안내한 지도자이기도 하다. 그렇기에 20세기의 지도자인 그를 지금 다시 돌아보게 된다.

# VI. 오토 폰 비스마르크 재상
# (독일)

현실적인 통찰력에 기반하여 강한 군사력, 대외적 동맹 결속 등 탄력적인 외교, 국익을 최우선으로 하는 목표의식으로 통일과 성장을 이루었다.

**한** 국가의 운명이 한 지도자의 통치력에 좌우된다는 것을 단적으로 보여주는 좋은 사례가 독일 제국과 오토 폰 비스마르크이다. 프로이센과 독일제국의 수상이었던 비스마르크가 남긴 유산은 현재도 독일에 깊이 스며있다. 비스마르크의 통치 기간과 독일의 통일 및 부상하는 궤적이 거의 병행하고, 그의 국내외 정책이 독일의 발전 및 대외적 위상에 그대로 투영되었다. 또한 그가 남긴 전제주의적 통치 구조는 시대적 변화를 반영하지 못한 채 빌헬름 2세 및 히틀러 등 지도자에게로 이어짐으로써 두 차례의 세계 전쟁을 촉발하는 요인이 되기도 했다.

비스마르크가 태어난 1815년에는 유럽 여러 나라들이 세력균형을 이루고 보수주의적 가치에 기반한 동맹 체제가 구축되어 안정을 되찾아 가는 시기였다. 19세기 초인 1806년 신성로마제국이 와해된 이후 여러 공국이 연합하여 1815년 독일연방을 구성하였으며, 당시 그의 조국인 프로이센은 이 연방에서 어느 정도 영향력이 있었지만 오스트리아의 주니어 파트너로서 그 역할은 제한적이었다. 이후 등장한 비스마르크는 독일 통일을 이루는 과정에서 기존의 유럽 균형 체제를 지속적으로 타파해 나가면서 독일 중심의 구도를 구축했다.

비스마르크의 일생은 외교관(1851~1862), 프로이센의 재상(1862~1871), 독일제국의 재상(1871~1890) 등으로 크게 3등분 된다. 그는 재상이 되기 이전에 프랑크푸르트·상트페테르부르크·파리 등 주요국의 외교사절 경력만을 가졌을 뿐 다른 행정 경험이 없었다. 그러나 그는 외교관으로 근무하면서 당시 유럽의 중추 국가이었던 오스트리아·러시아·프랑스에 대하여 냉철하게 분석하고 프로이센이 나아갈 길을 고민하고 모색하였다.

비스마르크의 외교관 경험은 그가 통일전략을 기획하고 재상으로 국정운영에 커다란 자양분이 되었다. 프로이센이 통일을 이루고 유럽의 중추 국가로 성장하는 그 과정에 늘 비스마르크가 있었다. 그가 프로이센의 외교관으로 활동한 12년과, 프로이센·독일제국의 재상으로서 활동한 28년은 프로이센과 독일 제국의 역동기이었기에 19세기 독일을 이해하기 위하여 비스마르크의 인생 역정에 대한 이해에서 출발하여야 한다.

## 비스마르크의 통찰력과 실행력으로 이룬 독일제국

1862년 빌헬름 1세는 의회와의 갈등이 심화되어 가는 가운데 국정이 흔들릴 정도로 어려운 국내 정치 상황에서 외교관 출신인 비스마르크를 재상으로 임명하였다. 비스마르크는 재상 취임 연설에서 중대한 문제들은 의회의 말로써가 아니라 '철과 피'로 해결된다는 주장을 펼쳤는데 의회의 비판이 쏟아졌고, 당시 주도 세력이었던 자유주의자뿐만 아니라 정통 보수 세력으로부터도 비난받고 있어 얼마 통치하지 못하고 물러날 것으로 예상되었다. 그가 주장한 철은 국가 산업의 공업화를, 혈은 전쟁을 의미하여 이러한 방향으로 정책을 추진하였다. 그는 또한 헬무트 폰 몰트케 장군을 중용하여 프로이센 군대를 강화하고 재조직하는 일을 추진하면서 최강의 군사 세력을 육성하였다. 이를 바탕으로 그는 불과 7년 만에 3차례의 전쟁을 통하여 당시 강대국이었던 오스트리아와 프랑스를 물리치고 39개 독일연방 공국을 모아 독일 제국을 창설하였다. 나아가 통일된 독일제국의 재상으로도 20년 집권하여 독일의 위상을 상승시켰다.

19세기 전후한 국제 상황을 살펴보면 유럽은 1789년 프랑스 혁명을 통하여 커다란 변혁을 겪은 이후 프랑스·오스트리아·러시아·프로이센 등 강대국이 1815년 빈 체제를 구축하여 세력균형을 이루었다. 이 체제를 바탕으로 40여 년간 복고적이고 안정적인 모습을 유지하여 왔다. 그러나 이러한 유럽 국가 간의 견제와 협조 체제는 러시아와 오스만 제국 간에 벌어진 크림전쟁에서 파열되기 시작했는데, 이 전쟁에 대하여 유럽 각국 간의 이해가 충돌되었기 때문이다. 러시아가 크림전쟁에서 오스만 제국을 제압하자, 프랑스·영국은 오스만 제국을 지원하면서 러시아를 견제하고 오스트리아는 프랑스·영국과 협력하여 러시아의 몰다비아·왈라키아(현재 루마니아)에서의 철수를 요구하였다. 오스트리아가 전통적인 협력 관계이었던 러시아와 대립하게 된 배경에는 자국의 영향권인 이탈리아에 프랑스의 진출을 막기 위해 프랑스와 협조하는 것이 더 필요하였기 때문이다.

그러나 프로이센의 입장은 달랐다. 당시 프로이센 국내 분위기는 전반적으로 오스트리아와의 협력을 중시하여야 한다는 입장이었지만 비스마르크는 이러한 의견을 배척하였다. 그는 크림 전쟁이 독일연방에서 그동안 주도적인 역할을 해 왔던 오스트리아를 약화시키는 좋은 기회라고 보았다. 이러한 시각에 따라 프로이센은 크림 전쟁에서 독일연방의 일원인 오스트리아의 입장을 지지하기보다 중립적 입장을 취하면서 러시아와 기존 협력관계를 오히려 돈독하게 하였다. 이 결과 크림전쟁 이후 러시아는 오스트리아와 소원해진 반면 프로이센과는 가깝게 되었다.

비스마르크는 재상 시절 내내 러시아가 다른 나라와 동맹을 맺어 프로이센을 위협하지 않도록 러시아를 각별하게 관리해 나갔으며, 프랑스와의 관계에서도 전술적으로 유연하게 대처해 나갔다. 그는 프랑스가 프로이센과 오스트리아 간 경쟁을 활용하여 국익을 챙기는 점을 충분히 인식하는 가운데 여사한 때를 대비하여 나폴레옹 3세의 프랑스와 협력 및 거래의 문을 열어 놓았다. 그는 오스트리아와의 분쟁 발생을 염두에 두고 결정적인 순간에 러시아·프랑스가 중립적인 입장을 취하도록 사전 외교 노력을 치밀하게 해 나갔다.

그가 프로이센의 국익을 최우선으로 한다는 것은 오스트리아와의 관계에서 나타난다. 오스트리아 세력을 약화시킬 의도를 내심 가지고 있음에도 덴마크가 통치하고 있던 슐레스비히·홀슈타인 지역을 장악하기 위하여 오스트리아와 협력하였다. 두 나라는 1864년 덴마크와의 전쟁을 승리로 이끌어 슐레스비히는 오스트리아가, 홀스타인은 프로이센이 장악하였다.

비스마르크는 다음 단계로 오스트리아와의 전쟁에 대비하였는데 러시아가 장악하고 있던 폴란드 지역에서 반란이 일어나자 이에 대하여 러시아를 지원하였다. 또한 프랑스와는 자유무역협정을 체결하고, 꾸준히 접촉하는 등 협력 관계를 유지하여 러시아와 프랑스가 프로이센-오스트리아 분쟁에 관여하지 않도록 조처하였다. 이와 같은 상황을 조성한 이후 1866년 오스트리아와 전쟁이 발생하자, 군사적으로 우세한 프로이센은 신속한 작전으로 오스트리아군을 제압한 이후 전쟁을 빠르게 마무리하였다. 전황이 유리하게 전개되자 프로이센 군 지도자들은 오스트리아를 완전히 제압하기 위하여 전쟁을 더 계속할 것을 바랐지만 비스마르크는 그 경우 프로이센의 세력이 강화될 것을 우려하는 프랑스가 개입할 가능성이 높다고 보아 군부의 강한 요청을 자제시켰다.

프로이센은 오스트리아와의 전쟁을 승리로 이끈 이후에 오스트리아 내 영토를 할양받거나 전쟁배상금 부과 등 가혹한 조건을 부여하지 않아 오스트리아가 프로이센에 대한 심한 적대감을 가지지 않도록 노력하였는데, 이는 궁극적으로 프랑스와의 전쟁을 염두에 둔 것이었다. 다만 오스트리아가 주도하던 독일연방을 해체하고 대신 프로이센이 주축이 된 북독일 연방을 구성하였으며, 이 연방에 오스트리아를 배제하고 그동안 독립적이었던 독일 북부의 공국들을 편입시켰다. 또한 이들 공국들이 무역·입법·외교 등 분야에서 프로이센의 지휘를 받도록 하였다. 아울러 덴마크와의 전쟁 승리 후 차지한 홀슈타인 이외에 오스트리아가 차지했던 슐레스비히를 북독일연방으로 귀속시켜 프로이센의 위상을 확고하게 해 나갔다. 오스트리아와의 전쟁 결과 프로이센은 오스트리아를 독일 민족 간 결속체에서 배제한 채 다른 공국들과 새로운 독일 질서 체제를 구축하였다. 또한 그동안 북독일 연방에 합류하지 않은 남부 독일 공국들과 군사동맹조약·평화조약·관세동맹을 체결하여 프로이센은 명실 공히 독일민족의 가장 주체적인 세력이 되었다.

오스트리아와의 전쟁을 승리로 이끈 비스마르크는 프랑스와의 전쟁을 준비하였다. 그는 유사시 남부 독일 공국의 협력을 확약 받고 오스트리아의 중립을 확보하는 외교적 노력을 계속해 나갔다. 이러한 가운데 나폴레옹 3세가 룩셈부르크를 병합하려고 시도하자 이를 무산시켰으며, 스페인 왕위 문제를 둘러싸고 의도적으로 프랑스와의 긴장을 고조시켜 나갔다. 또한 프랑스의 대사가 빌헬름 1세를 만나 스페인 왕위 계승에 제기한 사안에 대한 기록을 비스마르크 주도로 왜곡하였는데(엠스 전보) 이는 양국 국민의 민족적 감정으로 비화되어 전쟁으로까지 이르게 되었다. 엠스전보사건은 프랑스와 프로이센 전쟁의 방아쇠 역할을 하였는데 그 배경에는 프로이센의 부상에 대한 프랑스의 견제, 통일을 위하여 프랑스와의 전쟁은 불가피하다는 비스마르크의 판단, 독일 민족 통일에 대한 염원, 덴마크·오스트리아와의 전쟁 후 생긴 프로이센의 자신감 등 요인들이 복합적으로 혼재되어 있었다.

1870년 프랑스와의 전쟁에서 프로이센군은 우세한 군사력을 바탕으로 단기간에 프랑스군을 압도하고 10만 명 이상의 프랑스 군인과 함께 나폴레옹 3세를 포로로 잡아 승리하였다. 전쟁의 결과 북독일연방에 더하여 남부 독일 공국도 포함되는 독일제국이 1871년 건국되었다. 또한 프로이센 국왕이었던 빌헬름 1세를 독일제국의 초대 황제로, 비스마르크 프로이센 재상을 독일 제국의 수상으로 하는 황제 중심의 중앙집권 체제가 구축되었다. 오스트리아에 대한 전후 처리 과정과는 달리 독일제국은 프랑스에 엄격한 조건을 부여하여 50억 프랑의 전쟁 배상금 지급, 알사스·로렌 일부 지역의 할양 등 강한 조처를 하였는데 이는 향후 프랑스의 보복을 불러일으키는 계기가 되었다.

프로이센은 덴마크·오스트리아·프랑스 등과 세 차례의 전쟁에서 승리하여 마침내 통일을 이루고 강력한 제국을 탄생시켰는데 이는 단지 독일의 변화를 불러온 것만이 아니다. 1815년 프랑스·오스트리아 등을 중심으로 하여 세력균형을 이루었던 구체제는 무너지고, 독일제국이 중심이 된 새로운 체제로 변화하였는데 이는 비스마르크가 시행한 현실 정치의 결과이다. 더욱이 그가 주도한 유럽의 체제 변경과 변혁은 프로이센의 행정조직·시민사회 세력의 지원을 통하여 이룬 것이 아니라 그의 통찰력과 현실적 외교 및 국방력 강화 정책을 통하여 이루었기에 비스마르크의 통치력이 뛰어났음을 알 수 있다.

## 독일 중심의 새로운 유럽 세력 구도 형성

　독일을 통일한 이후 비스마르크는 키싱엔 온천 도시(Bad Kissingen)에서 새로운 외교정책을 구상하였는데 이 정책은 여러 실타래가 엉겨있는 듯 매우 복잡하다. 그가 이러한 정책을 마련한 이유는 새로이 출범한 독일제국에 대항하여 프랑스를 포함한 주변 강국들이 동맹을 형성할 가능성을 우려하였기 때문이다. 독일의 지정학적 위치가 유럽 중심에 위치하여 여러 나라에 둘러싸여 있고, 독일에 패퇴한 프랑스의 보복을 예상하여 키싱엔 구상에서는 프랑스를 제외한 국가들과 선제적으로 동맹관계를 구축하는 데 초점을 맞추었다. 이를 위하여 오스트리아와 양국 동맹, 오스트리아·이탈리아와 3국 동맹, 오스트리아·러시아와 3제 동맹, 러시아와 재보장조약 등을 점차적으로 체결하였다.

비스마르크는 주변국들이 프랑스뿐만 아니라 오스트리아와 동맹을 맺는 것도 두려워했으며, 특히 러시아-오스트리아-프랑스 간 3국 동맹이 체결될 경우 독일에는 매우 위협적이라고 보았다. 세 나라 가운데 두 나라가 연합하여 다른 한 나라에 동맹을 요구할 경우 이는 독일에 대한 압력을 가하는 수단이 될 수 있기 때문이었다. 그는 주변국 간의 동맹을 저지하기 위하여 다양하고 복잡한 방안을 구상하였는데 우선 영국이 프랑스와 연계되지 않도록 하는 것이 필요했다. 영국을 동맹관계로 묶어 견제하기 위하여 영국이 이집트를, 러시아가 흑해를 관할하는 방안을 제시하였다. 영국·러시아가 이 방안을 수용할 경우 장기간 현상을 유지할 터이고 이러한 경쟁과 현상 유지가 독일에는 유리하다고 보았으나 영국은 독일의 제안을 받아들이지 않았다. 또한 이 두 나라가 반독일 연합을 구성하지 않도록 노력하였는데 러시아와 오스트리아가 동방(발칸)에 관심을 가지고 있어 서로 경쟁하도록 하는 경우 러시아는 동방문제에서 독일의 지원을 필요로 할 것으로 보았다.

실제 발칸을 둘러싸고 러시아는 1878년 오스만 제국을 제압한 이후 산스테파노 조약을 통하여 몬테네그로·세르비아·루마니아의 독립, 불가리아의 러시아 영향권 편입 등 발칸의 구조를 러시아에 유리하게 변화시켰다. 이러한 결과에 영국·오스트리아 등이 강하게 반대하면서 비스마르크가 중재 역할을 담당하게 되었다. 독일은 베를린 회의를 통하여 발칸 내 여러 민족의 이해 또는 소국들의 독립보다 강대국들의 이해를 조정하고 영향력을 제한하는 것으로 그 입장을 정하였다. 이에 따라 영국은 사이프러스를, 오스트리아는 보스니아-헤르체고비나를 관할하도록 하고, 러시아는 불가리아를 자국 영향권에 편입시키되 장악했던 루멜리아는 오스만 제국에게 반환하는 결과를 도출해 내었다. 독일은 프랑스를 견제하면서 나름대로 러시아를 배려하였다고 생각했다. 그러나 러시아는 베를린 회의 결과에 대하여 강한 불만을 제기하였는데 이는 비스마르크가 구성한 동맹 구도가 상황에 따라 매우 취약하다는 점을 알려주고 있다.

비스마르크는 주변 국가의 영토를 장악하기보다 프랑스를 제외한 주요 국가들이 독일을 필요로 하거나 반독일 연대를 구성하지 않는 정치적 구도를 형성하는 것을 독일제국의 외교정책 방향으로 설정하였다. 이를 위하여 그는 군사력 사용을 절제하면서, 외교를 통하여 주변국 간의 상호 관계를 조정하려는 노력을 지속적으로 구상하였다. 통일 이후 식민지 개척 등 공격적인 대외정책을 요구하는 여론에 대응하여 유럽의 균형을 유지하고 영국 등과의 마찰을 피하고자 해외에서의 식민지 개척에 적극 참여하지 않았다.

비스마르크의 외교는 곡예사가 4~5개의 공을 번갈아 올리면서 떨어트리지 않는 모습과 같은데, 그의 복잡다단한 구상은 쉽게 무너질 수 있는 취약성을 가지고 있었다. 1890년 그가 해임된 이후 후임 재상은 비스마르크의 외교 구상이 비현실적이라는 판단 하에 러시아와의 조약을 폐기하자, 바로 러시아와 프랑스가 동맹관계를 맺는 상황이 발생하였는데 이는 충분히 예견될 수 있는 수순이었다.

## 선거권·사회보장제도 등 시대 변화에 적응한 국내 제도 도입

독일 통일 과정에서 대외적으로 주변국을 다루는 그의 탁월한 예지와 탄력적인 판단은 높이 평가받아 왔다. 그러나 대내적으로 현실적 이익을 쫓아 끊임없이 변모하는 그의 카멜레온식 모습, 상대를 인정하지 않는 독선적 의사결정, 그리고 전제주의 통치 필요성에 대한 강한 신념 등으로 당시 부상하는 시민사회 세력 및 노동자 세력과 지속적으로 대립하여 그에 대한 부정적인 평가 역시 상존하고 있다. 그의 비타협적, 일방적 통치 형태가 후대의 빌헬름 2세 및 히틀러 등 통치에서도 나타나자, 독일이 세계대전을 일으키는 범죄 국가로 변하는 씨앗을 비스마르크가 뿌렸다는 냉혹한 평가도 같이 존재하고 있다

비스마르크가 이룬 국내적 업적과 개혁은 최초로 보통 선거권 부여, 사회보장제도의 도입, 보호무역제도를 통한 경제성장 등인데 이 정책들도 그의 정치적 목적과 연관되어 있다. 통일이후 1871~1880년간 대외적으로는 안정적이었으나 국내적인 상황은 결코 쉬운 상황이 아니었다. 독일은 후발 국가로서 농업 및 농촌사회에서 공업 및 도시사회로 전환하면서 내부에서는 급격한 사회변혁이 일어났다. 비스마르크를 지지하는 보수적인 융커 중심의 농업 세력 및 기독교 신교 세력에 대응하여 가톨릭 세력의 반대는 뿌리 깊게 작동하고 있었다. 또한 시민 자유 세력과 노동자 세력을 대변하는 사회주의 세력도 확장해 나가고 있었으며 이들 세력은 비스마르크의 재임 기간 중 강한 반대 계층이었다.

이에 대응하여 비스마르크는 분할 후 장악한다는(Divide &

Conquer) 입장 하에 반민주적, 반사회적, 반가톨릭적 정책을 강하게 추진하였다. 문화투쟁을 통하여 가톨릭 세력에 대하여 종교탄압 정책을 시행하고, 대도시 및 산업 중심지에서 성장하는 사회주의자에 대응하기 위하여 반사회주의적 법안을 상정하기도 하였다. 그럼에도 자유주의 세력의 지지를 받기도 쉽지 않은 상황이었는데 산업화가 진행되면서 임금 노동자들의 상황이 악화되어 자유주의자들이 지지하는 자유무역 대신 보호무역 입장을 채택할 수밖에 없었기 때문이었다.

비스마르크는 1863년에 유럽 최초로 남성의 보통 선거권을 부여하였다. 이는 민주적 발전을 도모하기 위한 정책이라기보다 민중의 지지를 확보하여 증가하고 있는 사회주의자·자유주의자·노동계층 등 반대 세력에 대항하기 위한 정치적 속셈이 있었다. 일반 남성들에게 선거권을 부여하여, 이 선거로 구성된 제국의회가 독일 공국들에 대하여 영향권을 행사하고자 하였다. 또한 프로이센 국왕을 중심으로 국정을 운영하면서 전제군주의 영향력을 강화하고 자신이 전제군주와의 협의를 통하여 국정을 이끌어가기 위한 포석이 깔려 있었는데 선거 결과가 자신이 의도한 바와 달라 곤혹한 경우도 종종 발생하였다.

가톨릭 세력과의 문화투쟁을 전개했지만, 소기의 성과를 거두지 못한 가운데 이를 수습할 필요성이 생겼고, 또한 사회주의 정당 세력이 계속 확장되어가자 이에 대처할 필요성이 발생하였다. 이에 대응하는 방안으로 노동자의 권익을 보호하는 조치를 통하여 노동 계층의 지지를 확보하고 노동운동의 확산을 저지하고자 했다. 이를 위하여 의료보험·산재보험·연금보험·상해보험 등 사회보장제도를 채택하였다. 이는 노동자 권익에 초점을 두기보다는 노동운동의 확산 및 사회주의와 노동 계층 간의 연대를 사전에 차단하여 비스마르크의 통치 기반이 무너지는 것을 막는 데 목적이 있었다.

또한 자유무역을 통하여 높은 경제성장을 이루었으나 산업화가 진행되면서 이에 적응하지 못한 실업자가 양산되고 소농·빈농들이 공장 및 산업도시로 유입되면서 산업 노동자층이 형성되었다. 이들 계층의 세력이 확장되는 가운데 자유무역으로 농업 및 경쟁력을 잃는 산업 부문에서 밀려나는 계층도 점차 세력화하면서 정책의 변화는 불가피하였다. 이에 후진적인 독일 경제를 영국·프랑스 수준으로 끌어올리기 위하여 초기에 채택했던 자유무역 제도 대신 보호무역 정책을 추진하였다. 공산품에 대한 관세를 통하여 중공업을 보호하고, 농산물에 대한 관세를 인상하여 농업을 보호하였다. 이러한 보호무역정책의 성공으로 독일의 생산능력이 크게 향상되었으며 선진국과 경쟁할 정도로까지 성장하였다.

국내 정치적으로 문화전쟁과 반사회주의 법안을 통하여 보수주의자·자유주의자·진보주의자를 배척하였고, 자신의 목적을 이루기 위하여 극보수주의자이지만 극 진보적인 개혁 법안을 통하여 반대 세력에 대항하고 조정해 나가기도 했다. 현재는 그의 보통 선거권 부여 및 사회보장제도가 높이 평가받고 있지만 이러한 조치는 그의 정치적 의도와 연계되어 있었다. 사회적인 갈등과 균열이 확산되어 가고 자신에 대한 정치적인 반대가 증가되어 갔기에 이에 대응하는 방안으로 취하였던 조치이었던 것이다.

## 비스마르크 업적의 명과 암

비스마르크가 태어난 1815년 당시 프로이센은 농업 중심 국가로서 다른 제국들에 견줄 정도의 막강한 세력은 아니었다. 다민족 국가인 오스트리아(합스부르크)뿐만 아니라 유럽 강국인 영국·프랑스·러시아의 군사력·경제력 면에서 미치지 못하는 중견국이었다. 그러나 비스마르크의 28년 통치 기간 동안 프로이센이 중심이 되어 독일 제국으로 통일되었으며 유럽 어느 국가에도 견줄 수 있는 강국으로 성장하였다. 이후 독일 제국은 중공업, 숙련된 기술 인력, 뛰어난 기술 연구기관, 증기선, 넓은 도로 등 기반 시설 이외 최강의 육군·세계 2위 규모의 해군·, 무역흑자 규모의 급상승 등으로 유럽의 경쟁력 있는 국가로 발돋움했다.

그는 젊은 시절 프랑크푸르트·상트페테르부르크·파리에서의 근무를 통하여 주요국들의 역량과 국제 정세의 변화 동향을 심도 있게 파악하였다. 이러한 외교경력을 바탕으로 재상을 맡은 이후 국가 간 세력균형을 통하여 프로이센의 이익을 극대화하는 통치 능력을 보였고 궁극적으로 통일을 이루어냈다. 그는 프로이센 시절 철저한 프로이센 국가주의자이었으며 독일 제국 시절에는 권위주의적 전제주의를 주창하는 보수적 인물이었다. 그는 자신이 군주제 지지자이고 융커 출신의 보수주의자로서 종교적으로 신교를 지지하지만, 이러한 요인이 외교적 수단을 제한하는 것이 되어서는 안 된다는 입장이었다. 프로이센의 정치 외교 목표를 최우선시하는 현실적인 정책을 적용하여야 한다는 것이 그의 방침이었다.

그는 독일의 여러 국가가 서로 분열되고 대립하는 것을 구상한 프랑스 리슐리외 체제, 유럽 국가 간의 세력균형을 도모한 오스트리아 메테르니히 체제, 그리고 독일연방 내에서 오스트리아가 중심 역할을 하는 체제를 다 같이 무너트려야 프로이센이 통일되고 독일 연방에서 주도적인 역할을 할 수 있다고 보았다. 그러나 이러한 목표를 달성하는 데 있어 당시 프로이센은 상당한 한계가 있다는 점도 인식하여, 우선 주변국인 오스트리아 및 러시아와의 우호적인 관계를 항상 염두에 두었다. 그는 오스트리아·프로이센·독일연방의 삼각관계에서 프로이센의 위상을 냉철하게 분석하고 프로이센의 유럽 국가 간의 관계, 주요 국가의 중심인물에 대한 평가 등 객관적 자료를 정리하는 등 치밀함을 보였다.

그는 자신의 목적을 달성하기 위하여 정부의 효율적인 지원이나 국내 의회의 지지를 받았던 것이 아니었다. 오히려 국내 교회 및 자유주의 반대 세력이 강했음에도 통일을 이루고 강력한 국가 건설이라는 업적을 이루었다. 그가 통일과 성장을 이룰 수 있었던 것은 강한 군사력과 함께 유연한 외교, 그리고 국익을 최우선으로 하는 그의 현실적인 통찰력에 기반하였다고 평가된다. 그는 독일 통일이라는 명확한 전략적 목표를 세우고, 대외적 동맹 결속 등 탄력적인 외교를 전술적으로 잘 운용하고 사안에 따라 유연한 입장을 취하면서 여러 지지 계층을 확보해 나갔다.

그가 정치를 가능성의 예술(politics as the art of the possible)이라고 하였지만 그의 행적을 보면 그가 타협이나 협상을 통해 바람직한 결과를 도출한다고 여기지는 않았던 것으로 판단된다. 그가 보는 가능성의 예술은 국제관계에서 어느 측에도 감정적인 약속을 해서는 안 되며,

외교는 상대측의 행보를 감안하여 현실적인 방책을 구사하는 것이라는 의미이다. 그는 독일의 중요 협상국인 프랑스·러시아·오스트리아·영국·이탈리아 등 5개국과의 여러 조합을 항상 염두에 두고 외교를 하면서 냉정한 입장을 지속적으로 견지하였다. 국내적으로도 자신이 추구한 보수적 가치와 신념이 프로이센의 국익과 배치되거나 제약을 준다고 판단되는 경우 냉철하게 결별하였다. 또한 정치적 목적을 이루기 위하여 자신의 지지 계층이 아닌 노동자층을 위한 사회보장제 등 정책을 도입하기도 하였다.

미국·영국·프랑스의 변화 과정이 아래로부터의 변혁이라면 독일은 위로부터의 변혁을 통하여 후진 사회에서 탈피하는 과정을 밟았다. 그는 오스트리아와의 동맹과 유럽의 평화보다는 프로이센 중심의 독일 통일을 우선시하였으며 이를 군사력 등 힘으로 달성하여야 한다고 보았다. 프랑스가 프로이센보다 강한 상황에서는 전술적 유연성을 발휘하여 거래하는 입장을 채택하고, 군사력을 증강하여 프랑스와 전쟁을 통하여 승리할 수 있다고 보았을 때는 주변국의 관여를 사전에 막는 가운데 전쟁을 유도하여 목표를 달성하였다. 그는 대외적으로 외교적 목표를 세운 이후 이를 달성하기 위하여 다른 나라들과 협력하거나 또는 그들의 중립 입장을 이끌어 내었다.

국내적으로도 여러 계층의 반대에 대응하여 의회와의 협력이나 각 계층과의 소통을 통하여 조정해 나가기보다 국내기관 간에 상호 대립을 조장하고 이를 활용하여 우세한 입장에서 조정해 나갔다. 참정권을 부여하여 민주적인 제도를 채택하였지만, 의회와의 협력을 모색한 것은 아니다. 사회보장제도를 채택하여 노동 계층의 지지를 유도하였으나 이를 대변하는 정당과의 협력을 추진하지는 않았다. 오히려 반사회주의·반자유주의·반유대주의 입장을 택하여 민주주의 발전은 퇴색되었다. 의회를 경시하고 반대 세력과 소통이 잘 이루어지지 않음으로서 오히려 각 이해 세력의 애국주의·민족주의 입장이 강화되는 결과를 초래하였는데 이는 후임 지도자들에게 유산으로 이어져 1차 세계대전의 발발에 원인을 제공한 점도 있다.

그의 권위주의적 정치, 타협을 배제하는 일방적인 정책, 반동적인 사회 분위기 조성 등이 21세기로 넘어가면서 히틀러와 같은 권위주의적 지도자를 배태하는 분위기를 만들었다는 비판도 있다. 전제정치과 의회제도를 배합(Competitive Authoritarian Political System)하여 부상하는 정치 세력을 통제하고 독립적인 조직을 용인하지 않으며 민주적인 의회제도 및 정당의 발전을 막기도 하였다. 또한 선거를 이용한 형식적인 민주제도를 남겼는데 지금 세계의 권위주의 정치지도자들이 자신의 목적을 달성하기 위하여 이 유산을 거침없이 활용하고 있다. 그가 이룬 놀라운 성과와 함께 그의 국정운영이 남긴 부정적인 면도 같이 보아야 할 것이다.

그의 초상화를 보면 항상 군복을 착용하였으나 군대 근무 경력이 없었고 오히려 병역기피 경력이 있었다. 국제적 변화를 누구보다도 잘 이해하는 그에게 군복이 의미하는 바는 강한 군사력을 바탕으로 유연한 외교를 펼친다는 의미, 즉 현실적 정책(realpolitik)을 지지한다는 입장으로 이해된다. 그는 현실과 이상의 관계에서 이상보다는 국가간 관계가 권력 및 힘에 의존하고 있음을 누구보다 잘 인식하고 있었다.

그가 남긴 격언은 그가 어떤 입장으로 국정을 운영하였는지를 알려준다. 예를 들어, '국정을 운영하는 사람은 역사의 교훈을 유의 깊게 경청하여 이를 바탕으로 하여 앞으로 나아가야 한다. (Statesmanship consisted of listening carefully to the footsteps of God through history and walking with him a few steps of the way.)'고 하여 역사의 중요성을 염두에 두었다. 또한 '문외한들은 경험을 통하여 배우지만 나는 다른 사람들의 경험을 통하여 배우는 것을 선호한다. (Fools learn from experience. I prefer to learn from the experience of others.)'라고 하여 역사로부터 배우는 자세를 견지하였음을 알 수 있다. 비스마르크는 강력한 군사력을 배양하는 가운데 외교와 전쟁을 통하여 통일을 이루고 국내적 개혁도 이루어냈다. 그가 프로이센과 독일에서 중추적인 역할을 하던 때가 벌써 150여 년 전이지만 힘이 지배하는 역사관이 현재에도 투영되어 국제 상황으로 재현되고 있다. 우리는 이러한 역사적 사실을 되새겨 엄중한 시대적 상황에서 어떻게 나아가야 할지에 대한 방향을 정해야 할 것이다.

# Ⅶ. 빌리 브란트 총리
## (독일)

베를린 장벽의 위기에서 기회를 포착하여 미국과의 신뢰를 바탕으로 소련과 공존의 문을 열고 유럽을 안정과 통합으로 선도하였다. 아무도 가지 않았던 길을 갔지만 무작정 길을 떠난 것이 아니라 동방정책이라는 나침판으로 가지고 독일을 이끌면서 나아갔다.

소위 흙수저로 태어나 역경을 딛고 지도자의 위치에 올랐을 뿐만 아니라, 독일 통일의 초석을 다졌던 브란트 총리의 흔적을 찾아보기 위해 독일의 양대 정당 중의 하나인 사민당을 찾았다. 이 건물에 들어서면 우스꽝스러운 브란트의 입상이 눈에 띈다. 통상 지도자의 동상이면 말끔한 차림의 정장에 이목구비가 뚜렷하고 몸의 균형도 잘 맞추어져 있게 마련이다. 그런데 브란트 동상은 외관상 상체와 하체가 비슷한 크기에 뭔가 균형이 맞지 않고, 어수룩하고 흐드러진 모습에 한 손은 구겨진 양복 한 쪽에 넣고 다른 한 손은 무언가 설명하는 듯이 조각되어 있다. 이 조각상도 정겹지만, 그 옆에 붙어 있던 사진 한 장이 더욱 눈길을 끌었다. 다듬지 않은 희끗희끗한 머리칼, 움푹 파인 주름살, 청바지에 담배를 물고 기타를 치는 모습은 노련한 정치인이라기보다 7080 기타 연주자 모습이다.

브란트는 한 마디로 골초였다. 그가 방송과 인터뷰할 때의 모습을 보면 성냥에 불을 댕기면서 담배 연기를 연신 내뿜곤 했다. 그는 정치인답지 않게 수줍은 가운데 다른 사람의 의견을 주로 경청하는 지도자였다. 그럼에도 자신의 주관을 뚜렷하게 지켜 나갔던 정치인, 많은 사람의 존경을 받았지만 권위적이고 고압적이지 않은 편안한 총리, 이것이 그의 모습이고 성격이고 삶이었다.

## 글쟁이 그리고 반나치 운동가

그는 자신의 인생 역정을 많은 기록으로 남겼다. 그의 연설문·저서·대담기록·메모 등을 쌓아 놓으면 세계 어느 정치인에도 뒤지지 않는다. 기록의 규모도 놀랍지만, 그의 자서전 등을 보면 깊이가 있다. 치열한 시대적 상황을 헤쳐 나가기 위하여 끊임없이 고민하면서 자신의 논리를 다듬어 상대를 설득하고 국정을 운영해 나갔음을 그의 글에서 알 수 있다. 그는 사생아로 태어나 어려서부터 사회문제에 관심을 가지고 17세에 사민당 당원이 되었으며 사민당 지에 수시로 기고하였다. 1933년 히틀러가 집권하자 마르크스의 자본론과 100마르크를 지니고 독일을 떠났으며 12년간 망명 시절 내내 프리랜서 기자로서 수많은 기고문과 글을 썼다. 독일의 정황뿐만 아니라 스페인 내전도 취재하여 보도하였고, 전후 뉘른베르크 전범 재판 현장도 취재하였다. 이후 정치인으로서 자기 생각을 스스로 기록하고 발표하였으며, 총리직을 사임한 이후 세 권의 두툼한 책으로 자신이 걸어온 삶을 회고하였다.

브란트는 죽음을 각오하고 나치의 통치에 반대했던 반나치 운동가였다. 그는 망명 기간 중 노르웨이·스웨덴에만 머문 것이 아니라 유럽 각지를 다니면서 저항운동을 전개하였다. 심지어 나치의 검문검색이 날이 갈수록 심해지고 전쟁 준비로 치닫던 1936년에 베를린에 잠입하여 활동했다. 그가 나치의 정황을 파악할 목적으로 위장 입국하여 근거지를 잡은 곳은 베를린의 가장 중심거리인 쿠담 거리 인근으로 히틀러 사무실이 있던 빌헬름 거리와 불과 20여 분 내에 있었다. 우리로 비유하자면 일제 총독부가 위치한 중앙청과 가까운 서울 종로 거리 부근에 머물면서 일본 동향을 파악하여 전달하는 소식통 역할을 한 셈이다. 그의 행적은 나치에게 발각되어 1938년에는 독일 국적이 박탈되고, 심지어 1940년에 노르웨이에서 나치 경찰에 의하여 사로잡히기도 했다. 당시 그는 노르웨이 국적을 지니고 있어 가까스로 풀려났으며 이후 스웨덴으로 피난하여 반나치 투쟁을 지속해 나갔다.

## 정치역정을 같이 걸었던 에곤 바·귄터 그라스·폰 바이체커

제2차 세계대전이 끝난 이후 브란트는 1947년 베를린 주재 노르웨이 군사위원회 언론 담당관 신분으로서 베를린으로 귀국하였다. 그는 1948년 국적을 다시 취득하고 사민당 당원으로 등록한 이후 정치에 적극 관여하였다. 베를린 시의회 의원·사민당 베를린 지부장 등의 경력을 거쳐 1957년 43세의 젊은 나이에 베를린 시장으로 당선되었다. 이후 그의 정치 일생 전환점은 베를린 장벽이었다. 그는 장벽 현장에서 독일이 걸어가야 할 새로운 정책을 구상했고, 정책을 실현하면서 잊지 못할 사람들을 만났다.

그의 인생에서 변함없이 같은 길을 걸었던 사람은 부인이 아니라 동방정책을 같이 설계한 '에곤 바'였으며 30년 이상 서로를 믿고 의지했다. 에곤 바는 자신이 브란트를 처음 만났을 때 베를린 시 공보책임자로서 마음에 들지 않더라도 자기 생각을 기탄없이 말할 것이라고 직설적으로 말했는데 이에 대하여 브란트는 너무 안 좋은 얘기는 두 사람이 있을 때만 해 달라고 했다고 회고하고 있다. 에곤 바가 기록한 첫 만남의 대화 내용은 동양적인 시각에서 파격적이라고 할 수 있으며, 솔직한 소통이 얼마나 중요한가를 나타내 주고 있다. 에곤 바는 브란트의 메신저로서 미국의 키신저, 소련의 그로미코와 긴밀한 협의와 격론을 통해 동방정책을 현실화시켰다.

노벨 문학상 수상자로서 자칭 전후 시대의 양심이라고 선언한 귄터 그라스는 독일 문화계·학계 등 지식인을 규합하여 사민당 지지 유권자 모임을 만들고 언론 기고 등을 통해 브란트에 대한 대중의 지지를 끌어냈다. 이같이 열렬한 지지자였지만 후일 통일 과정을 두고 브란트와 귄터 그라스는 극명하게 입장이 갈렸다. 1989년 베를린 장벽이 무너지고 혼란으로 빠져든 동독에 대하여 서독이 어떤 입장을 취하여야 할 것인가에 대한 여러 논란이 있었다. 일부에서는 통일을 서두르지 말아야 한다는 의견이 있을 때 브란트는 통일로 직행해야 한다는 입장이었다. 이에 대하여 귄터 그라스는 독일의 분단은 아우슈비츠 대학살에 대한 대가였으며, 독일이 재통일되면 힘이 다시 집중되어 역사의 가장 잔혹한 학살을 다시 할 수 있다고 지적하면서 통일에 반대하는 입장을 나타냈다. 이러한 차이로 오랫동안 이어오던 두 지성인의 우정은 막을 내렸다.

브란트의 동방정책에 대한 비판이 높아가고 국내 여론이 극명하게 양분되었을 때 지지를 표명한 사람은 후일 대통령이 된 폰 바이체커이었다. 폰 바이체커는 정치노선을 달리한 기민당 인사였지만 동방정책이 올바른 길이라고 주장하면서 변함없이 지지해 주었다. 또한 브란트가 1987년 사민당 총재직을 물러나는 과정에서 당내 커다란 내분을 겪는 등 어려움에 처했던 시점에 당시 대통령이었던 폰 바이체커는 미테랑 프랑스 대통령· 시몬 페레스 이스라엘 총리· 헬무트 콜 총리· 유럽 및 서독 여야 주요 정치인을 초청하여 브란트의 75회 생일을 축하하여 주었다. 브란트와 폰 바이체커 두 사람은 1990년 10월 3일 독일 통일의 날에 자유의 종소리를 들으면서 독일의 국기를 의회 의사당에 같이 게양하였다.

## 역사 앞에서 무릎 꿇고 동독 정보기관에 무너지다

브란트는 역사 앞에 무릎을 꿇었다. 1970년 폴란드를 방문하는 중에 바르샤바 유대인 게토 기념비 앞에서 나치 독일이 저지른 만행에 대해 독일 국민을 대표하여 말이 아닌 마음으로 사과했다. 그는 기념비 앞에서 과거 독일의 잘못을 사죄하기 위하여 무언가 해야 했는데 그 죄책감을 말로 다할 수 없어 무릎을 꿇을 수밖에 없었다고 회고하였다. 브란트의 무릎 꿇은 모습은 전 세계에 독일의 과거를 회개하는 모습으로 비추어졌지만, 정작 서독 내에서는 극명한 의견 차이를 보였다. 당시 슈피겔지의 여론조사에 의하면 응답자 중 41%가 브란트의 행동이 적절했다고 반응한 반면, 48%는 과장되었다고 하면서 반대하는 태도를 보였다.

브란트는 적대국과의 화해정책을 통하여 유럽 및 전 세계의 평화를 발전시키는 데 기여한 공로로 노벨평화상을 수상하는 등 해외에서 커다란 반향을 일으켰다. 하지만 국내에서는 사민당 내 불협화음, 오일 쇼크로 인한 경제위기, 공공부문의 전국적인 총파업 등으로 어려운 상황이었다. 이 와중에 측근으로 활동하던 귄터 기욤이 동독 인민군 장교로 밝혀져 치명타를 받고 1974년 총리 임기 도중에 자진 사임하였다. 통일 후 브란트 사임 건과 관련한 동독 정보기관(슈타지)의 활동 내역을 찾아보니, 슈타지가 기욤을 관리하면서 스파이 사건에 직접 관여하였다는 것이 밝혀졌다.

## 하나의 독일로 가는 길, 동방정책

1961년 세워진 베를린 장벽은 분단을, 1989년 무너진 베를린 장벽은 화해와 통합을 상징한다. 베를린 장벽 설치에 이르기까지 시대적 상황을 보면 제2차 세계대전 이후 전승국 간의 전후 처리 방안을 논의한 포츠담 회담에서 베를린을 4개국이 공동 관리하기로 하였는데 이로서 연합국이 관할하기로 한 서베를린은 육지의 섬으로 고립되었다. 그러나 서베를린은 민주 체제의 성공 사례로서 동독인의 탈출로가 되었다. 당시 동독인들이 서독으로 탈출한 통계를 보면 1945년 이후 1961년까지 350만여 명에 달하였으며, 장벽이 건설되기 직전에 베를린에서만 1961년 7월에 3만여 명, 8월 2주간에 2만여 명이 탈출하였고 특히 젊은 계층의 이탈이 심했다. 이에 바르샤바 조약국들은 사회주의 공동체를 파괴하는 활동이라고 결정하여 동독은 1961년 8월 장벽을 건설하고 동서독 국경선을 봉쇄하였다.

예상하지 못한 베를린 장벽 건설에 대하여 연합국은 상황이 악화되는 것을 원하지 않아 소련의 무리한 조치에 눈을 감았다. 이 사건은 브란트 정치 일생에 커다란 전환점이 되었다. 베를린 장벽 설치에 오불관언吾不關焉인 연합국의 행태를 목도한 브란트는 서독이 스스로 나서 분단의 문제를 해결해야 한다는 생각을 가지게 되었다. 그는 소련이 베를린 장벽 설치를 주도하면서 전술적으로 전쟁 임계점까지 위험수위를 올리지만 전쟁은 원하지 않는다고 보았다. 즉, 소련이 서방의 결속을 약화시키기 위해 베를린 장벽을 건설하여 상대를 위협하고 공격하면서도 다른 한편 평화공존을 주장하면서 협상하려고 있는 점을 예리하게 파악했다. 브란트는 이러한 전략은 약점의 표시이기에 공산당 세력과 접촉하는데 두려워할 필요가 없고 오히려 적극적으로 접촉해야 하며 협상한다고 하여 굴복하는 것이 아니라고 판단했다.

브란트는 평화를 보장받고 분쟁을 해결하기 위하여 말이 아닌 행동, 일반적인 방책이 아닌 구체적인 정책을 에곤 바와 함께 기획하였다. 통일에 목적을 두었다기보다 당시 동구 국가들과 단절되고 대치 상태였던 상황을 벗어나기 위하여 접촉을 통한 변화(Change through Rapprochement)를 가져오겠다는 입장이었으며 이 정책은 점차 동방정책으로 불리게 되었다. 브란트는 새로이 구상한 정책이 서구에서부터 시작되어야 한다고 보았다. 서구와의 신뢰와 협력을 바탕으로 하여 소련 및 동구 국가들과 전반적인 협력을 유도하고 나아가 관계를 정상화하는 것으로 구상하였다. 그는 이 정책이 성공하기 위해서 미국의 지원이 핵심이라는 현실적인 인식 하에 에곤 바가 키신저와 직통 채널을 통하여 긴밀히 협의하도록 하였다. 동방정책의 승패를 가름하는 또 하나의 축은 소련이었다. 소련의 관여 없이 동방정책의 진전이 가능하지 않았기에 브란트는 에곤 바에 전권을 주고 소련과 비밀 협상을 하도록 하였다. 에곤 바와 그로미코 외상과의 협상은 브란트와 브레즈네프 간의 신뢰로 이어지고 정상 간 전화 라인도 구축되었다.

브란트는 1969~74년 총리 시절 본격적으로 동방정책을 시행해 나가면서 전략적인 접근을 하였는데 소련과 먼저 협상 물꼬를 튼 이후 국경문제에 민감한 폴란드와 타결을 추진하였으며 다음 단계로 특수한 관계인 동독과 협의를 해 나갔다. 이 결과 소련과 모스크바 조약(1970년 8

월), 폴란드와 바르샤바 조약(1970년 12월), 동서독 기본조약(1972년 12월), 체코슬로바키아와 프라하 조약(1973년 12월) 등의 성과를 거두었다. 이 조약들은 두 가지 중심 내용을 규정하고 있다.

첫째는 예전 영토를 회복하려는 독일의 시도가 향후 재발하지 않도록 재확인한 점이다. 서독의 동유럽과의 협상에서 영토 문제가 가장 쟁점이었는데 그 이유는 독일이 폴란드와 소련의 관할로 들어간 영토를 포기해야 하는 것으로 그 규모가 1938년 국경선을 기준으로 할 때 독일 전체의 1/4이나 되었기 때문이다. 둘째는 무력의 사용이나 무력 사용 위협의 포기를 규정한 것이다. 독일이 무장해제 당하여 무력화되었음에도 불구하고 조약에 군사적 위협이나 무력행사를 하지 않도록 규정한 것은 소련 및 동유럽 국민들에게 나치의 위협에 대한 트라우마가 깊숙이 박혀 있었기 때문이다.

동유럽과의 협상에 대한 국내 및 우방국의 반대가 없었던 것은 아니다. 국내에서 독일의 영토 할양에 대하여 심하게 반대한 부류는 이 지역에서 추방되었거나 망명한 사람들이었다. 이들 숫자는 독일 전체에 1,250만여 명에 이르며 이중 790만여 명이 서독 지역, 460만여 명이 동독 지역에 정착하고 있었다. 서독 이주민 중 많은 수가 국토의 회복을 원하였기에 모스크바 조약 등의 비준을 위하여 의회에 상정되었을 때 반대가 높았다. 또한 미국의 견제도 적지 않았다. 독일의 총리실과 미국의 백악관은 직통라인을 구축하여 서독의 협상 내용을 수시로 공유하였지만, 양국 간의 불협화음은 곳곳에서 제기되었다. 정상 간 대화 중에 여러 차례 긴 침묵이 흐르기도 할 정도로 닉슨과 브란트 간에 이견이 나타났고 매우 가까웠던 에곤 바와 키신저도 서로 얼굴을 붉히는 때가 수시로 있었다.

오히려 서독과 소련 간에는 초기에 긴장감이 돌았지만, 정상 간 신뢰를 바탕으로 상호 고위 협력선을 통한 협상이 활발히 전개되었다. 특히 그로미코는 서구와의 협상에 늘 부정적이었지만 브란트에 대해서는 동서 관계를 냉철하게 판단하는 가운데 소련과 서독 간의 관계에 가로놓인 문제를 냉철하게 인식하고 평화공존의 사고 하에 상호 실현가능한 정책을 실행한 서독 최고의 정치가였다고 높이 평가하였다.

## 브란트가 걸었던 길, 우리가 가야 할 길

남북한 관계는 갈등과 불신이 지속되는 가운데 시시포스 신화에서와 같이 조그만 진전이 있다가 다시 제자리로 돌아오는 모습이다. 한반도 문제는 두 당사자뿐만 아니라 미국·중국이 관여한 국제적 분쟁 사안이기도 하다. 그러나 미국과 중국은 상호 심한 갈등으로 제3국의 문제인 남북한 상황을 적극 타개하기보다는 현상 유지하는 것이 자국에 유리하다고 보는 경향이다. 아울러 북한은 경제적 어려움에도 미사일·핵 개발 시험을 지속해 오고 있는데 이것은 오히려 체제가 허약하고 불안하다는 의미이기도 하다. 여러 가지 측면에서 우리의 현실은 1961년 베를린 장벽 건설 때와 일견 유사점이 있다.

교착 상황의 변화를 유도하기 위해서는 새로운 시도가 요구된다. 이를 위해 지도자는 무엇보다 국제 정세를 정확히 읽고 상대국의 입장을 파악하여 대처 방안을 설계할 수 있는 현장 전문가를 활용하여야 한다. 통찰력과 실천력이 뛰어났던 브란트도 외무장관을 거치지 않고 총리를 했다면 성공하지 못했을 것이라고 에곤 바가 언급할 정도였으니 국제 흐름과 상대국의 속내를 읽어 내는 지도자의 통찰력과 참모의 지원이 중요하다.

또한 중장기적으로 현실성이 있는 구체적인 계획이 되도록 우리의 국익에 맞는 안을 기획하여야 한다. 자신의 임기 내에 돌파구를 마련하겠다는 조바심과 단기적인 시각에서 실현 가능성이 미약한 정책을 관련국들에 제안하는 것은 바람직하지 않다. 더욱 중요한 것은 우방국가와의 신뢰를 통하여 설득하고 지원을 확보한 가운데 주변 강대국을 관리하고 북한과 협상에 임해야 한다. 그런데 현 상황은 다시 집권한 트럼프 행정부가 우리와 대북 정책을 조율하지 않고 독단적으로 진행할 가능성이 있어 한일 간 협력만으로 한계가 있을 수 있으며, 유럽 등 국가들은 러시아·우크라이나 전쟁으로 동북아시아 문제에 그다지 신경을 쓸 여력이 없을 가능성이 크다. 중국·러시아와도 소통이나 협력에 한계가 있으며, 북한은 우리를 적대국으로 지칭하는 등 남북 관계도 매우 악화된 상황이다. 그러나 어떠한 위기도 돌파할 수 없는 것은 아니다. 세계 핵전쟁의 위험 수준까지 이르렀던 1962년 쿠바 미사일 위기가 정상·고위급 소통 채널을 통하여 해결되었음을 교훈으로 삼아야 할 필요가 있다.

역사는 필연적인 결과가 아니라 행동하는 인간에 달렸다. 독일은 아데나워의 친서방정책과 브란트의 동방정책이 디딤돌이 되어 45년 만에 정치적 통일을 이루고 또한 30년 만에 경제적·사회적 통합을 달성하여 분단된 국가가 유럽의 범주를 뛰어넘어 세계의 지도국가가 되었다. 특히 브란트는 베를린 장벽의 위기에서 기회를 포착하여 미국과의 신뢰를 바탕으로 소련과 공존의 문을 열고 유럽을 안정과 통합으로 선도하였다. 그는 베를린 장벽을 계기로 아무도 가지 않았던 길을 갔던 사람이다. 그러나 무작정 길을 떠난 것이 아니라 동방정책이라는 나침판으로 가지고 독일을 이끌면서 나아갔다. 브란트가 갔던 길이 우리가 갈 길인지는 알 수 없다. 다만 지금까지 우리가 걸어온 길이 아닌 다른 길로 가야 한다는 것은 거의 확실하다. 그 길을 찾는 것은 우리 지도자의 몫이고 책임이다.

시대적 흐름을 선도한 지도자, 브란트는 베를린 서남쪽에 있는 공원묘지에 안치되어 있다. 한구석에 있는 그의 묘지를 찾기가 쉽지는 않았으며, 애써 찾고 보니 '빌리 브란트(Willy Brandt)'라는 이름 이외에 아무것도 쓰이지 않은 커다란 묘비만 덩그러니 있을 뿐이었다. 많은 여백이 있는 소박한 묘비가 그의 성격을 그대로 보여 주지 않는가! 사민당 건물에서 보았던 어수룩한 조각상, 담배 물고 기타 치는 사진이 중첩되어 떠오르면서 한 사람의 지도자가 얼마나 많은 변화를 가져왔는가를 새삼 되새기게 된다.

# VIII. 게르하르트 슈뢰더 총리
# (독일)

노동자의 권익을 향상시키기 위해 노동 계층이 반대했던 개혁 정책을 시작하였다. 정권을 내주었지만, 궁극적으로 노동자의 권익을 지켜 나갔고 국가를 부흥시킨 지도자였다.

2003년 8월, 필자가 독일에 부임할 당시에 독일 사회는 너무나 혼란스러웠다. 경기침체와 높은 실업으로 사회 분위기가 침울하였으며, 노사 갈등으로 기업은 인건비가 저렴한 동유럽 지역으로 빠져나가고 있었다. 노동자의 지지를 받고 집권한 슈뢰더 정부가 2003년 3월에 발표한 노동 개혁 정책에 반대하는 데모가 전국 곳곳에서 연일 일어나고 있었다. 당시 평균 실업률이 12%, 청년 실업률이 20%에 이르러 젊은이들은 대학을 졸업하더라도 직장을 구하기가 어렵다 보니 정부에 대한 불신이 높았다.

1990년 통일 이후 13년이 경과된 시점이었지만 동서독의 경제적 불균형은 해소되지 못하여 사회적 갈등은 심각한 수준으로 치닫고 있었다. 서독 주민들은 자신들의 세금으로 동독에 매년 1,000억 달러 정도를 퍼붓고 있음에도 동독 주민들이 감사할 줄 모른다고 하고 동독 주민들은 자신들이 이류 국민으로 취급받고 있다고 하면서 통일 이전이 더 나았다고 주장하기도 했다. 동독의 변화된 상황을 보기 위하여 동독의 주요 산업지역이었던 켐니츠 지역 등을 가보니 통일전 노동자로 넘쳐났던 거리가 스산한 가운데 인적이 드문 채 곳곳의 상점 창문이 깨진 상태로 방치되어 있었다. 동서독 통합은 여전히 갈 길이 멀었다. 독일은 변화가 필요했지만, 막상 개혁을 하니 이에 대한 반감이 폭발하고 있었다. 개혁 정책의 후유증으로 2004년 각 주에서 시행된 지방선거에서 사민당 후보들은 연이어 낙선하고 2005년 총선에서 사민당은 기민당에 총리직을 내주어야 했다.

이같이 나락에 빠졌던 독일이 다시 유럽 및 세계의 중심 국가가 되었다. 이러한 변화의 배경에는 독일 지도자들의 리더십이 있었다. 슈뢰더를 이어 집권한 메르켈 총리는 슈뢰더의 정책을 배척하기는커녕 오히려 충실히 시행하여 저점에 빠진 독일경제는 반등하였다. 그녀는 16년간의 장기 집권을 한 이후 2021년 12월 정권을 물려줄 때까지 유례없는 인기를 누렸다. 독일의 성공은 메르켈 총리의 통합력에 못지않게 슈뢰더의 개혁 정책이 있었기에 가능하였다. 노동자의 권익을 향상시키기 위해 누구보다 앞장섰던 슈뢰더 총리가 노동 계층이 결사적으로 반대했던 개혁 정책을 시작하였는데 이는 기름을 안고 불 섶에 뛰어드는 것과 같았다. 그 결과 그는 정권을 내주었지만, 궁극적으로 노동자의 권익을 지켜나갔고 국가를 부흥시킨 지도자였다.

## 전후 최대 위기의 2000년대 독일, 그리고 개혁정책 '어젠다 2010'

슈뢰더는 빌리 브란트 총리 못지않은 흙수저였다. 아버지는 자신이 태어난 이후 6개월 만에 전쟁터에서 전사하여 허드렛일 하는 어머니의 보살핌으로 성장하였다. 제2차 세계대전 후 제대로 먹지 못해 말랐고 항상 배고팠지만, 학업에는 열정을 가졌다. 직업학교를 거쳐 괴팅겐 대학교에 진학하였으며, 사민당 연구재단의 장학금을 받고 공부했던 강한 의지의 젊은이였다. 그에게는 아무것도 주어지지 않아 모든 것을 스스로 만들어가야 했다. 자신의 성장 과정에서 노동자의 어려움을 누구보다 잘 알기에 노동자 권익을 증진하고자 젊어서부터 사민당원으로 활동하였다.

그는 경제적 이해 집단인 기업에 늘 비판적이었다. 기업들이 노동자의 임금을 억제하고 이윤을 목적으로 해고를 쉽게 하며, 병가 수당 등 복지 혜택을 축소하고자 하는 점을 강하게 비판하였다. 임금 억제를 주장하는 기업계의 입장을 수용하는 것은 현명한 노사정책이 될 수 없으며 노동계의 입장을 존중하는 가운데 노사정 협의를 통하여 해결책을 도출할 것을 강조하였다. 그는 공동결정제도·연대원칙·일자리를 위한 동맹·참여민주주의 사회·노동자 공동 결정 모델 등 특성을 가진 독일의 사회시장경제가 우수함을 강조해 왔다.

그러나 전후 경제 재건 이후 발전시켜 온 독일의 사회 시장경제 모델은 2000년대 들어 커다란 위기를 맞이하였다. 경제성장률은 유럽 대부분의 나라에 처지고 있었으며, 기업도산 기록이 경신되고 실업률은 위태로울 정도로 올라가고 있었다. 사회복지와 동서독 경제통합을 위해 높은 세금이 부과되어 일을 하는 것과 실업 상태에서 지원받는 것의 차이가 줄어들었다. 독일의 사회복지 제도는 전후 사회 안정과 발전을 가져왔지만 2000년대 들어 기초생활을 보장하는 공공부조가 최저임금 수준과 근접하여 노동의 인센티브가 사라졌다. 당시 독일 근로자의 노동 시간이 유럽의 노르웨이·네덜란드를 제외하고 최하 수준이었지만 노동조합은 더 줄이고자 하였다. 기업은 상승하는 임금수준과 강력한 해고 보호정책으로 신규 채용을 꺼리게 되어 청년실업이 점차 증가하였다. 게다가 통일 이후 동서독 경제를 조기에 균등화하는 정책목표에 따라 동독 근로자의 임금이 통일 후 5~6년 사이에 10~12배로 상승되었다. 생산성이 부족한 근로자의 임금 상승으로 기업의 경쟁력이 약화되어 동독 산업은 붕괴되고 대량 실업이 발생하였다. 이 결과 정부는 대규모 실업자들에 대한 지원으로 재정적자가 크게 발생하면서 이를 충당하기 위하여 국채 발행 이외에 조세 및 사회보장 기여금을 올리게 되어 악순환은 계속되었다. 독일 경제는 총체적인 부실에 직면한 상황이었고 이러한 상황이 2000년대 들어 더욱 가속화되었다.

슈뢰더는 악순환되고 있는 경제 문제를 해결하기 위한 방안으로 네덜란드의 노사정 협의 경험을 활용하고자 하였다. 네덜란드의 노사정 협의체는 소위 '네덜란드 병'이라는 국가적 위기를 해결하기 위하여 제시된 방안으로 노조는 임금 요구를 완화하여 노동시장의 유연성을 제고하는 데 일조하고, 사용자는 노동시간을 단축하도록 하였으며, 정부는 노동자 세금 부담을 하향 조정하고 비정규직 노동자의 법적 지위를 향상시켰다. 노사 간의 협의와 합의를 바탕으로 국내 소비를 진작하고 고용을 창출하며, 일자리 나누기를 하는 선순환 구조를 모색하였다. 이 정책이 성공을 거두면서 경제성장을 회복하고 일자리가 창출되어 실업률이 떨어졌으며, 인플레이션이 낮아지고 재정적자가 줄어들어 네덜란드의 기적이라고 불리었다. 당시 유럽의 문제점으로 지적되던 높은 실업률, 저성장, 노동시장의 경직성, 과도한 규제, 복지국가의 과도한 부담 등 유럽 경화증을 미국방식이 아닌 새로운 방안으로 극복하여 제3의 길을 개척하였다.

슈뢰더는 경제위기를 극복하기 위해 노사정 협의체 성격인 노동을 위한 동맹을 추진하였지만 번번이 실패하였다. 독일의 노동자와 기업은 대체로 입장이 대립되었지만, 정부의 개혁에 반대하는 것에는 의견이 일치하여 3자 협의체를 진전시켜 나갈 환경이 아니었다. 그는 노동자의 권익을 누구보다도 주장했으나 경직적인 노동환경이 지속될 경우 독일의 경쟁력이 더욱 하락하고 궁극적으로 노동자의 권익 보호에 역행한다고 느꼈다. 또한 사회의 고령화, 통일의 후유증 및 경제의 세계화라는 대내외 환경과 도전에 유연하게 대응하는 체제를 구축하지 않을 경우 노동계층의 피해가 더욱 확대될 것으로 보아 3자 협의 대신 자신이 주도하는 개혁 정책을 추진하였다.

그는 노동·사회복지제도의 근본적 변화를 추진하기 위하여 개혁이 필요하나 개혁의 결정 시점과 개혁의 성과가 가시화되는 시점의 시차가 발생하여 정치인으로서 선택하기 어렵다는 점도 충분히 인식하고 있었다. 그러나 그는 국가의 장래를 위하여 정치적인 위험을 무릅쓰고 개혁 정책인 '어젠다 2010'을 시행하였다. 이 정책은 여러 개혁 과제를 담고 있는데 그 핵심 사항은 노동시장의 개혁이다. 주요 내용은 어려운 계층의 사람들에게 실업급여와 기초생활보장비를 통합하여 최저생계비 이상으로 지원하되, 이들이 빠른 시간 내에 국가 지원에서 벗어날 수 있도록 충분히 만족하지 않아도 일자리를 수락하는 조건이 같이 부여되는 것이었다. 또한 그동안 고용되면 해고하기 어려웠으나 중소기업의 어려움을 감안하여 그 절차를 간소화하여 일정한 조건이 갖추어지면 해고를 가능하게 하여 노동의 유연성이 향상되었다.

통상 국민들은 개혁이 추상적일 경우 대체로 찬성하나, 개혁이 구체적으로 되면서 자신에게 영향을 미치게 되면 반대하는 경향을 나타내곤 한다. 실제로 '어젠다 2010' 정책을 2003년 3월 발표한 이후 2004년 1월 시행하는 시기까지 언론뿐만 아니라 자신의 지지기반인 노동 계층과 사민당 내부에서도 반대가 극심하였다. 경영자 총연합회는 방향이 맞지만 불충분하다는 입장이고 노동조합 총연맹은 강한 반대와 함께 최악의 경우 사민당과의 연대를 끊겠다고 협박하였다. 일부 사민당 의원들도 개혁안에 반대하는 캠페인을 조직하여 대규모 반대 서명운동을 전개했다. 그러나 슈뢰더는 세부 사항에 대하여 논의할 수는 있으나 기본 노선은 변경할 수 없다는 입장을 견지하였다. 그는 노동조합의 비판이 거세다는 것을 알면서도 총집회에 참석하여 정책에 대하여 설명하였다. 개혁 정책을 이행하기 위하여 당 대표직도 내려놓았고 사민당 특별전당대회를 통하여 개혁의 필요성을 강조하였다. 이 결과 사민당의 동의를 끌어냈으며 기민·기사당과의 협의를 거쳐 의회에서 개혁안을 통과시키고 2004년 1월 1일 발효시켰다.

## 기후 환경에 대응하는 에너지 정책, 인구구조 변화에 대응하는 연금 개혁

슈뢰더는 노사관계 조정 및 일자리 창출에 관련된 개혁에만 치중한 것이 아니다. 기후변화에 대응한 에너지 정책의 변환, 저출산·고령화로 인한 인구구조 변화, 통일로 인한 경제 사회적 변화 등이 상호 연관되어 있다고 판단하고 보다 거시적이고 중장기적인 전략으로 사회문제에 접근하였다. 그는 기후변화라는 세계적 도전에 대응하여 선진국이 먼저 책임을 지고 온실가스 감축 약속 의무를 이행하여야 한다고 보았다. 그는 이를 위해 국내적으로 환경세를 도입하여 에너지를 절약하는 방향으로 사회 분위기를 유도하였으며, 기업들의 에너지 절약 신기술 개발과 재생에너지원 발전을 도모하여 독일이 그 선두 주자가 되도록 하였다. 재생에너지 부문에 대하여 지속적인 투자를 통해 비중을 늘리면서 온실가스 배출을 감소해 나가는 방향으로 끌어나갔다. 전력 생산에서 원자력 비중을 줄이면서 핵폐기물을 러시아에서 처리하는 방안도 강구해 나갔다.

슈뢰더와 메르켈은 재생에너지에 대한 투자, 천연가스 수입선 확보, 국내 전력 요금의 상승 등 에너지 절약 및 전환 방안에 대해서는 입장을 같이 하였다. 다만 메르켈 총리는 원자력을 일정부분 유지하려고 했으나 2011년 후쿠시마 원전 사고 이후 국민적 합의를 거쳐 2022년까지 모든 원자로를 폐기하였다. 또한 전력의 절약을 위하여 전력 요금을 인상해 나갔는데 2000~2018년까지 가정의 전기요금이 3.3배 수준으로 올라 선진국 가운데 최고 수준에 이르렀지만, 국민들은 친환경 정책에 부응하기 위하여 이를 수용했다. 에너지 전환 정책이 성공하였는지 여부를 판단하기 위해 에너지 사용 지표를 보면 2008~2018년간 지속적으로 경제성장을 이루면서도 오히려 독일 전체 및 1인당 에너지 사용이 10% 정도 줄었다.

슈뢰더는 재생에너지 비중을 확대한다고 하여도 에너지원 확보에 취약성이 있어 천연가스를 확보하여 약점을 보완하였다. 이를 위해 러시아와의 협력을 중요시하였는데 독일기업이 러시아 에너지 채굴에 참여하도록 하였으며 총리직을 마친 이후 독일·러시아 합작회사인 북유럽 가스관 사업의 주주위원회 의장을 수락하였다. 그러나 슈뢰더가 주장하는 러시아와의 에너지 협력에 대해 독일 내 그리고 유럽 일부 국가들은 에너지를 정치화할 가능성이 있는 러시아에 독일이 너무 경도되는 경향에 대해서 그의 재임 시절부터 비판이 있었다. 특히 2022년 러시아의 우크라이나 침공 이후 러시아에 의존한 독일 에너지 정책의 취약성이 현실화되자 슈뢰더 및 후임 총리인 메르켈에 대한 비판적 시각이 점증하고 있다.

슈뢰더는 또한 인구구조의 변화에 따른 연금 개혁을 추진하였다. 고령화 추세와 함께 구동독 주민에게 연금을 지급하게 되면서 연금보험의 재정적자가 악화되어 갔다. 그동안 근로자와 기업이 납부한 보험 분담금으로 연금보험이 유지되었지만, 인구 변화로 사회보장 보험에 가입한 근로자의 수가 감소하는 추세였다. 아울러 근로자의 고용 기간도 예전의 장기 고용에서 수시로 직장을 옮기는 형태로 변화하게 되면서 적립하는 보험금액도 감소하는 경향이었다. 또한 기대수명과 연금 수령 기간이 증가하여 기존의 연금 체계로는 감당하기 어려운 상황이 되었다. 이에 따라 사회와 국가가 제공하는 사회보장 이외에 개인별로 노후에 대비하는 개인의 자기 책임을 강화하도록 하는 연금 개혁을 제시하였다. 이에 대하여 기민·기사당뿐만 아니라 사회보장 혜택을 당연시했던 노조의 반대도 심했지만, 의회에서 약간의 수정을 통하여 연금개혁안을 통과시켰다.

### 실종된 정책에서 벗어나 지도자의 통찰력으로 개혁이 필요하다

슈뢰더는 전후 최대의 경제위기 상황에서 국내외 흐름을 냉철하게 인식한 가운데 지지 계층의 상당한 반대에도 불구하고 '어젠다 2010'이라는 개혁 방안을 제시하고 이행하였다. 또한 기후변화에 선도적으로 대응하기 위하여 에너지원을 재생에너지 중심으로 전환하고 러시아로부터의 가스 도입선을 확보하였으며 전기요금 인상을 통해 국민들이 에너지 절약에 체화되도록 하였다. 국민들에게 일정 기간 어려움을 주는 개혁을 택하였기에 슈뢰더와 사민당은 지방선거와 총선에 패배하면서 정권을 내주어야 했다. 그러나 그 성과가 서서히 나타나면서 제조업이 활기를 띠는 가운데 고용이 활발해지고 동서독 지역 간의 격차가 거의 없어졌으며 기후변화에 선도적으로 대응하는 국가로 거듭났다. 개혁 이후 독일은 유럽의 엔진이 되었을 뿐만 아니라 세계의 지도 국가로 우뚝 섰다. 그러나 러시아·우크라이나 전쟁 이후 가스 공급에 차질이 생기고, 노르트스트림2 가스전을 둘러싸고 푸틴과 슈뢰더의 밀착 관계에 대한 의구심도 제기되면서 슈뢰더에 대한 비판도 점차 증가하고 있다.

이러한 독일의 변화는 우리에게 시사하는 바가 크다. 발전된 독일만을 주목할 것이 아니라 최저점의 독일 상황과 고통스러웠던 개혁의 과정, 그리고 최근의 경제 현황을 동시에 바라보아야 의미가 있다. 우리의 상황도 2005년 독일의 상황과 같이 사회적 구조변화가 요구되고 있다. 저출산·고령화의 인구구조, 재생에너지 및 원자력 에너지 등 에너지 구조 변화, 러시아·우크라이나 전쟁, 미·중 갈등으로 인한 불확실성은 우리의 지속적인 발전에 부정적이다. 이에 더하여 국내적으로 우리의 노동 구조는 점차 경직화되어 가고 있으며, 연금·교육·의료 개혁은 진전되고 있지 못한 상황이다. 정치 지도자들은 국가 경쟁력을 위하여 개혁해 나가야 함에도 여론의 반대를 의식하여 변화를 시도조차 하지 못하고 있다. 투자의 주체인 기업에 대한 부담이 증가되고 있어 일자리를 창출하는 것이 점점 더 어려워지고 있다. 반면 안전한 일터에 보금자리를 튼 부모 세대와 노동자 계층은 수시로 데모하면서 더 높은 임금·후생 복지를 계속 요구하고 있는 가운데 우리들의 자녀들은 점점 더 직업전선에 뛰어드는 것이 어려워지고 있다. 신규로 진입하는 젊은이들에게 일자리를 창출하여 제공할 수 있도록 노조 및 경영계를 설득해 나가고 환경을 조성해 나가야 함에도 주저하고 있다.

베를린에 부임한 직후 독일인들이 얼마나 에너지를 아끼는지를 실감하였다. 거의 모든 사람이 환경보존을 위하여 전기를 아끼면서 에너지 절약에 동참하고 있었다. 이 결과 탄소 배출량은 줄어들고 재생에너지가 발전의 주요 동력이 되었다. 그럼에도 탄소 에너지에서 재생 에너지로 전환하기 위하여 러시아 가스를 추가 도입하고 원자로를 폐쇄하였는데 러시아·우크라이나 전쟁으로 가스 도입에 차질이 생기면서 전기 요금의 급격한 상승으로 경제가 휘청거리고 있다.

우리도 한때는 탄소중립의 슬로건을 내세우고 재생 에너지를 주 에너지원으로 가겠다는 목표를 내세워 원자로를 무리하게 폐쇄하는 정책을 시행하였지만 비현실적인 정책으로 현재까지 에너지 전환에 어려움을 겪고 있다. 에너지 전환 과정에서 천연가스 도입이 증가하면서 전력원가가 상승하였으나 여론을 의식하여 전기요금을 동결해 왔고, 그 결과 우량기업이던 한국전력의 상황은 악화되었다. 탄소 절감과 환경 보호를 위해 기업의 ESG(환경·책임·투명경영), 정부의 원자력·석탄발전소 폐기 등 방안을 논할 뿐 정작 국민들이 어느 정도 불편함을 감수하면서 환경을 보호하도록 유도하는 정책은 보이지가 않았다. 방송마다 도저히 다소화하지 못할 정도의 넘쳐나는 밥상을 소개하는 먹방이 인기를 얻고 있고, 가계 전기요금을 2000년 수준 그대로 동결하였다가 최근 약간 올리는 정도다. 전기요금이 원가에 못 미칠 정도로 싸니 집집마다 부담을 가지지 않고 전기를 과소비한다. 정부는 탄소중립을 선도하겠다고 하지만 지난 10여 년간 선진국 대부분이 에너지 사용과 탄소 배출이 줄어든 반면 우리는 중국과 함께 오히려 증가하였다.

 국가경쟁력을 위하여 자신의 임기에 정권을 내줄 정도로 힘겨운 개혁을 시행한 슈뢰더 총리, 그리고 이를 계승하여 일관성 있게 발전시켜 나간 메르켈 총리의 리더십을 지켜보면서 뚜렷한 방향 설정 없이 국정을 운영하는 우리의 지도자들과 대비되어 씁쓸하다. 성과를 내기 어렵거나 실현될 가능성이 미약한 정부의 정책을 보면서 동서양에서 회자되는 고진감래苦盡甘來 또는 희생 없이 성과 없다(No Pain, No Gain)라는 어귀가 문득 떠오른다. 지도자는 수시로 변하는 여론이 아니라 임기를 마친 이후에 서서히 나타나는 성과로 평가된다는 것을 냉정하게 인식하여야 한다.

# IX. 앙겔라 메르켈 총리 (독일)

유럽의 병자라고 비판받던 독일이 유럽의 대들보로 거듭났다.

리더십의 위기와 함께 국내 정치가 혼란스러워지고 국제사회에서 한국의 위치가 흔들리고 있다. 2005년 독일도 경제 상황이 어려웠고 국내적으로 보수·진보 진영 간, 동서독 주민 간의 갈등이 심했다. 이러한 상황에서 기민당의 여성 정치인, 메르켈이 집권하였다. 그녀는 동독 출신으로서, 역대 독일 총리 가운데 51세의 최연소 나이에 집권하여 동서독 갈등을 봉합하고 지속적인 경제 성장을 이루었으며 국제사회에서 독일의 위상을 높였다.

2000년대 중반 슈뢰더의 퇴장과 메르켈의 등장 시기에 독일에 근무하면서 두 지도자에 대하여 유의 깊게 관찰하고 독일을 떠난 이후에도 독일 사회의 위기와 변혁 그리고 유럽의 지도 국가로 변모하는 모습을 쭉 관찰하였다. 독일이 국가 위기를 슬기롭게 극복하고 국가 경제를 회복한 이후 줄곧 성장할 수 있었던 것은 메르켈 총리라는 뛰어난 지도자가 있었기 때문이다. 그녀는 집권 이후 16년간의 통치를 마치고 2021년 12월 퇴임하였는데 독일 정치사에서 헬무트 콜 총리와 함께 가장 오랫동안 집권한 지도자이다.

## 독일이 유럽의 중심에 서도록 이끌다

2005년 메르켈 내각이 출범할 당시 그녀가 장기간 집권하리라 예상한 정치평론가는 거의 없었다. 총선에서 보수 성격의 기민·기사당이 가까스로 승리하였고, 남성 위주의 독일 정치 상황에서 동독 출신인데 더하여 최초의 여성 총리라는 한계가 있을 것이라는 편견도 있었다. 게다가 2005년 9월 총선 이후 2개월간의 어려운 협상 끝에 11월에야 메르켈 정부가 출범할 수 있었다. 독일은 다당제 정당 체제로서 초대 아데나워 총리부터 지금까지 연합 정부를 구성하는 것이 통상적이다. 메르켈 기민당 당수는 연정 상대로 군소정당이 아니라 최대 진보 정당인 사민당과 대연정 정부를 구성하였기에 그녀의 정책적 횡보가 폭넓을 수 없었다. 1966년 키징어의 기민당과 브란트의 사민당이 참여했던 대연정의 사례가 있었지만, 40여 년 만에 대연정을 구성한 메르켈 정부는 얼음 위를 걷는 듯 큰 우려 속에 출범했고 주도적으로 국정을 운영하기보다 타협과 양보를 통하여 운영해야 했다.

그뿐만 아니라 당시 경제는 어려웠는데 동서독 통일의 후유증이 오래 지속되면서 독일의 실업률은 12%에 이를 정도로 높았다. 기업은 해외로 빠져나가고 있었고, 청년 실업은 20%에 육박하였으며, 동서독 주민 간 경제적 차이도 줄어들지 않아 사회적 갈등도 깊었다. 다만 다행스러운 요인은 슈뢰더 전임 총리가 고용의 유연성을 제고시키는 어젠다 2010 개혁 정책을 채택하여 경제가 탄력적으로 전환할 여건이 조성되었던 점이었다.

그녀가 통치한 16년 동안 독일은 어떻게 변화하였는가? 메르켈 총리는 4차례 정부를 구성한 가운데 3차례를 사민당과 대연정을 하였는데, 확고한 지도력으로 비교적 자신의 방향에 따라 국정을 안정적으로 운영하였다. 제조업과 수출에 기반한 독일의 경제는 완전 고용에 이를 정도가 되어 해외 산업인력을 도입할 수준이 되기도 했다. 경쟁력이 높은 제조업 기반 하의 기술 강국으로서 디지털 혁명을 가져오는 4차 산업혁명을 선도하고, 신재생 에너지로의 전환을 가속하여 기후변화에 적극 대응하는 국가가 되었다.

대외적으로도 독일은 유럽정치 경제의 주도적인 국가가 되었는데, 유럽 전체를 휩쓰는 위기가 연이어 발생할 때마다 메르켈 총리의 지도력으로 극복할 수 있었기 때문이다. 2005년 유럽연합의 재정 협상, 2008년 미국발 세계 금융위기, 2009년 이후 수년간 지속되었던 그리스의 재정위기 및 유로화 위기, 2014년 러시아의 크림반도 점령, 2015년 시리아 난민의 유럽 대거 유입, 2019년 이후 코로나바이러스 등 주요 위기 때마다 메르켈 총리의 독일이 문제 해결의 중심이 되었다.

## 유럽 통합과 발전 과정에서 메르켈의 노력이 빛을 발하다

메르켈 총리가 집권한 당시 독일의 국내외 상황은 순탄하지 않았다. 국내 경제에서는 전후 60년 만에 500만 명이 넘는 최대의 실업자를 기록하고 수년간 낮은 성장으로 활기를 잃어가는 가운데 대외적으로 이라크 전을 둘러싸고 동맹국이었던 미국과의 갈등이 점증되고 있었다. 유럽연합의 통합 과정도 표류하는 상태이었는데 그의 리더십은 집권 직후 유럽연합을 이끌어 가는 데서 나타나기 시작하였다. 유럽의 분열과 대립, 국내의 연정 구성 후 정부 출범 등 어려운 상황에서도 치밀한 성향의 메르켈 총리는 집권후 처음 참석한 2005년 12월 유럽연합 정상회담에서 독일이 추가로 예산을 부담하고 영국과 프랑스 간의 갈등을 중재하였다. 이 결과 극심한 이견을 보였던 유럽연합 예산 및 농업보조금 문제에서 타협을 극적으로 이루어내었다.

  메르켈이 취임한 당시 영국이 순회 의장직을 맡았는데 유럽 연합은 2007~2013년 예산 및 농업보조금 문제, 공동 헌법 채택 등을 둘러싸고 극심한 분열상을 보였다. 유럽 예산 채택과정에서 프랑스와 독일은 영국에 대한 재정 분담금 환불액 폐지를 주장한 반면, 영국은 프랑스에 대한 농업보조금 폐지를 주장하면서 상호 불신이 증대되었다. 급기야 사회보장이 토대가 되어 있는 프랑스 및 독일의 사회시장경제 제도와 자유 경쟁을 근간으로 하는 영국 자본주의 제도의 취약점을 상호 지적하는 정도로 비화되었다.

  프랑스와 독일은 유럽연합을 지속적으로 통합, 발전시키기 위한 전략으로 지스카르 데스탱 전 대통령이 내놓은 유럽 헌법을 통하여 정치적 통합을 확대하고, 발칸 국가 및 튀르키예의 가입을 통하여 유럽연합의 외연을 확대하며, 유럽의 경제 환경을 변화시키고자 하는 리스본 전략으로 경쟁력을 강화하고자 하였다. 그러나 유럽연합의 창설국가이면서 유럽 헌법을 제안하였던 프랑스뿐만 아니라 네덜란드도 2005년 국민투표에서 이 헌법안을 반대하여 좌초되었다. 이에 따라 헌법안 채택 논의가 중단되고 신규 회원국의 가입 협상이 지연되었으며 2010년까지 유럽을 가장 경쟁력 있는 지역으로 하겠다는 장밋빛의 리스본 성장 전략도 차질이 생기게 되었다. 나아가 폴란드·네덜란드 등 중소국가들은 독일과 프랑스가 유럽연합 정책을 만들고 자신들은 추인만 하는 의사 결정 방식에 대한 불신감을 강하게 표현하기도 하였다.

또한 독일이 유럽통합 과정에 지속적으로 참여하고 있었지만, 서유럽 국가들은 여전히 독일에 대한 경계심이 있었으며 전후 유럽의 구도는 주로 프랑스 주도로 이루어져 왔다. 제2차 세계대전 이후 독일을 군사적으로 견제하기 위하여 1952년 유럽석탄철강공동체를 만들었고, 통일 독일을 경제적으로 견제하기 위하여 1989년 미테랑 프랑스 대통령 주도로 유럽통화동맹(EMU)을 구상하여 유럽단일통화인 유로화를 탄생시켰다. 독일이 통일의 여파로 1990년대 말~2000년대 초 경제적으로 어려움을 겪고 있을 때 유럽 국가들은 독일이 재부상하기 어렵다는 점에 안도하면서 독일을 유럽의 병자라고 비판하기도 하였다. 그렇다고 하여 프랑스가 유럽연합의 통합에 중추적인 역할을 한 것도 아니었다.

이러한 상황에서 2007년 상반기 순회의장국을 맡은 메르켈 총리는 2년 전 거부되었던 유럽 헌법의 내용을 거의 그대로 되살리는 가운데 사르코지 대통령이 제안한 대로 국민투표가 필요하지 않는 미니 조약 형태의 개정 조약(리스본 조약) 합의를 끌어내 유럽의 통합 과정을 재가동시켰다. 유럽연합 내에 정상회의 상임의장(대통령에 해당)과 외교안보정책고위대표(외무장관에 해당)직을 신설하여 유럽 전체를 대표하고 이중다수결제 투표를 도입하는 등 의사결정과정을 효율화하여 경제공동체로서의 유럽연합이 거대 유럽합중국으로서의 정치공동체로 발전하는 커다란 걸음을 내디디게 되었다.

2005년 유럽통합 과정이 좌초되었을 때 비관적인 의견이 지배하였음에도 일부 낙관론자들은 1957년 이후 40여 년간 통합 과정에서 여러 차례 어려움을 극복하였던 전례를 감안하여 어느 시점에서 탁월한 지도자의 중재로 난관을 헤쳐 나갈 것이라는 막연한 희망을 제기한 바 있다. 이 낙관론을 현실화한 것이 메르켈 총리였으며 그녀의 뛰어난 외교력을 통하여 유럽통합의 또 다른 전기를 마련하게 되었다. 리스본 조약 합의안의 도출은 독일 외교의 승리이었다. 독일은 1990년 냉전 구도가 와해되는 등 국제 환경의 급격한 변화가 있기는 하였지만 미국을 제외한 소련·프랑스·영국이 반대하여 재통일되리라고 전혀 예상되지 않았던 가운데도 콜 총리의 외교력으로 통일을 일구어낸바 있다. 실타래처럼 엉켜 있는 국제 현안을 해결하는 실마리는 외교력인 것을 메르켈 총리가 다시금 보여주었다.

메르켈의 독일은 2020년 상반기에 다시 순회의장국이 되었다. 그녀는 중국이 세계 경제에 많은 영향을 미치는 상황으로 변한 반면, 트럼프 대통령 1기의 미국과 협력에 한계를 직시하였다. 이에 중국과 유럽연합과의 건전한 관계 재설정이 필요하다는 판단 하에 오랜 기간 협의해 온 유럽과 중국 간의 투자 협정을 타결시켰다. 협상 과정에서 중국도 트럼프 이후 민주당의 바이든 대통령이 취임할 경우 미국과 유럽이 다시 협력하여 중국에 더 높은 압력을 행사할 가능성을 우려하여 협상 타결에 적극적이었다. 메르켈은 이러한 중국의 입장을 간파하여 유럽의 요구사항을 적극 제기하였으며 이 결과 투자 부문뿐만 아니라 기후환경·인권·디지털 및 첨단기술 분야에서 유럽연합의 입장이 중국과의 협상에서 상당수 반영되었다. 특히 투자 협정을 통하여 중국 시장에서 유럽 기업들이 투명한 가운데 공정한 대우를 받도록 하고 노동권에 대한 약속을 이행하도록 하였다. 유럽연합의 일부 회원국들은 중국에 대한 우려를 나타냈지만, 메르켈은 협상에 합의할 경우 공정한 가운데 중국 시장 진출이 이루어질 수 있는 계기가 될 것이라고 설득하여 합의를 도출해 내었다.

## 메르켈 리더십 특징과 난민 수용

메르켈 총리가 국내외적인 위기 가운데서도 절대적인 지지를 얻을 수 있었던 데에는 어떤 리더십이 있었을까? 먼저 과학자였던 자신의 경험과 전문성을 살려 어떠한 위기 상황에서도 현실을 냉정하게 분석한 이후, 정책을 입안하고 시행하는 점이다. 특히 중요한 사안의 경우 미세한 부분까지 확인하는 가운데 어려운 상황을 돌파하는 능력을 보였는데 코로나바이러스가 창궐하기 시작하던 2020년 3월, 그녀의 대국민 연설에서도 나타난다. 메르켈 총리는 코로나바이러스가 제2차 세계대전 후 가장 심각한 위기 상황임을 지적하고 정부가 대처하고 있는 일을 설명하면서 국민들에게 협조를 요청하였다. 전문가들은 그녀의 연설이 코로나와 관련하여 국민에게 보낸 가장 뛰어난 메시지였다고 평가하였는데, 당시 보리스 존슨 영국 총리가 갈피를 잡지 못하고 엄중한 사실을 가볍게 여기던 태도와 비견되었다.

둘째 정책을 이행하는 데 있어 실용적인 측면에서 유연성 있게 정책을 집행하였으며 필요한 경우 정책 방향을 시정하였다. 과학을 신뢰하여 원자력을 지속적으로 활용하고자 하였으나 2011년 일본 후쿠시마 원전 사고 이후 원자력에 대한 반대 여론을 수용하여 원자로를 점진적으로 폐쇄하는 결정을 내렸다. 그럼에도 나타난 성과가 반드시 긍정적인 것은 아니다. 전기 관련 비용이 급격히 상승하여 15여 년이 되어가는 현재 시점에서 독일 경제 하락의 원인이 되었으며 원자력의 점진적인 폐기로 석탄의 사용이 증가하여 이산화탄소 배출이 증가하였다. 또한 부족한 에너지원을 천연가스로 보완하고자 러시아 가스를 확대하여 도입하면서 에너지 수입원 다변화에 실패한 측면도 있다. 이러한 점에 대하여 유럽 각국은 러시아의 영향에서 벗어나고자 하는 유럽 전체의 이해를 도외시하고 독일이 자국의 이해만을 챙기고 있다는 비판도 제기하고 있다.

셋째, 경제정책의 건전성과 일관성을 유지하였다. 2009년 그리스의 재정위기가 발생하였을 때 그리스에 대한 구제금융 지원에 대하여 유럽 각국의 의견이 분분하고 독일 국내 여론도 그리스에 대한 지원에 반대하는 상황이었다. 이 결과 유로화가 위기에 봉착하고 유럽연합의 와해 가능성이 제기되었다. 메르켈 총리는 개혁이 없으면 금융지원이 불가하다는 강한 입장을 견지하여 그리스의 변화를 유도하면서도, 세계금융은행(IMF)과 유럽중앙은행 등의 참여를 유도하여 그리스에 금융 구제기금을 제공하였다. 이를 통하여 유럽연합의 결속성을 유지하면서 유로화를 지켜낸 것으로 평가받고 있다. 또한 코로나바이러스 확산이라는 전 세계적 위기 상황에 대응하여 유럽 팬데믹 회복기금을 주도하는 등 유럽의 경제 활력을 불어넣는데 기여하였다. 그러나 경제적으로 어려움을 겪는 유럽 국가들은 독일이 주변국에 대한 수출을 통하여 통일 후유증을 극복하고 성장하였으면서도 유럽 전체의 발전에 기여하는 것에는 인색하다는 비판을 멈추지 않았다.

넷째, 총리 자신에 대한 지지 하락을 감수하고 세계 보편적인 가치를 실현하여 국가적 위상과 품격을 격상시켰다. 메르켈의 리더십은 시리아 난민 문제에 대응하고 처리하는 방안에서 돋보였다. 2015년 시리아 난민 유입에 대하여 여러 유럽 국가가 국경을 차단하는 등 비인도적인 조처를 한데 반하여 메르켈 총리는 국내외의 거친 반대에도 불구하고 100만 여명의 중동 난민을 수용하였다. 난민 문제는 메르켈 총리의 지지기반을 크게 흔들 정도로 커다란 충격이었으며, 극우 보수 성격의 '독일을 위한 대안 정당(AfD)'이 의회 내에서 세력이 점차 확장하는 결과를 가져왔다.

게다가 비판을 무릅쓰고 수용한 난민이 독일 여성에 대하여 성추행하고, 회교도 테러리스트의 테러가 일어나 여론이 악화되었다. 난민 수용에 대하여 자매정당인 기사당 총재도 메르켈 총리를 비판하였으며, 그녀에 대한 국민의 지지도가 크게 하락하였다. 나아가 독일이 난민을 수용한 이유가 인도주의적 고려에서가 아니라, 베이비 붐 세대가 은퇴하면서 산업기술 인력이 부족하게 되자 이를 메꾸기 위한 경제적인 이기심에 있다는 비판도 제기되었다.

이러한 비판에 대응하여 메르켈 총리는 나치가 인류에 대하여 저질렀던 죄로 말미암아 많은 유럽인들이 고향을 떠나 다른 나라에서 유랑하게 했으며 이러한 독일의 뼈아픈 과거를 잊지 말고, 책임을 져야 한다는 입장을 견지하였다. 또한 자신이 동독에서 자라면서 자유를 빼앗겼던 경험에서 자유가 얼마나 소중한지 인식하고, 자유를 찾아 억압된 나라를 탈출한 난민들을 도와야 한다는 확고한 신념을 가지고 있었다. 어려운 상황에 처한 난민을 독일이 수용해야 하며 국제사회와 공조하여 이들을 지원하는 것이 독일의 위상을 높이는 것이라고 국민들을 설득해 나갔다. 이 결과 국내에서 문화와 종교가 다른 사람들을 포용하는 개방적인 사회 분위기가 형성되고, 국제사회에서는 독일뿐만 아니라 유럽 전체가 인권을 중요시한다는 인상도 심어주면서 유럽의 위상도 높아지게 되었다.

독일을 연구하는 어느 전문가는 메르켈 총리를 단거리 선수가 아니라 먼 안목을 가지고 꾸준하게 뛰는 장거리 선수라고 비유하면서 그녀의 통치 성과를 연속성(continuity)과 안정성(stability)로 규정하였다. 전임 총리들이 이룬 성과를 바탕으로 하여 그 효과를 확대해 나가는 등 연속성을 유지하는 가운데, 국내외적으로 일어나는 위기를 유럽공동체와 협력하면서 극복해 나가 안정성을 유지하고 역동적인 유럽을 만든 것으로 평가한다.

정책의 연속성은 메르켈 총리의 장점이자 성공 요인이다. 그녀의 성공은 경쟁 세력이었던 슈뢰더 총리의 노동개혁이 없었거나 그의 정책을 승계하지 않았으면 불가능하였다. 독일이 유럽의 견인차가 될 수 있었던 것은 슈뢰더 전임 총리가 '어젠더 2010'의 노동개혁 정책으로 꽉 막힌 문제를 뚫고 메르켈 총리가 이 정책을 일관성 있게 추진하였기에 가능하였다. 슈뢰더 총리는 개혁 정책의 후유증으로 2004~2005년간 여러 지방선거에서 자신이 속한 사민당 후보들이 연이어서 지고, 그 역시 2005년 총선에서 패배하여 메르켈 총리에게 정권을 내주어야 했다. 그러나 그의 개혁 정책 효과가 서서히 나타나면서 1990년 통일 이후 나락으로 빠져들던 독일 경제가 메르켈 총리가 집권하던 2006년부터 반등하기 시작하여 강한 독일을 만들 수 있었다. 5년마다 전임 정권이 시행한 모든 정책을 비판하고 단절시키는 것이 유능한 지도력으로 인식되고 있는 우리에게 정책의 연속성이 얼마나 중요한가를 일깨워준다. 지도자가 정치적인 반대 세력과도 협력하면서 국가를 위하여 용기 있게 무엇을 해야 하는 가를 알려주는 교훈이다.

## 세계의 지도국가로 독일의 위상을 높이다

지도자의 역할과 관련하여 메르켈 총리는 전후 독일의 전통을 굵직하게 이어갔다. 제2차 세계대전 후 독일은 아데나워·브란트·콜·슈뢰더 총리 등 뛰어난 지도자가 있었기에 분단 및 통일의 거친 파고를 잘 넘었다. 아데나워 총리의 자유를 확보하기 위한 친서방 정책, 브란트 총리의 평화를 향한 동유럽 및 소련과의 동방정책, 콜 총리의 독일이 주도하는 동서독 재통일, 슈뢰더 총리의 개혁을 통한 통일 후유증 극복 등이 그들의 뚜렷한 성과이었다. 이러한 바탕 위에 메르켈은 독일을 다시 한번 유럽의 지도국가로 우뚝 세웠다. 이전의 지도자들이 전후 전범 국가에서 유럽의 일원이 되는 데 초점을 맞추고 통일을 이룬 이후 독일 내부의 갈등을 해결해 나가는 데 주력해야 했다면, 메르켈 총리는 독일을 유럽뿐만 아니라 세계 문제를 해결하는 국가의 반열로 올려놓았다.

러시아가 2014년 우크라이나를 침공하고 크림반도를 점령하여 모든 국가들이 어찌할 바를 모르고 있을 때 독일이 주도하여 러시아를 G8

회의 일원에서 축출하여 책임을 물었다. 달라이 라마의 초청, 중국의 위구르계 탄압 및 홍콩 민주인사 진압 비판, 화웨이 기업에 대한 제재 등 인권 문제 및 미·중 갈등에서는 미국과의 관계를 보다 중요시하였다. 그렇다고 하여 러시아와 중국과의 관계를 긴장으로까지 몰고 가지 않았다. 러시아의 크림반도 점령 이후 유럽연합의 러시아 제재에 독일이 참여하였지만 독일의 에너지원 확보에 필요한 러시아 가즈프롬의 독일 가스 공급사업(노르트스트림 2)을 중단하지 않았다. 독일은 중국의 급부상하는 경제력을 유럽연합 발전에 활용하기 위하여 EU 의장국 역할을 하는 동안 오랫동안 현안인 중국-EU 간의 투자협정을 계속 추진하여 타결하였다. 독일은 미국과의 협력이 중요하지만, 동시에 중국과의 무역, 러시아와의 에너지 협력도 필요하다는 인식하에 러시아와 중국을 강하게 압박하지 않으면서도 이들 국가와의 교섭에서 독일 및 유럽연합의 입장이 반영되도록 하였다.

국제관계에서 신뢰감을 주는 리더십은 그녀의 탁월한 장점이었다. 메르켈 총리는 여러 차례 유럽의 위기를 주도적으로 수습하였을 뿐만 아니라, 미국의 여러 대통령과 독일의 입장을 견지하면서 신뢰 관계를 구축해 나갔다. 우크라이나·조지아에 나토 회원국 지위를 제의한 미국의 제안을 메르켈 총리가 반대하였음에도 불구하고, 부시(43대) 대통령은 그녀를 텍사스 개인 목장으로 초청해 친밀감을 표현했다. 오바마 대통령은 모든 국제 사안에 대하여 알고 싶은 것이 있으면 메르켈에게 물어볼 것이라고 언급한 바 있다. 트럼프 대통령 1기 시절 미국과 유럽 간의 관계는 제2차 세계대전 이후 가장 저점으로 추락하여 위기 상황이었다. 메르켈은 미국의 헤게모니가 끝났다고 판단하여 워싱턴의 도움 없이 유럽이 서로 단결하여 국제적 위기를 헤쳐 나가도록 외교를 전개하였으며 미국과의 관계에서 유럽이 종속적이지 않겠다는 입장을 분명히 하였다.

바이든 대통령은 메르켈 총리를 신뢰하였고 나락으로 떨어진 대서양 협력 관계를 복원하기 위하여 유럽 정상 가운데 그녀를 가장 먼저 공식 초청하여 미국과 독일 관계뿐만 아니라 유럽과의 협력 및 중국·러시아·우크라이나·나토 등 민감한 국제 사안을 긴밀하게 논의하였다. 2021년 7월 미·독 정상회담에서 논의된 사항을 보면 독일을 통한 러시아 천연가스 도입의 문제점, 유럽의 안보비용 부담 증가, 미·중 갈등 가운데 중국에 대한 압력에의 독일 참여 등 양측 간에 상당한 이견이 있는 사안이었다. 양국 정상이 한 차례 회담을 통하여 합의를 도출하기에는 무리가 있었음에도 바이든 대통령은 '의견이 다른 사안에 대하여 같이 협력하면서 실행할 수 있는 현실적인 방안을 찾아 나갈 것이다. 좋은 친구 간에는 의견이 다를 수 있다(Good friends can disagree)'라고 정상회담을 평가한 점에서 상호 신뢰성을 엿볼 수 있다. 우리가 한일 및 한중 관계를 어떻게 풀어나갈 것인가에 대한 교훈을 준다고 할 수 있다.

메르켈은 동독에서 성장하였기에 러시아의 푸틴 성향에 대하여 누구보다도 잘 이해하고 있었다. 스탈린을 롤 모델로 삼는 권위주의적 지도자인 푸틴은 회동에 의도적으로 늦거나 메르켈이 싫어하는 개를 회동 기회에 풀어 놓는 등 비외교적인 방식으로 기회가 있을 때마다 그녀를 무너트리려 하였다. 하지만 메르켈은 이를 의도적으로 무시하여 푸틴은 번번이 실패하였다. 러시아 출신 인사들이 여러 차례 암살되는 사건이 발생한 데 대해서는 유럽의 단결을 통하여 푸틴의 인권침해를 규탄하여 러시아로서는 그녀가 힘겨운 상대였다. 그럼에도 메르켈은 국내 기업 및 일자리 문제 등으로 러시아에서 천연가스를 도입하는 노르트스트림 2 파이프라인 프로젝트를 취소하지 않는 등 독일 우선주의 내지 실용적 정책을 계속 유지하였다.

또한 경제력 및 핵심 기술개발 측면에서 미국과 경쟁할 정도로 성장한 중국의 중요성을 인식하여 매년 북경을 찾아 중국 지도자들과 관계를 돈독히 하였다. 정상회담에서 인권 문제 등 중국이 민감하게 생각하는 사안을 제기하여 기대한 성과를 거두지 못하는 경우도 발생하였다. 그럼에도 임기 내내 중국의 성장과 인공지능 분야 등 발전에 항상 염두에 두면서 정부 차원에서 독일 기업의 중국 시장 진출을 지원하는 등 실용적인 정책을 견지하였다.

## 메르켈 리더십의 명과 암

11여 년 집권한 영국의 대처 수상은 지지도의 급락으로 1990년 임기를 마치지 못하고 자진 사퇴하였지만, 지금까지도 그녀의 경제정책 방향은 영향을 미치고 있다. 이에 반하여 메르켈 총리는 16년간 높은 지지를 얻는 가운데 4차례나 재선되어 성공적으로 임기를 마쳤지만, 그녀의 성과에 대한 비판이 제기되고 있다. 이는 코로나바이러스 위기 이후 유럽 대부분의 국가가 경제회복 조짐을 보이고 있으나 독일은 경제가 곤두박질치고 있기 때문이다. 2023~2024년 독일의 경제성장률은 1% 미만이고, 산업생산력·투자는 축소되고 있으며, 노동임금·물가 등이 점증

추세이어서 경기침체 성향을 보인다. 메르켈 총리 집권 기간 중 견실한 성장을 보였던 경제가 2021년 12월 집권한 올라프 숄츠 총리의 집권 기간 내내 하락세를 보였다. 나아가 숄츠 내각의 각료 간에 재정지출 확대를 통한 경기부양책에 대하여 심각한 이견을 보이면서 연정이 붕괴되었으며 정책 방향도 상실되었다.

이는 숄츠 총리의 리더십에 문제가 있으나, 이와 함께 메르켈 총리 집권 기간 중 개혁을 통한 경쟁력 제고에 실패했기 때문이라는 비판이 강하게 제기되고 있다. 독일 자체의 경쟁력을 확보하지 못한 가운데 미국에 안보를, 중국에 수출을, 러시아에 에너지를 의존했던 대외 상황이 변하면서 독일의 경제가 무너져 2000년대 초반과 같이 다시금 유럽의 경제적 병자로 환원하고 있다는 주장이다. 2011년 후쿠시마 원전 사고 이후 성급하게 원자력 발전소를 폐쇄하는 정책을 시행하였고, 2014년 러시아의 크림반도 점령 이후 국제적인 경제제재 가운데서도 러시아 가스 파이프 라인을 허가하여 에너지원 다변화에도 실패하였다. 이러한 결과 2022년 러시아의 우크라이나 침공 이후 유럽의 대 러시아 경제제재에 궤를 같이하면서 러시아로부터 에너지 수입이 급감하였다. 이에 국내 에너지 가격이 급등하게 되어 독일 경제의 기반으로서 에너지 집약 사업인 화학·철강·제조업의 가격 경쟁력이 급락하였다. 이에 더하여 그동안 중국에의 주력 수출품이었던 자동차·기계 등 제품에서 중국의 경쟁력이 향상되어 수출을 통한 성장 견인효과도 사라져 가고 있다. 또한 메르켈 정부 기간 중 방위비는 GDP의 1.3% 수준이었는데 재선된 트럼프 대통령은 2% 수준을 강조한 바 있어 이에 대한 부담과 함께 미국과의 관계도 원만하게 진행되기는 쉽지 않은 상황이다.

극우 성격의 독일을 위한 대안 정당(AfD)이 출범하고 점차 지지가 상승하여 독일 의회의 주요 정당으로 자리매김한 것도 메르켈 총리의 정책 실패에서 시작되었다. AfD는 유로 위기가 극심하던 2010년 독일이 그리스에 제공하는 구제 금융에 이의를 제기하면서 결성되었다. 이후 2014~2015년 100여만 명의 시리아 등 난민을 받아들이면서 국내적 비판이 고조되고 AfD 정당이 크게 부상하였다. 특히 동독 지역 주민들은 통일이 이루어진지 30여 년이 지났음에도 동서독 지역 간의 경제적 균형이 달성되지 못한 가운데 대규모 난민 수용으로 경제적 부담이 증대되고 종교·인종 간 갈등이 증대되고 있다고 비판하고 있다. 메르켈에 대한 부정적인 여론은 AfD로 결집되어 2025년 2월 총선에서 AfD 지지가 2배로 증가하는 결과로 나타났다.

메르켈에 대한 뒤늦은 비판에도 불구하고 지난 국제 여론조사에서는 메르켈 총리에 대한 높은 평가가 확연히 나타나고 있다. 2020년 퓨 리서치 센터(Pew Research Center)가 실시한 여론조사에서 메르켈 총리가 세계에서 가장 신뢰할 수 있는 지도자로 선정되었다. 이 조사에서 그녀는 독일에서 81%, 그리고 세계 주요 14개국에서는 75%의 경이적인 지지를 얻었으며 마지막까지 레임덕이 없었다. 한국인들의 메르켈에 대한 신뢰도를 보면 집권 초기인 2007년에는 27%에 불과하였으나 2018년에는 76%를 보일 만큼 높았다. 유럽연합에서 독일의 외교적 위상이 높아지고, 적극적인 정상외교를 통하여 미국과는 대등한 가운데 가장 신뢰하는 협력관계를 구축하였으며, 국내적으로는 '유럽의 병자'라고 불리던 독일을 '유럽의 기관차'로 되돌려놓았다는 점에서 메르켈의 리더십에 대한 평가가 여전히 긍정적이다. 물론 최근 독일이 다시금 유럽의 경제적 병자의 모습을 보이고 있다는 비판도 같이 검토하여야 할 것이다.

메르켈의 용인술과 업무 수행 방식의 특징도 돌아볼 만하다. 독일의 정치 시스템과도 연계되어 있지만 그녀는 정치적 경쟁자를 중용하였다. 2017년 총리 재선 시 경쟁하였던 사민당의 발터 슈타인마이어에게 대통령직을 제안하고, 기민당 내 정치적 경쟁자이었던 볼프강 쇼이블레를 1기에서는 내무장관으로, 2기에서는 재무장관으로 임명하여 국정의 동반자로 활용하였다. 학자로서 체계적으로 훈련되어 있고 치밀하여, 각 부처의 장관 또는 책임자가 국내 주요 안건에 대하여 메르켈과 협의에서 정확하지 않을 경우 곤혹을 겪기도 했다. 유럽연합 정상회의에서 논의되는 주요 안건의 팩트를 숙지하고 기술적·법적 세부 사항도 검토하는 등 사전 준비를 면밀히 한 후 논리적으로 대응하여 다른 정상들을 압도하였다.

독일의 변화를 보면 10년이면 강산도 변한다는 우리의 속담이 떠올려지는데 그 중심에 지도자의 뛰어난 능력이 있다. 유럽의 병자라고 비판받던 독일이 메르켈 총리의 통치를 통하여 유럽의 대들보로 거듭나는 것을 보면서 지도자의 중요성을 새삼 느끼게 된다. 지도자는 변화하는 시대적 흐름을 인식하고 집권 기간뿐만 아니라 최소한 중기적으로 이어갈 효과적인 정책을 과단성 있게 시행해야 한다. 정권이 바뀔 때마다 커다란 단절과 충격을 겪고 있고, 우리의 밝은 면을 도외시하고 부정적인 면만 부각시키는 국내 정치적 현실이 안타깝다. 국내의 세대 간·지역 간 갈등, 주변국과의 긴장 관계 등 어려운 환경에 처한 상황을 어떻게 헤쳐 나갈지에 대하여 우리 모두 지혜를 모아야 할 시점에도 우리 지도자들은 지난 10여 년간 방향을 잡지 못한 가운데 갈등을 증폭시켰으며 위기를 초래하였다. 차기 지도자는 국내외 상황을 냉정하게 분석하는 가운데 메르켈 총리를 비롯한 성공한 여러 지도자의 통치 방식을 유의하면서 국가의 미래를 위하여 무엇을 할 것인가에 대하여 진지하게 고민하여야 할 것이다.

# X. 샤를 드골 대통령
## (프랑스)

전쟁으로 무너졌던 나라를 구출하였으며, 내전과 정치적 혼란으로 방향을 잡지 못하던 나라를 올곧게 세웠다. 국민들이 원하지 않았을 때는 스스로 퇴진하는 용기 있는 지도자였다.

**학**창 시절 프랑스 여행이 나의 버킷 리스트 중 하나였다. 영화 '남과 여'에서 파리의 사랑을 생각하였고, 샹송에서 그 감미로움을 느꼈다. 파리의 로댕을 감상하고 에펠탑을 오르면서 세계 문명을 선도하는 프랑스가 부러웠다. 일부 뛰어난 사람만이 대접받는 미국과는 달리 어렵고 못사는 사람도 같이 공존하는, 평등한 사회를 지향하는 프랑스 인들의 사고방식을 이해하고 싶었다.

프랑스를 방문하고 여행하는 가운데 그 문화와 예술에 매혹되면서 자연히 프랑스의 현재를 만든 지도자, 드골에 관심을 가지게 되고 그의 자서전과 앙드레 말로와의 대화 책을 읽었다. 이 책들을 통하여 드골의 고민을 접하게 되고 또한 지도자가 무엇을 해야 하는 가를 접할 수 있었다. 독일에 근무하면서 프랑스와 독일의 특성을 비교해 볼 기회도 있었다. 정치·경제·문화 등 여러 측면에서 독일과 함께 유럽을 이끌던 프랑스가 2000년대 점차 활력을 잃어가는 느낌이었다. 프랑스의 후퇴는 유럽의 후퇴이었고 오히려 독일만이 선도하는 유럽이 되어 프랑스와 독일의 두 축 가운데 한 축만이 움직이는 느낌이었다. 그러하다 보니 자연스럽게 프랑스에 대한 관심이 줄어갔다.

나의 관심에서 멀어졌던 프랑스를 다시 소환한 것은 우리의 국가 위기가 결코 녹록지 않은 상황 때문이다. 프랑스를 소환하기보다 1970년 서거한 지도자 드골을 다시 기억에서 끄집어내어 그의 리더십을 재조명하였다. 커다란 파도를 만나 좌초할 위기에 있던 프랑스를 두 차례나 구출한 드골도 장기간 통치하면서 지쳐서인지, 마지막 순간에 넘어지지 않게 뒤에서 붙잡아 주는 일을 세 번은 할 수 없다고 할 정도이었다. 국정운영에 더하여 위기 탈출이 얼마나 어려운가를 가늠할 뿐이다.

국제적으로 높은 평가를 받는 프랑스도 자연스럽게 이루어진 것은 아니, 역사에 굴곡이 많은 나라이었다. 오랫동안 유럽의 중추국이었던 프랑스는 19세기 후반부터 20세기 중반까지 국력이 급격히 저하되었고 1940년 영토 전체가 독일에 의해 장악되는 치욕을 겪기도 했다. 제2차 세계대전의 막바지인 1944년 독일로부터 해방된 이후에도 10년 이상 국가가 방향을 잡지 못하고 혼란을 거듭하였다.

20세기 두 차례에 걸쳐 전쟁과 내란의 위기에 처한 프랑스를 구한 정치지도자는 샤를 드골이다. 그는 패망한 국가를 해방시키고, 혼란된 국정을 안정화시켰으며, 미국·소련·영국과 어깨를 나란히 할 정도로 프랑스의 국제적인 위상을 되찾았다. 그럼에도 국민들은 장기간 집권한 드골에게 싫증을 느끼고 그가 제안한 정책을 거부하여 드골은 정계를 떠났다. 전쟁이 끝나기도 전에 토사구팽 당하였던 처칠 수상과 비교하면, 전후 정계를 떠났다가 다시 강력한 지도자로 재기했던 드골 대통령의 경우는 양호하다고 할 수 있지만 그의 일생을 좇아가보면 정치 현실이 얼마나 냉혹한가를 알 수 있다.

## 드골은 지금도 프랑스이다

프랑스 국제공항의 이름은 샤를 드골 공항이다. 시내로 들어서면 곳곳에 그의 이름이 붙여진 거리가 있는데 전국에 3,600여 개의 거리에 드골의 이름이 붙여져 있다고 한다. 드골 동상, 드골 광장, 드골 박물관 등 드골을 기리는 건축물 이외에도 예전 프랑화 그리고 현재 유로화 동전과 지폐에도 그의 모습이 인쇄되어 있다. 2010년 프랑스 국민들에게 존경하는 인물을 물었을 때 1위가 44%의 드골이었고 그다음이 14%의 나폴레옹일 정도로 드골이 압도적이었다.

국민들이 그를 프랑스의 상징으로 본 것은 이해한다고 하여도 그 스스로 자신이 프랑스라고 주장한 것에 대해서는 의아해할 수 있다. 비판자들은 이러한 주장이 그의 오만함에서 비롯된 것이라고 비판한다. 하지만 그는 제2차 세계대전 초기인 1940년 프랑스 정계 및 군대의 지휘자들이 모두 독일에 항복했을 때 이에 저항하면서 프랑스가 아직도 건재하다는 인식에서 자신이 프랑스라고 주장했다. 그는 망명 당시 처칠에게 "내가 프랑스가 아니면 왜 이곳에 있겠는가?"라고 주장했고 시일이 지나 기자에게 "나는 프랑스였다!"라고 당당히 이야기했다. 처칠도 드골의 망명에 대하여 드골이 작은 비행기에 프랑스의 명예를 싣고 왔다고 할 정도로 그를 높이 평가했다

불과 1명의 부관과 함께 영국으로 탈출하여 자유 프랑스를 선언한 이후 4년간의 항전을 승리로 이끈 다음 1944년 6월 파리로 입성하였다. 주변의 사람들은 드골이 전쟁에서 패배한 제3공화국을 뒤로 하고 제4공화국을 선포할 것으로 생각하였다. 레지스탕스의 지도자가 새로운 공화국을 선포할 계획을 물었을 때 그는 공화국이 사라진 적이 없는데 왜 선포해야 하는가 하고 퉁명스럽게 대답하였다. 그는 비시 정권은 존재 가치가 없어 무의미하며 망명한 자신이 공화국을 대표하고 있어 공화국은

중단 없이 지속되었다는 생각이었다. 드골은 앙드레 말로와의 대담에서도 자신이 프랑스라고 주장하면서 독일의 침략 기간 중 프랑스가 없어진 것이 아니라 존재한다고 강조하였다.

1940년에 그는 국가의 상속권을 가진 것이 아니고 국민투표가 있었던 것도 아니지만 프랑스의 국방과 운명을 스스로 짊어졌다. 1944년 파리에 진입하여 걷는 동안 암살 시도가 있었음에도 불구하고 아무런 일 없는 듯 행진하였으며 이후에도 30여 차례 암살 위협을 받으면서 국정을 이끌었다. 1958년에는 정치지도자들의 요청에 부응하여 정계로 복귀하여 국가 위기를 극복하는 데 앞장섰다. 한때는 정치인들의 롤 모델이었던 그였지만 시간이 지나면서 그는 사회를 분열시키는 인물이었고 그를 좋아하는 만큼 비판하는 사람들도 적지 않았다. 그 역시 프랑스 인들은 프랑스를 사랑하지 않는다고 주장하기도 하고 때로는 다수의 국민과 맞서 뜻을 같이 하지 않았다. 지방자치 강화와 상원 개혁에 관하여 제시한 그의 정책을 국민들이 반대하자, 1969년에 그는 미련 없이 대통령직을 사임하였다.

국민들의 그에 대한 평가는 서거한 이후 존경심으로 점차 퍼져나갔다. 그가 떠난 지 55여 년이 지난 현재 그는 프랑스 역사에서 우뚝 선 위인으로 자리매김하였고 그가 남긴 정치·외교적 유산은 여전히 프랑스 제도의 근간으로 남아 있다. 그가 만들었던 제5공화국의 정치체제와 프랑스의 독자적 외교 구상은 일부 변경이 있었을지언정 여전히 운용되고 있다.

## 전략·문필력·강한 군인정신이 드골을 지도자로 만들었다

학창 시절 유난히 키 큰 친구를 멀대라고 불렀었는데 드골의 사진을 처음 보았을 때 멀대가 생각났다. 드골의 친구들도 역시 2미터에 가까운 그를 두고 긴 아스파라거스(big asparagus) 또는 장닭이라고 불렀는데 큰 키는 그의 상징이 되었다. 드골은 학창 시절 성적이 뛰어나지는 않았던 평범한 학생이었지만 역사·문학·철학을 좋아하고 특히 독일에 관한 책에 관심을 두고 읽었다. 그의 역량은 장교 시절부터 나타나기 시작했는데 논쟁을 좋아하고 완고하며 독선적인 성향으로 선배 군인들과도 불편한 관계이었지만 논리가 명확하고 통찰력 있다는 평가를 받았다.

그는 장교 시절 제1차 세계대전의 영웅인 페탱 장군으로부터 높은 평가를 받았을 정도로 뛰어났다. 하지만, 당시 정평 있는 군사 이론가들이 주장하는 보병 위주의 전투 전략에 문제가 있고 기동력 있는 전력을 확보해야 한다는 주장을 제기하면서 군 상급자들과 충돌하였다. 독일과의 전쟁에서 세 차례나 부상당하고 포로로 잡혀 지속적으로 탈출 시도를 하였으나 실패하여 32개월간의 포로 생활을 하는 동안 자제력을 기르면서 지도자의 역량을 쌓아갔다.

육군대학 등에서 복무하면서 여러 저술 활동을 병행해 나가는 가운데 특히 독일에 대한 연구를 심층 있게 진행하였다. 독일어에 숙달하여 독일어 서적을 읽고 독일인을 분석해 나가는 가운데 장차 독일과의 전쟁이 불가피하다고 판단하여 전쟁에 대비해야 한다는 주장을 펴 나갔다. 당시 프랑스 군의 대 독일 전략은 방어에 초점을 두어 마지노선 등 요새를 구축한 뒤 화포로 대응하는 방안이었다. 그러나 드골은 독일군의 보병이 차량으로 이동하면서 기동력이 높은 점을 감안할 때 방어 중심의 전략에 문제가 있음을 지적하고 신속한 기동력과 화력을 동시에 갖춘 기갑사단의 창설을 주장하였다. 그의 이러한 주장이 반영되지 않은 상황에서 프랑스는 독일군의 침략을 받았는데, 드골이 예측한 대로 독일군은 마지노 방어선을 우회하면서 신속하게 기동하여 프랑스 군대를 무력화하였다.

그는 중동의 레바논 베이루트에서 근무하기도 했는데 식민제국인 프랑스의 문제를 인식하는 계기가 되었다. 프랑스가 제국을 유지하기 위하여 감당하지 못할 정도로 인력과 국고를 부담하고 있는 문제점을 알게 되었으며, 이러한 경험은 1958년 알제리 문제를 해결하는 데 커다란 도움이 되었다. 그는 행동하는 지도자이었는데 알제리 분쟁의 현장을 방문하여 현실성 있는 해결 방안을 도출하고 실행해 나갔다.

젊어서부터 꾸준하게 글쓰기를 해 나갔고 이를 바탕으로 연설문을 직접 쓰면서 원고 없이 말하기 위하여 대단한 노력을 기울였다. 이러한 결과로 그의 연설은 생명력이 있고 설득력 있는 연설이었다는 평가를 받았다. 그는 서거하던 마지막 순간까지 회고록을 작성할 정도로 왕성한 문필가였다. 여러 책을 저술하여 수입도 있었고 전쟁을 승리로 이끌었던 영웅이었지만 한때 일반 시민이 되었을 때는 경제적으로 힘든 나날도 겪었을 정도로 청렴했다.

그는 군인임을 자랑스러워했다. 1940년 항전을 독려하거나, 1944년 개선장군으로 파리 거리를 걸을 때, 1958년 정권을 인수한 직후 알제리를 방문할 때 등 국가 운명을 좌우하는 여러 계기마다 그는 제복을 입었다. 그가 남긴 유서에서 자신의 장례식에 대통령 등 정부 인사의 참석이나 국장을 원하지 않았으며 가족과 친구만이 참석하는 간소한 장례를 원하였다. 다만 프랑스 육군이나 해방 훈장 수훈자들의 참석은 가능하다고 적었을 정도로 군에 대하여 깊은 애정을 가지고 있었다.

## 패망한 프랑스에 대하여 6·18 호소로 항전의 정신을 일깨우다

1870년 이래 존속되어 온 제3공화국이 1940년에 독일의 침략으로 무너져 내렸는데, 그 시점에 드골은 자유 프랑스의 상징으로 등장하였다. 프랑스 저항운동의 지도자로서 그의 첫 일성은 항전 호소문이었다. 1940년 6월 18일 런던에서 발표한 호소문에서 어떠한 일이 있더라도 저항의 불꽃은 절대 꺼지지 않을 것이라고 선언하였다. 국민들이 드골을 역사적 인물로 간주하는 여러 사건이 있는데 대독일 항전 연설, 제5공화국 수립, 알제리 독립 허용 등이다. 이 가운데 가장 높이 평가하는 사건이 6월 18일 항전 호소문으로서 드골을 6월 18일의 인물(Man of 18 June), 그의 항전 연설을 6월 18일 호소(Appel of 18 June)로 칭할 정도이다.

그는 덩케르크(Dunkirk)에서 철수한 프랑스군 잔존 부대를 규합하고 로렌 십자를 상징으로 하는 자유 프랑스 깃발을 만들어 저항의 행동을 시작하였다. 독일군의 통제에 들어갈 처지에 있는 프랑스 함대를 영국이 침몰시켜 1,300여 명의 프랑스 수병이 전사하는 메르스엘케비르(Mers-el-Kebir) 비극을 그는 받아들여야 했다. 어려운 상황에서도 드골은 점차 자유 프랑스군의 지도자로 부상하면서 전투 세력을 확장해 나가는 한편, 프랑스 식민지에서 독일에 대항하는 지지 세력을 규합하는 노력을 기울여 성과를 거두었다. 영국군과 공조하여 독일 공세를 막아내는 가운데서도 프랑스의 독자성을 견지하기 위하여 처칠 정부와 미국을 경계하는 태도를 유지했다.

전쟁을 치르는 과정에서 윈스턴 처칠 및 프랭클린 루스벨트와 의견 충돌이 수시로 일어났으며, 이에 미국과 영국은 전후 자유 프랑스의 지도자로 드골이 아닌 다른 장군을 물색하여 갈등이 생겼다. 전쟁이 연합군에 유리하게 전개되면서 해방될 프랑스의 새 정부와 정권에 대하여 미국과 영국이 관심을 두었다. 그러나 드골은 자신이 이끄는 자유 프랑스가 바로 정부라는 인식이었기 때문에 이 문제를 두고 두 나라와 협의할 생각이 아예 없었고 그보다는 프랑스 군대가 파리에 먼저 진입하여 중요한 역할을 하는 데 초점을 두었다. 미국의 루스벨트 대통령은 특히 드골을 불신하여 전후 처리 문제를 논의하는 얄타·포츠담 등 국제회의에 드골을 초청하지 않았다. 루스벨트와 처칠은 드골의 처신에 대하여 불만이었지만 프랑스 레지스탕스 통제, 전장에서 프랑스 군에 미치는 영향력, 프랑스 국민들의 드골 지지 등을 감안하여 드골을 프랑스의 실질적인 지도자로 인정할 수밖에 없었다.

1944년 8월, 그는 프랑스 군대와 함께 파리 도심으로 진입하여 나치 점령을 종식시켰다. 100만여 명이 지켜보는 가운데 해방된 파리 시내의 샹젤리제 대로와 콩코르드 광장을 걸어갔다. 파리 행진 후 레지스탕스의 본부가 아니라 국방부·경찰청을 방문하여 국가권력의 중심이 자신에게 있음을 각인시켰다. 드골은 미국·영국 지도자뿐만 아니라 프랑스 내 레지스탕스 지도자와도 그다지 관계가 좋지 않았다. 레지스탕스는 권력을 분점하는 것을 염두에 두었는데 드골은 레지스탕스의 저항운동에 대하여 언급하는 것도 자제하면서 권력이 자신에게 집중되도록 하였다. 노트르담 대성당 인근에서는 암살 시도가 있었으나 드골은 이에 개의치 않고 침착하게 걸어간 모습이 지도자로서 그의 용기를 대변하여 주었다.

독일에 의해 모든 영토가 장악되었지만, 드골의 줄기찬 저항운동에 힘입어 프랑스는 제2차 세계대전에서 영국·미국·소련과 함께 승전국의 일원이 되었다. 이 결과 국토와 영토를 회복하고 유엔안보리 상임이사국이 되어 전후 세계 질서를 만드는 주역이 되었다. 드골은 1945년 대통령으로 선출되었지만, 새로이 구성된 의회가 통과시킨 헌법은 전쟁 이전의 3공화국 헌법으로 회귀한 것이었다. 드골은 양원제 입법부, 독립적인 사법부와 함께 공화정 체계 하에 강력한 행정부 체제를 원하였지만, 새 헌법에는 입법부에 권한이 편중되어 자신이 원하는 강력한 대통령제와는 거리가 있었다. 드골은 자신의 의도대로 국정을 운영하기 어려우며, 제3공화국 체제를 그대로 담은 제4공화국 헌법 아래 구성된 정부는 필연적으로 실패할 것이라는 판단하고 1946년 1월 대통령직을 사임하였다.

## 강한 대통령 체제로 안정을 이루고 프랑스를 글로벌 파워로 끌어올리다

그가 사임한 이후 프랑스 국내 정치는 정당 간의 끊임없는 권력 투쟁, 이데올로기의 대립, 파벌 간의 싸움이 지속되어 12년 동안 17명의 총리가 바뀌는 등 혼란이 계속되면서 제2차 세계대전 이전의 이전투구식 정치 모습이 재현되었다. 재정적자가 확대되고 화폐 및 재정의 파산 등 경제는 점차 악화되어 갔다.

대외문제에서도 심각한 경련이 일어났다. 프랑스의 지배하에 있던 인도차이나 지역이 1940년 프랑스 함락 이후 일본의 통치로 이어지다가 1946년에는 프랑스가 다시 지배력을 되찾았다. 그러나 이후 베트남·캄보디아·라오스의 독립운동이 계속 발생하였다. 프랑스는 더 이상 식민 통치를 유지할 수 없어 1953년에는 캄보디아·라오스 식민지를, 1954년에는 베트남 식민지를 포기하였다. 또한 프랑스·영국이 소유하던 수에즈 운하에 대해 1956년에 이집트의 나세르 정권이 국유화를 선언하자 양국은 이를 무력으로 진압하려고 하였다. 이에 미국을 비롯한 국제사회가 강하게 반발하여 진압 작전을 취소하였는데 이는 프랑스의 국제적 지위가 떨어지는 사건이었다. 이에 더하여 1954년부터 알제리 독립운동이 일어나 1958년까지 여섯 정권이 무너지면서도 이를 해결하지 못하였고 점차 프랑스 내전으로까지 확산될 위험이 있었다.

8년간 지속된 인도차이나 전쟁에서 프랑스는 패하여 동남아 지역에서 1954년 물러났다. 또한 같은 해 알제리의 독립운동이 발생한 이후 수년간 혼란이 가중되고 있음에도 드골은 정치에 관여하지 않았다. 1958년 제4공화국 내각이 무너지고 알제리 사태가 점차 격화되었어도 이를 지켜보았다. 이에 더 이상 혼란을 방치할 수 없다고 판단한 르네 코티 대통령은 드골의 정계 복귀를 요청하였다. 드골은 의회에 새로운 헌법의 국민투표 부의, 알제리 문제에 대한 전권 위임을 요청하여 이를 확보한 후 1958년 5월 정계 복귀를 선언하였으며, 이후 대통령 선거인단의 선출로 대통령이 되었다.

### 1. 대통령제의 제5공화국 헌법을 통한 국정안정

드골은 대통령으로 선출된 이후 평소 가지고 있던 구상과 비전을 가지고 새롭게 국정을 운영해 나갔다. 그는 국가의 주권은 국민에게 있고 국민이 직접 선출한 국가원수가 정책을 수립하고 결정하는 대통령제를 구상하고 실행하였다. 그는 정부와 국회가 타협하는 방안을 도출하여야 하지만 국회가 구성하는 정부는 일정한 이익을 대변하는 편협한 면이 있기에 이를 초월하는 국가원수가 국정을 끌어나가야 한다는 입장이었다.

그는 제3공화국이 무너진 이유가 국가권력이 무너졌기 때문이라고 보았다. 국회 또는 정당이 주도하여 정부를 구성하는 제도에 대해 반대하였는데 이는 정당마다 정치적인 견해가 너무나 다른 상황에서 이들이 구성한 정부가 국정을 운영할 경우 이데올로기의 대립과 파벌 간의 싸움으로 분열이 지속된다고 보았다. 실제로 1946년 이후 1958년까지 그러한 상황이 발생하였다. 그는 국익을 추진하고 정책의 통일성을 유지하기 위해서는 정당을 초월하여 국민이 직접 선출한 국가원수가 정책을 수립하고 이행할 수 있는 정부 체제를 구축하여야 한다는 입장이었다.

그는 1958년 권력을 인수하면서 제5공화국 헌법을 작성하는데 총력을 기울였다. 헌법의 근간은 국가원수가 책임을 지고 총리 임명 등 정부를 구성하며, 의회를 해산할 권리를 가지고 주요 조직에 대한 법안을 국민투표에 부칠 수 있는 권한을 가지도록 하였다. 또한 국내외 중대 위기시에 대통령이 상황에 따라 특별한 조처를 할 수 있도록 하였으며, 의회가 정부 불신임 결의를 추진할 경우 일정한 조건을 갖추어야 하는 제한을 두는 등 의회 권력을 축소하였다.

그는 1958년 국회에서 정부 구성에 관한 전권을 위임받았고 그해 국회의원 등을 포함한 선거인단에 의한 간접선거를 통하여 대통령으로 선출되었다. 그러나 간접적 방식이 아니라 국민에 의한 직접적 동의를 얻어 주요 정책의 정당성을 확보해 나가고 통치권을 확립해 나가고자 하였다. 이러한 방침에 따라 1958년 제5공화국의 헌법 개정안, 1961년 알제리의 민족자결 문제, 1962년 국민의 대통령 직접 선출을 위한 헌법 개정안을 국민투표의 찬성을 얻어 시행하였다. 1965년에는 새로운 헌법에 따라 처음으로 국민 직선으로 대통령을 선출하였는데 드골이 당선되었다.

자신이 구상한 대로 그는 국가원수로서 매주 국무회의를 주재하고 총리와 국정을 논의하였지만 중요한 문제에만 집중하여 관여하였다. 그는 국가운영의 전체적인 방향을 결정하되 정부의 세세한 집행 역할까지 관여하지는 않았다. 국민들의 의견을 청취하기 위하여 지방을 수시로 방문하였으며 연례 기자회견을 통하여 여론에도 귀를 기울였다. 헌법 조항으로만 해석할 경우 대통령이 과도한 권력을 휘두를 수 있는 여건이었지만 드골은 권력을 남용하지 않았다. 오히려 1969년 지방자치 강화 및 상원 개혁안에 대한 국민투표에서 반대가 높자, 이를 자신에 대한 불신임으로 간주하고 자진 사퇴하여 대통령의 과도한 권한 남용 우려를 일소하였다.

## 2. 알제리 분쟁의 종식과 식민지 독립

드골은 1958년 대통령직을 인수한 직후 알제리 분쟁 현장을 가장 먼저 방문하였다. 이후 그는 알제리를 포함한 해외 식민영토에 대한 권리를 포기하는 과감한 조치를 시행하기 시작하였다. 프랑스는 알제리를 100년 이상 통치해 오고 있었다. 오랜 통치 과정에서 알제리는 지중해와 아프리카로 진출할 수 있도록 하는 거점지역이었고 석유·가스가 생산되어 중요한 에너지원이기도 했기에 이를 해방시키는 것이 쉬운 일이 아니었고 이해관계가 복잡하게 얽혀 있기도 했다.

이곳에서 1954년부터 독립 투쟁이 전개되고 있었는데 프랑스 국민들은 희생을 치르더라도 식민지를 유지하는 가운데 새로이 선출된 드골이 전쟁을 매듭지어 주기를 기대했다. 현지에서 대응하는 프랑스군도 새로이 출범한 드골정부가 알제리민족해방전선이 주도하는 반란에 강력하게 대응해 주기를 기대하고 있었다. 반면 현지 알제리인들은 프랑스에 대한 애착심을 계속 가지고 있는 가운데 독립을 추구하지만, 해방이 되더라도 프랑스와 계속 동맹관계를 이어가고자 하였으며 이를 드골이 실현시켜 주기를 원하는 상반된 상황이었다.

그는 '프랑스인의 알제리'를 강요할 경우 서로 인명과 재산을 잃게 되어, 이는 해결책이 아니라고 보았다. 알제리인을 프랑스인과 동화하는 것은 정책대안이 될 수 없기에 그동안의 지배를 청산하고 동맹의 형태로 대치하는 방침을 정하였다. 알제리인이 자신의 운명을 스스로 결정하도록 하되 다만 전환과정에서 폭동 등 반대 세력에 대해서는 엄정하게 대처하도록 하였다.

이러한 기본 방침을 근거로 하여 정부는 국민들에게 알제리인의 민족자결을 인정하고 알제리를 포기하는 방안을 제안하면서 이에 대한 국민투표를 실시하였는데 프랑스 국민들은 이 방안에 찬성하였다. 국민의 동의를 확보한 정부는 알제리인에게 독립을 부여하면서 이 조치가 군사적 실패나 외국의 관여에 의하여 불가피하게 취한 것이 아니라 프랑스 자체의 원칙과 입장에 따라 시행되는 것임을 명확히 하였다. 알제리인은 대체로 프랑스에 대하여 우호적인 시각을 가지고 있었는데 드골은 이를 반영하여 상호 공동 이익을 계속 추구할 목적으로 특수한 관계를 설립하는 협약을 체결하였다. 나아가 프랑스인이나 군대의 체류 여부는 알제리가 결정하되 그 과정에서 불상사가 없도록 프랑스가 보호조치를 취하도록 하였다.

그러나 독립 이행 과정에서 '프랑스인의 알제리'를 주장하는 군부 인사들이 불만을 품고 반란을 일으킨 사건도 발생하였다. 그러나 이러한 어려움을 극복하고 1962년 알제리는 독립했다. 독립운동이 시작된 지 8년, 드골 대통령이 식민지 종식 방침을 정하고 시행한 지 4년이 지나서야 알제리 분쟁이 마무리될 정도로 지난至難한 사건이었다. 드골 정부는 아프리카의 다른 식민지들도 독립을 허용하고 그들이 프랑스와의 관계를 지속하고자 할 경우 계약에 의한 상호 협조 관계로 전환시키는 조처를 하였다. 이 결과 기네를 제외하고 프랑스의 식민지국들은 독립하여 자주권을 가진 가운데 프랑스와의 특수한 상호 협력관계를 새롭게 설정하였다.

### 3. 유럽에 의한 유럽 구상을 주도하고 국제문제의 지도 국가로 거듭나다

냉전 시대 미·소 간의 경쟁 속에서 프랑스는 자국 나름대로 국제적인 역할을 수행하는 새로운 방향을 추진하였다. 드골은 19세기 중반 이후 보불 전쟁, 제1차 세계대전, 제2차 세계대전 때뿐만 아니라 전후 독립한 상태에서도 프랑스가 국제 문제에 대하여 독자적인 의사결정을 하지 못하였다고 분석하고, 프랑스의 주권을 지키는 가운데 자주적으로 국제평화를 모색하고자 하였다. 전후 미소 두 강대국에 의하여 국제질서가 양극화되어 가면서 여러 국가가 냉전 구도에 함몰되는 경향이 있었는데 드골은 이를 탈피하고 유럽인에 의한 유럽공동체 구성에 노력을 기울였다. 이를 위하여 영국이 유럽을 대서양 체제와 연계시키는 것에 반대하고, 정치체제가 다른 소련·동유럽·중국과도 접촉하였다.

그는 유럽공동체의 건설을 위한 첫 단계로 프랑스와 독일의 특수한 관계를 활용하였다. 그는 독일문제가 해결되지 않고는 유럽이 발전될 수 없다는 인식하에 전범국가인 서독을 유럽의 일원으로 융합하는 조치를 일차적으로 전개하였다. 이러한 구상을 하게 된 것은 서독의 불안한 안보 여건 때문이었다. 서독은 자체적으로 안보를 확보하지 못하고 강대국에 저당 잡힌 상황에서 소련이 독일의 영구적인 분단에 적극적이었기 때문에 프랑스의 도움이 절실하였다. 드골은 서독을 포용하면서도 서독이 전후 설정된 폴란드와의 국경선을 인정하고, 향후 핵무기를 제조하거나 확보하는 것을 포기하여야 한다는 것을 확실히 하였다. 이러한 전제조건하에 아데나워 총리와의 협력 체제를 구축하였으며 서독의 재건을 지원하였다. 그럼에도 독일이 다시 재무장할 경우 전쟁을 통하여 이를 막겠다는 의지를 표명하였다.

드골은 새로이 태동하고 있는 유럽공동시장의 문제점을 직시하고 이 구성체가 프랑스의 이해와 일치하는 방향으로 운영될 수 있는 방안을 제시해 나갔다. 당시 유럽철강공동체·유럽원자력위원회가 제대로 역할을 하지 못하는 가운데 유럽경제공동체는 초국가적인 방향으로 논의되고 있었다. 그는 유럽연합기구에서의 각 국가의 정체성 등이 불투명하고 농업문제 등에서 프랑스의 이해를 반영하고 있지 못하고 있다고 평가하였다. 유럽연합의 방향을 설정하는 데 각 국가가 가장 의미 있는 주체이며 국익과 일치하지 않을 경우 가입을 강요할 수 없다는 입장을 명백히 밝혔다.

그는 미국 또는 영국이 개입하지 않는 '유럽인에 의한 유럽'을 위하여 정치협의체 구성 등 실질적인 방안을 제시하였으며, 유럽연합공동체(EEC) 구성에서 영국을 배제하는 방향으로 추진하였다. 또한 프랑스의 경우 농업이 중요한 산업임을 감안 EEC 구성 과정에서 농업 부문에 대한 특혜 조치를 확보했다. 영국의 유럽 공동체 가입 추진에 대하여 영국은 미국과의 대서양주의를 견지하고 영연방과의 특혜 조치 등을 포기할 수 없는 상황임을 지적하면서 반대하였다. 그가 영국을 방문하면서 제2

차 세계대전 당시 영국의 지원에 대하여 사의를 표명하면서도 유럽공동체에 대한 언급을 전혀 하지 않았는데 이는 영국의 EEC 참여 반대 입장을 암묵적으로 나타낸 것이기도 했다.

프랑스는 안보 측면에서 강대국에 의존하지 않을 것이며 자기 뜻에 따라 행동한다는 명확한 입장을 가지고 정책을 추진하였다. 이를 위해 독자적인 안보 체계를 구성하는 방안으로 핵무기 개발을 추진하여 1960년 2월 핵실험에 성공하였다. 또한 정치적·군사적인 독립을 위하여 1966년에 미국 주도의 나토에서 탈퇴하였다. 냉전 상황에서 미국은 공산화 혁명을 확산하는 소련 제국주의를 봉쇄해야 한다는 입장이었지만 프랑스의 대응은 달랐다. 프랑스는 군사적으로 소련의 공격에 대비하여야 하지만 평화를 이루기 위해 외교적인 교섭이 필요하다는 입장에 따라 소련 및 동유럽 국가들과 긴장 완화를 모색하였으며 중국을 승인하였다.

그는 주요 국가와의 정상회담에서 글로벌 현안을 제기하면서 프랑스가 국제 문제에 관여하는 주요한 국가라는 인식을 확대해 나갔다. 미국을 방문하였을 때에는 양자 간의 문제만이 아닌 소련의 긴장완화와 평화공존, 유럽 문제에 대한 프랑스의 주도권, 독일문제에 대한 입장 등도 논의하였다. 1960년 미국·소련·영국·프랑스 등 4대국 정상회담에서는 군비축소, 독일문제, 후진국 원조를 제기하였다. 미소 정상회담을 앞두고 1961년 프랑스를 방문한 케네디 대통령과의 면담에서 드골은 미국의 베트남 개입에 대하여 반대한다는 입장을 전하였으며, 소련 측에는 베를린 지위 변경에 대하여 강하게 반대하는 입장을 명확히 전달하였다. 그는 국제적 흐름에도 남다른 식견과 통찰력을 가졌는데 이스라엘의 벤구리온 수상이 유대인 정착을 확장시켜 기회만 되면 영토를 넓히겠다는 의도를 가지고 있다는 것을 지적하고, 이스라엘이 프랑스의 플루토늄 생산 기술을 빼내기 위하여 정보전을 남용하고 있음을 비판하기도 했다.

## 드골의 리더십이 던지는 교훈은 무엇인가

30여 년간 지도자로서 드골이 중요시한 통치 방향은 프랑스의 정통성(Legitimacy)을 이어가는 것이었다. 이러하기에 국가가 패망하였을 때는 그 자신이 프랑스가 되어 그 정통성을 유지하였고 전후 대통령으로서 국정을 운영하면서는 각계각층의 인사를 등용하는 등 통합을 통하여 정통성을 이어가고자 하였다.

드골은 프랑스에는 어떤 친구도 없고 오직 이해관계만 있을 뿐이라고 하였는데 그가 프랑스의 국익을 거칠게 이행한 지도자였다는 것은 국제관계에서 여실히 나타난다. 그는 얄타회담 및 포츠담 회담 등 전후 처리 회담에서 배제되었지만, 미국과 영국에 도움을 구하는 대신 직접 모스크바로 가서 스탈린과 전후 처리 방안에 대하여 논의하여 프랑스의 외교적 무대를 크게 확장하였다. 망명 기간 중 영국을 동맹국으로 하여 도움을 받기는 하였지만 이를 반드시 갚겠다는 태도를 견지하면서 프랑스가 영국의 꼭두각시가 아니라는 입장을 철저하게 유지하였다. 프랑스 영토의 탈환 과정에서 연합국의 지원을 절대적으로 받았음에도 연합국 점령기관이 프랑스에 생기지 못하도록 하였으며 유럽의 통합 과정에서 전쟁 시 도움을 받았던 영국의 유럽공동체 참여를 거부하였다.

그는 적국인 독일에 대하여 정통한 전문가였으며, 독일에 대한 뿌리 깊은 원한이 있을 터임에도 전후에는 독일을 활용하는 지도자였다. 젊어서부터 독일인의 민족성을 파악하고 그가 쓴 책도 독일에 대응한 군사전략과 방안이었다. 독일군과의 전투에서 부상하였고 독일군에 잡혀 포로생활을 하였으며 독일에 대하여 최전선에서 항전하였다. 전후 독일을 1871년 이전의 연방 체제 또는 지방분권 국가 차원으로 되돌려 중앙의 권력을 분산하는 의도도 가지고 있을 정도로 경계하였지만, 제5공화국의 대통령으로서 전후 유럽 질서 재편을 주도하면서 초청한 인사는 프랑스가 빚을 진 영국의 수상이 아니라 독일의 아데나워 총리이었다.

드골에 대한 긍정적인 시각만 있는 것은 아니다. 그에 대한 비판은 그의 오만하고 비협조적인 태도에 대해서만이 아니라 그의 정책에 대한 부분도 있다. 드골은 줄기차게 프랑스가 단합하여 독일에 저항하였고 비시 정권 부역 인사가 시행한 조치에 대하여 프랑스의 책임이 없다는 입장이었다. 그러나 그의 사후 비시정부의 유대인 학살 등에 대하여 점차 프랑스의 책임을 인정하는 방향이다. 드골에 비판적이었던 미테랑 역시 프랑스의 실질적 정부는 비시 정권이 아니라 런던의 망명정부라는 입장이었기에 비시 정부가 프랑스의 정통성을 가지고 있지 않아 책임을 질 수 없다는 입장이었다. 그러나 오히려 드골을 지지하던 시라크 대통령은 프랑스의 책임을 인정하면서 드골주의는 희석되어 갔다.

드골이 알제리 문제를 해결한 과정과 결과에 대하여 기존의 평가를 비판적으로 바라보는 시각도 나타난다. 드골이 등장하면서부터 뚜렷한 방향을 정하여 알제리를 독립시키고 프랑스가 알제리에서 영광스럽게 퇴진하면서 수습하였다는 것이 그동안의 대체적인 평가이었다. 그러나 알제리 문제 해결에 집착하다 보니 무슬림들이 과도하게 프랑스에 잔류하여 그들로 인하여 여러 문제가 생기고 있다는 비판도 제기되고 있다. 또한 드골이 통치하던 1960년대는 경제적·문화적으로 프랑스 영광의 세대였지만 그의 사후 이민, 페미니즘 등 사회적 문제가 분출되면서 나라가 점차 쇠퇴해 가자 이를 드골과 관련된 문제로 연결하여 비판하는 시각도 점증되어 갔다.

그러나 이러한 비판적 시각이 있다고 하여 드골의 위대한 면이 희석되는 것은 아니다. 그가 미래를 염두에 두고 통찰력이 있었다는 것은 여러 측면에서 나타나고 있다. 1930년대에는 프랑스 군대가 지향해야 할 전략을 제시하였고, 제2차 세계대전에서 미국의 참전으로 독일·이탈리아 등 추축국이 패배할 것이며, 전후 국제금융체계이었던 브레턴우즈 체제가 붕괴될 가능성을 제기하였다. 또한 이스라엘의 팔레스타인 문제 처리 과정을 보면서 향후 심각한 후유증이 있을 것이며, 베트남 전쟁에 끼어든 미국이 패배할 것이라고 보았다. 중국과 베트남과의 분쟁이 발생할 것이고, 유고슬라비아의 분열이 불가피하다고 예견하였으며, 종교·인종 등의 차이로 인해 이라크에서 내분이 일어날 가능성이 있다고 보았다. 재미있는 것은 케네디 부인이었던 재키 여사가 그리스 선박 소유주와 결혼할 것이라고 예상한 것이다. 물론 그의 예측이 모두 맞은 것은 아니다. 제3차 세계대전의 발발 가능성이 있고, 인도차이나 전쟁에서 프랑스가 승리하리라고 예상하기도 했으나 이는 틀렸다.

 조국이 위협받고 패망하는 상황에서 그는 누구보다 프랑스를 지키는 데 앞장섰다. 전쟁으로 무너졌던 나라를 구출하였으며, 내전과 정치적 혼란으로 방향을 잡지 못하던 나라를 올곧게 세웠고, 그가 토대를 만들었던 정치체계는 지금까지도 그 틀이 이어오고 있다. 그러나 국민들이 그를 원하지 않았을 때는 두 차례나 스스로 퇴진하는 용기 있는 지도자이었다. 우리의 현실과는 너무나 비견되기에 드골의 리더십이 뼈아픈 교훈으로 다가온다.

# XI. 덩샤오핑 지도자
## (중국)

역사의 흐름을 읽고 과거에 얽매이기보다 미래로 가는 길로 중국과 중국인을 안내한 통찰력 있는 지도자였다. 중국의 낙후된 상황을 부정하지 않고 직시하는 가운데 중장기전략으로 강성한 중국의 토대를 만들었다.

**중**국은 지난 45년간 눈부신 경제발전을 이루었음에도 불구하고 이에 대한 국제사회의 평가는 냉정하다. 2020년 Pew Research Center에서 실시한 국제 여론 조사에서 주변국 및 서구 국가들의 중국에 대한 시각은 매우 부정적인 것으로 나타났다. 그러나 1980년대의 중국은 비록 낙후되고 매우 빈곤한 상황이었지만 국제사회는 중국을 믿고 협력하였다. 중국이 외국과 미래지향적인 관계로 나아가고 국민들도 대외적으로 긍정적인 시각을 가지게 한 중심에는 덩샤오핑이 있었다. 현재 중국이 강국으로 부상하였음에도 국제사회의 신뢰를 얻지 못하는 상황이다 보니 과거 덩샤오핑의 리더십이 더욱 돋보이고 다시금 그를 떠올리게 한다.

## 중국을 세상 밖으로 이끌다

덩샤오핑은 불과 150센티미터를 약간 넘는 키에 두 눈은 멀리 떨어져 있고 찐빵같이 둥그스레한 얼굴로 마치 이웃집 아저씨와 같이 친근하게 다가온다. 인민복을 즐겨 입고 늘 줄담배를 피우는 골초로 침을 뱉는 습관이 있어 지금 중국 어디에서나 볼 수 있는 평범한 중국인 그대로이다. 그러나 그는 누구보다도 카리스마를 가진 지도자였으며 중국의 새로운 역사를 만든 장본인이다. 그가 최고지도자로서 통치한 기간은 15여 년에 불과하였으나 국가의 틀을 개조한 그의 지도력은 지금도 중국의 유산으로 남아 있으며 중국을 이해하고 접근하는 데 중요하다.

중국은 19세기 말 제국주의에 의하여 청나라가 와해되었던 경험으로 외국에 대한 트라우마가 지금도 남아있다. 중화인민공화국을 건국한 마오쩌둥은 소련을 제외하고는 외국을 방문한 적이 없었으며 다른 나라와의 협력을 통하여 국가를 부강 시키겠다는 인식이 없었다. 그는 외국과의 접촉을 철저히 통제하였기에 중국은 불과 60여 년 전까지만 하여도 거의 고립된 국가였다. 이런 상황에서 덩샤오핑이 1978년 나라의 문을 열기 시작하였을 때 중국인들은 과거의 적인 미국·일본과 협력하는 것에 반발심과 경계심이 있었다.

그러나 덩샤오핑은 개혁개방을 과감하게 실시하는 한편 그의 미국·일본 방문 사진을 널리 배포하여 중국인에게 외국의 현대화된 모습에서 중국의 낙후성을 인식하게 하고 외국에서 배워야 한다는 시각을 가지도록 하였다. 외국의 중국에 대한 시각 역시 처음에는 조심스러웠다. 미국인은 공산주의를 오랫동안 불신하였는데 덩샤오핑이 여러 행사에서 자신 있게 행동하고 텍사스 카우보이모자를 쓰고 로데오를 관람하는 등 미국의 문화를 받아들이는 모습을 통해 중국을 긍정적으로 바라보게 되었다. 일본인도 중국의 현대화를 지원하는 것이 과거를 치유하는 일이 될 것이라는 인식을 하면서 중국의 공업과 기반 시설 건설을 도왔다. 덩샤오핑의 해외 방문과 개혁개방정책으로 중국인은 점차 폐쇄적인 시각에서 벗어나 발전된 외국에 대하여 긍정적으로 바라보게 되고 이것이 외국과의 거리감을 좁히면서 궁극적으로 중국의 발전에 토대가 되었다.

## 가난은 사회주의 특징이 아니며, 시장경제 장점은 자본주의 전유물이 아니다

개발도상국의 특징은 지도자가 장기 집권하는 가운데도 경제적으로 성공한 국가가 드물다는 점이다. 20세기 제국주의가 후퇴하는 가운데 중동·중남미·유라시아 지역에서 여러 민족국가가 새롭게 건국된 이후 대체로 강력한 지도자들이 장기간 통치하였지만, 경제적으로 부강을 이룬 나라가 거의 없다. 개도국 지도자들은 국민을 위한다는 열정과 권력을 가지고 있었지만, 경제적인 통찰력이 없었고 나라를 부강하게 만드는 방법을 몰라 국민들의 잠재력을 끌어내지 못하였다. 마오쩌둥 시절의 중국도 예외는 아니어서 공산주의적 논리에 매달려 자본주의적 사고방식을 적으로 규정하고 공동생산, 공동 분배의 틀에서 벗어나지 못했다. 개혁이 시작되기 전인 1977년의 중국은 1949년 건국 이전의 중국과 커다란 변화가 없었다. 자연재해와 기근이 빈발한 가운데 농민들은 텅 빈 밥그릇을 들고 누더기를 걸친 채 구걸하고 진흙 오두막에서 한 가족이 담요 한 장으로 버티기도 했다.

이러한 중국이 변하기 시작한 것은 덩샤오핑의 현실에 대한 분명한 인식에서부터였다. 마오쩌둥은 처참한 현실을 외면하고 부정하였지만, 덩샤오핑은 중국이 낙후된 국가라는 것을 직시하는 가운데 변화를 위하여 개혁과 외부의 도움이 필요하다고 판단하였다. 덩샤오핑은 국민들의 헐벗고 유랑하는 모습을 보고 공산주의가 가난해야 하는 것이 아니며, 사회주의가 후진적이고 빈곤한 상황을 의미하는 것이 아니라고 하면서 가난을 극복하기 위하여 시장경제의 경쟁을 도입해야 한다고 주장하였다.

그는 사회주의에도 시장경제의 인센티브가 있고 자본주의에도 계획경제의 규제가 있을 수 있으며, 시장경제의 장점을 활용하는 것이 공산주의를 포기하고 자본주의로 나아가는 것은 아니라고 강조하였다. 이윤동기 부여·상품경제·건전한 경영 등 시장적 요인을 활용하여 중국 사회를 발전시켜 나가기 위해 시스템을 개조해 나갔다. 이를 위해 그동안 권력을 한 사람에게 집중시키면서 사상적 통일에 초점을 맞추었던 마오쩌둥의 시스템 대신 중앙의 권한을 지방 간부·향진기업·농민들에게 위임하여 융통성을 부여하는 제도로 바꾸었다.

그는 국가의 현대화를 위한 목표를 구체적으로 설정하고 이를 실천해 나갔다. 1980년에 2000년까지 국민소득을 4배 증진시켜 나가는 목표를 설정한 후 이 목표가 가능한지를 세계은행 등의 전문가들과 수시로 협의하고 매년 성장 과정을 확인했다. 국제경제 기구와 협력하여 개발 프로젝트를 마련하고 경제발전에 소요되는 대규모 투자를 유치하기 위하여 화교 자본을 확보하려는 노력도 기울였다. 개혁 과정에서 한국·대만 등 성공한 국가들의 현대화 경험을 참고하는 등 자본 국가나 공산국가 관계없이 어느 국가의 정책이나 지원이라도 목표를 달성하는 데 도움이 되면 수용한다는 실용주의적 입장을 취하였다.

덩샤오핑은 국가 시스템을 개조하기 위하여 사전 정지 작업으로 과학·기술 및 교육에 역점을 두었다. 마오쩌둥 시대에는 정치적 사상이 검증되지 않고는 고등교육을 받지 못했지만, 덩샤오핑은 대학입시 제도를 부활하여 누구라도 능력이 있으면 고등교육을 받는 데 지장이 없도록 하고 유능한 젊은이들을 해외로 파견하여 선진 과학기술을 배우도록 하였다. 미국과 수교 이후 매년 수천 명의 유학생을 내보냈는데 인재유출을 우려하는 시각도 있었지만 이에 개의치 않았다. 아울러 해외 중국계 두뇌를 초청하여 자문을 듣고 고급인력 확충에 심혈을 기울였다. 덩샤오핑의 중국 현실에 대한 분명한 인식, 과학기술 및 교육에 기반한 개혁개방, 시장경제의 장점과 선진 기술의 도입 등이 중국 발전의 초석이 되었다.

## 외교에 분명한 목표가 있었다

덩샤오핑은 외교 업무를 총괄하면서 소련·베트남의 위협에 대응하는 것과 서구와의 협력을 통하여 중국의 현대화를 추진하는 데 목표를 두었다. 당시 중국의 최대 관심사는 1969년 중·소 국경분쟁 이후 주적이 된 소련의 베트남 진출을 억제하는 것과 베트남의 캄보디아 침략에 대응하여 동남아시아 국가와의 통일전선을 구축하는 것이었다. 이러한 목표 하에 14개월 동안 동남아 5개국·북한·일본·미국 등 8개국을 방문하였는데 어느 국가를 방문하더라도 소련 패권주의의 위험성과 이에 대항하기 위하여 중국과의 협력이 중요한 점을 강조하였다. 덩샤오핑은 1978년 9월 평양을 방문하여 북한이 소련과 접근하는 것을 미연에 방지하는 외교를 하였으며, 1978년 11월 태국·말레이시아·싱가포르 등 동남아 국가를 방문하여 소련·베트남의 위협을 설명하면서 중국과의 공동전선 구축을 요청하였다.

미국이 소련에 우호적이지 않도록 1978년 12월에 미국의 대만 무기 수출을 수용하면서까지 서둘러 수교한 이후 1979년 1월 미국을 방문했다. 그는 카터 대통령에게 소련이 아프가니스탄을 침공할 가능성이 있고 지역 패권을 확장해 나가고 있는 점에 우려를 표명하면서 동남아 지역에서 소련의 팽창을 견제할 목적으로 중국이 베트남을 공격할 것임을 미리 알려주었다. 이에 대하여 카터 대통령은 중국의 베트남 공격에 반대하는 의견을 나타냈지만 적극적이지 않았다. 덩샤오핑은 중국이 베트남을 공격하더라도 소련은 미국을 의식하여 베트남을 지원할 가능성이 희박하다는 정세 판단을 내린 이후 1979년 2월에 베트남을 공격하였다.

덩샤오핑의 정책 이행 과정을 분석해 보면 전략과 목표를 치밀하게 세우고 이를 주도면밀하게 실행해 나간 것을 알 수 있다. 그는 동남아시아에서 소련·베트남의 위협을 제거하겠다는 전략을 세운 이후, 베트남의 캄보디아 침공을 명분으로 베트남을 공격하겠다는 목표를 설정하였으며 이를 위한 방책을 실행하였다. 먼저 중국 군대를 베트남 국경선에 집결시켜 공격을 준비해 나가는 한편 동남아 국가 등을 방문하여 이들 국가의 협조를 확보하였다. 또한 베트남을 전면적으로 공격할 경우에 소련이 참전할 가능성도 배제할 수 없다고 보아 일부 국경선만 넘어 베트남을 침략하는 군사전을 기획하였다. 실제로 1979년 2월 베트남은 중국이 침략하자 강력히 저항했고 오히려 중국군의 피해가 커 중국의 군사작전이 성공했다고 할 수 없었다. 다만, 중국이 베트남을 공격했을 때 소련이 지원하지 않았고, 이후 베트남이 중국을 의식하여 캄보디아로부터 철수하여 중국은 소기의 목적을 달성하였으며 이로 인해 덩샤오핑의 위상은 더욱 확고해졌다.

덩샤오핑은 중국의 현대화를 위해 첨단 과학기술의 지원을 받는데 큰 노력을 기울였다. 그는 미국·일본의 과학센터 및 첨단기업을 방문하여 현장 모습을 관찰하고 국내 발전을 위하여 어떠한 점을 수용할지 고민하였다. 일본의 닛산자동차·신일본제철소·마쓰시타 전기회사 등을 방문하고 신칸센 고속열차를 직접 탑승하면서 신기술 발전의 중요성을 깨달았다. 신기술의 습득뿐만 아니라 생산 및 품질을 제고하는 관리능력이 중요하다는 것을 이해하게 되어 일본에 대규모 중국 사절단을 보내어 연수하도록 하였다. 또한 국가의 현대화에 제철 능력이 필수적인 점을 알게 된 이후 일본의 지원을 받아 중국 연해 지역에 현대식 대형 제철소를 설립하였다.

그는 미국을 방문하면서 무역·투자보다 과학기술 협력에 초점을 두고 미·중 정상회담에서 첨단 지식·자본·기술 확보를 위하여 노력하였다. 워싱턴 이외에 필라델피아의 템플대학교, 애틀랜타의 포드 자동차, 휴스턴의 항공우주센터 및 석유시추 기술회사, 시애틀의 보잉 항공사를 방문하여 교육 및 최첨단 기술의 위력을 직접 목도하였다. 그는 과학기술 분야의 진전을 위해 중국계 미국 과학자들을 초청하고 뛰어난 젊은이들이 미국에 유학하여 신기술을 습득하도록 장려하였다.

덩샤오핑은 미국·일본 방문을 계기로 개혁개방의 필요성을 더욱 실감하였다. 보수 세력의 반발과 심각한 부패, 빈부격차의 발생 등으로 개혁개방의 속도를 불가피하게 조절하였지만, 그 방향을 바꾸지 않았다. 심지어 1988년 이후 물가 상승 등 개혁에 따른 부작용이 발생하고 1989년 천안문 사태를 전후하여 자신이 지명한 후야오방·자오쯔양 등이 실각하는 등 지도력이 도전받았음에도 1992년 남순강화를 통하여 경제특구 확대 등 개혁의 흐름을 이어가 현재의 강한 중국을 만드는 초석을 깔았다.

## 공산주의가 우선이다

덩샤오핑이 국가를 통치하거나 중요정책을 실시한 방식은 만기친람 萬機親覽이 아니었다. 나이가 많았고 청력이 악화되어 회의에 참가할 수 없는 신체적 어려움 때문이기도 했지만, 원칙적으로 중장기적 전략이나 정책에 집중하였다. 장기 전략을 마련하고 이를 실행할 수 있는 정책을 결정한 이후 자신이 등용한 후야오방 총서기 또는 자오쯔양 총리가 책임을 지고 구체적으로 실행하도록 하였다.

덩샤오핑은 권력을 위임하였지만, 권력의 끈을 놓거나 느슨하게 한 것은 아니다. 공산주의에 대한 확신을 가지고 공산당의 권위에 도전하거나 자신의 방침에 부응하지 못하는 세력에 대해서는 강력하게 대처하였다. 경제성장에 따라 민주 세력의 자유 요구가 심해지고 공산당에 대한 반대가 증가하자 공산당을 비판하는 주도자를 장기간 투옥하고 구금하였으며, 1989년 6월 천안문 사태 시에는 수천 명의 희생을 무릅쓰고 반대 세력을 강하게 진압하였다. 그는 소련과 차이가 있는 중국 특색의 공산주의를 주창하면서 삼권분립에 따른 서구식 민주주의식 체제는 중국에 맞지 않으며 공산당 주도의 통일된 명령 체제가 효과적이라는 신념을 버리지 않았다.

그는 16세에 고향을 떠나 다시는 고향을 찾지 않을 정도로 지역이나 당파·동료와 거리를 두었다. 동료의 개념은 당과 국가를 위한 공통의 대의명분을 위하여 함께 일한다는 의미이며 개인적 친분이나 자신에 대한 충성심으로 동지를 평가하지 않았다. 그 결과 권한을 위임하기는 하지만 개인 간의 의리가 아니라 국가에 도움이 되는가 여부에 따라 인재를 등용하는 판단기준이었다. 자신이 등용한 사람이라도 국가의 이해에 부합되지 않는 경우 최고위직이라도 가차 없이 내치었다. 과도하게 자유를 추진했던 후야오방이나 천안문 사태 처리와 관련하여 학생들의 입장에 공감했던 자오쯔양을 실각시킨 예에서도 알 수 있다.

## 지도자의 리더십, 국가의 위상과 품격을 좌우한다

비스마르크는 지도자라면 역사의 발걸음을 주의 깊게 듣고 그 흐름에 올라타는 것이 중요하다고 하였는데 덩샤오핑은 분명히 역사의 흐름을 읽고 과거에 얽매이기보다 미래로 가는 길로 중국과 중국인을 안내한 통찰력 있는 지도자였다. 그는 중국의 낙후된 상황을 부정하지 않고 직시하는 가운데 중장기전략으로 강성한 중국의 토대를 만들었다. 국제사회와 공생하고 화합하는 리더십이 널리 인정받으면서 덩샤오핑은 20세기의 뛰어난 지도자로 자리매김하였다.

덩샤오핑 시절 우리는 중국과 수교를 하고 한중간의 협력이 증진되면서 국민 상호 간에 호감도도 높았다. 중국은 우리에게 여전히 중요한 협력 대상국이지만 한·중 관계는 우려스럽기만 하다. 우리 정부는 중국에 호의를 나타내기도 하고 일정한 거리를 두기도 했지만, 중국의 한국에 대한 태도는 거칠고 상호 불신으로 나타나고 있다. 최근의 설문조사에서 한중 국민 상호 간 호감도는 어느 때보다 낮은데 중국의 자국 중심적 행동이 주요 원인이라고 하더라도 우리 정부가 뚜렷한 방향감 없이 정부 교체 시마다 진폭이 컸던 책임에서 결코 자유롭지 못하다.

덩샤오핑이 중국을 개조하고 강국으로 만든 뛰어난 지도자이지만 그의 리더십에 대하여 냉철하게 바라보아야 한다. 그는 중국을 경제·군사적으로 강력한 국가로 만들었지만, 정치적 민주화에는 반대하는 입장을 분명히 하였다. 공산당 통치를 절대적으로 우선시했기에 민주주의를 주장하거나 정권을 위협하는 데모에 대하여 무자비할 정도로 진압하였다. 또한 대외적으로 중국 국익을 위해 주변국을 활용하였으며 오랜 우방국이라도 국가이익을 달리할 경우 적으로 삼고 대응하였다. 캄보디아의 폴 포트 정권이 200여만 명을 학살한 비인류적인 집단이었음에도 불구하고 중국에게는 베트남에 대응할 수 있는 전략적 협력 국가로 중요했다. 반면 베트남과는 오랜 기간 우방 관계이었지만 베트남의 친소련 경향과 동남아시아에서의 영향력 확대에 반대하여 침공하였다.

2022년 러시아의 우크라이나 침공 이후 중국이 보인 입장을 살펴보면 중국은 국제사회의 평화와 안전보다 자국의 이해를 우선시하고 있다는 것을 알 수 있다. 우리는 이러한 중국의 속성을 직시하여야 한다. 중국은 북한의 핵·미사일 개발로 주변 정세가 불확실하게 되는 점을 바라지는 않지만 그렇다고 하여 북한에 부담을 주어 자국과의 관계가 긴장되는 점을 바라지 않는다. 더욱이 미·중 갈등국면에서 중국에게 북한은 한국·미국에 대한 중요한 협상카드인 점에 비추어 오히려 북미관계나 남북관계의 진전이 반드시 중국에 유리한 것도 아니다.

우리는 북한 문제를 중국과 협의하는 데 한계가 있다는 시각을 가지고 냉철하게 대응해야 한다. 우리가 매달린다고 중국은 한국을 지지하거나 북한이 핵·미사일 실험을 멈추거나 경제체제의 변화를 시도하도록 권유하지는 않을 것이다. 오히려 한미, 한미일 협력이 긴밀하게 이루어질 경우 남북 간의 협력선에 새로운 돌파구가 있을 가능성이 더 크고, 한중관계도 보다 발전해 나갈 수 있다. 북한과 대화의 채널을 유지하고 중국과 상호 존중하는 관계를 유지하는 가운데 서두르기보다 마라톤을 한다는 자세로 협상해야 할 것이다. 트럼트 대통령의 2기 취임이후 미중 갈등이 더욱 깊어지고 있고 한미 관계도 새로운 국면으로 진입할 가능성이 있다. 이러한 가운데 중국과의 관계를 어떻게 설정할 것인가가 중요해진다. 한중 관계를 호혜적으로 발전시키기 위하여 중국의 향방을 이해하는 것이 중요하며 이러한 측면에서 현재의 강한 중국을 만든 덩샤오핑의 리더십은 우리에게 여러 시사점을 제공해 줄 것이다. 그의 리더십을 되새기면서 현실을 바라보는 냉철한 시각이 필요한 때이다.

# XII. 리콴유 총리
## (싱가포르)

힘의 논리와 국가안보를 통찰력 있게 바라본 역사 인식, 정책을 슬로건이 아니라 성과 측면에서 평가하는 실용적인 통치 방향, 정치적 측근이 아닌 전문적인 인재 등용을 통하여 현재의 경쟁력 있는 싱가포르를 이루었다.

1995년 싱가포르에 처음 도착해 시내로 이동하면서 느낀 감정이 지금도 되살아난다. 물이 흘러가듯 기다림 없이 공항의 수속 절차가 이루어지고 공항을 나서 시내 중심까지 교통의 막힘없이 숙소에 도착하였다. 시내로 들어오는 도로변의 울창한 야자수는 열대의 싱그러움을 뽐내고 있어 한편의 수채화와 같은 느낌이었다. 당시 한국의 공항 수속은 너무나 복잡했고 도로 곳곳이 정비한다고 파헤쳐져 있었으며 도로에서 내뿜는 매연은 거의 통제되지 않고 있었기에 싱가포르의 산뜻한 모습이 나의 뇌리에 깊이 남아있다. 싱가포르는 1965년 독립 전후만 하더라도 도처에 쓰레기가 난무하고 항구의 어수선함이 가득했던 허름한 도시였지만 30년 만에 동남아시아의 정보·금융·물류의 허브가 되고 환경·교통·주택 등 국민의 복지도 일류 수준에 이르렀다.

## 국가를 어떻게 통치해야 하는가?

싱가포르에 대한 깊은 인상으로 근무하는 3년여 동안 그리고 떠난 이후에도 리콴유가 어떻게 국가를 운영하는가를 지속적으로 살펴보게 되고 다른 나라에 근무하면서도 이러한 생각이 옮겨져 그 국가의 현상과 지도자의 통치력을 눈여겨보게 되었다. 리콴유는 인재 등용·역사 인식·국가안보·실용적 접근 등 지도자의 필수적인 자질을 여러 계기에 강조해 왔다. 정치 시스템이 아무리 훌륭해도 지도자의 역량이 미약한 경우 국민은 어려움을 겪게 되지만 정부 체계가 일부 미비해도 지도자가 뛰어난 경우 국가가 성공적으로 운영된다는 것이 그의 지론이다.

이러한 측면에서 그는 끊임없이 효율적이고 창조적인 리더십을 발휘할 인재를 찾았다. 그는 대체로 정치인들이 선거기간 동안 도움을 준 사람들을 등용하는 잘못된 경향을 지적하면서 인재를 등용하는 데 정치적인 논리를 배제하여야 한다는 점을 강조하였다. 이러한 방침에 따라 국가나 중요기관을 이끌 유능한 인재를 발탁하면서 투명하고 합리적인 의사결정을 통해 사람을 뽑았으며 그 기준으로 분석력·상상력·현실감각을 활용하였다. 그는 지도층 인사들이 국가를 어떻게 운영할 것인가에 대한 뚜렷한 역사 인식과 목표 의식을 가져야 한다고 보았다. 역사가 매번 똑같은 식으로 반복되지는 않지만, 특정한 경향과 인과를 나타내기에 역사를 모르면 단기적으로만 생각하게 되는 반면 역사를 알게 되면 중장기적인 사고가 가능하다고 보았다. 그의 이러한 역사관은 목표를 달성하는 실용적인 정책과 연결되어 있었다.

　리콴유는 일본이 군사력으로 영국을 몰아낸 후 잔혹하게 통치하는 것을 보고 싱가포르가 소국이지만 강대국에 의한 힘의 논리에 좌우되어서는 안 된다는 확고한 생각으로 국가의 존위와 국민의 안전을 확보하기 위하여 국방에 최우선 목표를 두었다. 평화는 공짜가 아니며, 어느 나라라도 싱가포르를 공격하면 그 국가도 상당한 손해를 입을 것이라는 강력한 의지를 정책으로 실천하였다. 그는 재임 중 각료 가운데 국방장관의 위상을 총리 다음 서열로 두고, 젊은 남성들은 2년간 의무복무를 하도록 하며, GDP의 5~6%를 국방 예산으로 책정하고, 예비군 훈련을 철저하게 하였다.

　이에 대해 나는 싱가포르가 아무리 국방을 중요시한다고 하여도 말레이시아 또는 인도네시아를 능가하지 못할 터인데 국방에 대한 과도한 조치는 주변국의 반발을 초래하지 않을까 하는 의구심이 들었다. 주변국의 군사력이 싱가포르가 대응할 수준을 훨씬 상회하며, 생존에 필요한 물과 간척을 위하여 모래 등을 주변국에서 수입하는 상황에서 강한 군사훈련을 한다고 무슨 의미가 있을까 하는 점과 함께 당시 주변 국가와의 군사적 긴장이 있지도 않은 상황에서 강도 높은 군사훈련을 하는 것이 이해되지 않았다.

그러나 싱가포르 외교관으로부터 예비군 훈련에 대한 경험을 전해 듣고 북한의 위협에도 불구하고 스스로를 지키는데 해이해져 있는 우리를 되돌아보게 되었다. 그 외교관은 동남아시아 국가들이 가장 중요시하는 아세안(ASEAN)과 아세안 지역포럼(ARF)을 담당하고 있었다. 아세안 회원국들은 ASEAN·ARF 회의를 돌아가면서 개최하는데 싱가포르가 순번이 되어 그는 회의를 실무적으로 준비하는 책임자로서 눈코 뜰 새 없이 바빴다. 우리나라에서 대표단이 방문하는 경우 이를 지원하기 위하여 그와 수시로 업무 협의를 해 왔는데 ARF 회의 개최 얼마 전부터 약 일주일간 그와 연락이 되지 않아 행사를 준비하는데 애로가 생겼다. 그가 다시 나타나 부재한 이유를 물으니 예비군 훈련을 받으러 갔었으며 실전처럼 빡빡한 훈련을 하였다고 하여 나는 혀를 내둘렀다. 우리의 경우 예비군 훈련에 이런저런 이유로 빠지려 하고 설령 참석한다고 해도 시간 때우기라고 할 정도로 훈련의 강도가 미약했던 점에 비추어 그의 설명을 듣고 잠시 말문을 잇지 못하였다.

리콴유는 스스로 실용주의자라고 하였는데 그 정도로 현실적인 시각을 가진 인물이다. 그는 사회적으로 영향을 미칠 수 있는 사안에 대응하는 과정에서 처음 제시했던 방안이 효과를 발휘하지 못하면 성공 가능성이 높은 대안을 찾아 유연성 있게 전환하곤 했다. 그는 국정을 운영하는 데 있어 정치적 슬로건이나 약속이 아니라 실현 가능한가와 목표한 성과를 이룰 수 있는가를 중요한 판단기준으로 삼았다. 그의 실용적인 가치관은 여러 정책으로 나타났는데 내가 경험한 것은 대사관 건물에서 본 그의 보육 정책이다. 싱가포르의 한국 대사관은 시내 중심의 큰 빌딩 내에 있었다. 부임하여 처음 대사관이 있는 건물에 도착하였을 때 여러 여성이 아이들을 데리고 오가고 있어 눈여겨보니 건물 지하 1층의 보육시설에 아이들을 맡기고 건물 내 사무실로 출근하는 것이었다. 아침 8시부터 저녁 6시까지 자격증을 가진 보육교사가 아이들을 맡아주고 있어 여성들이 일하는 데 어려움이 없어 보였다. 건물마다 이러한 보육시설을 갖추고 있어 여성인력을 활용하기 위하여 정부가 노력을 기울이고 있음을 알 수 있었다. 우리의 경우 어린아이를 기르는 엄마들이 자신의 경력을 포기해야 했으며 30여 년이 지난 현재도 젊은 부부들이 육아 문제로 고민하는 현실과 대비된다. 리콴유는 여성인력의 활용을 집권 초기부터 강조해 왔다. 전문직 여성이라는 새로운 사회적 계층을 생성하고, 여성 차별적인 장애물을 제거하였으며, 가족 중심적 유교문화의 한계를 넘어 사회경제적으로 여성인력을 자유롭게 활용하는 개방적 정책을 시행하였다.

그의 또 다른 실용적인 정책 사례는 교통정책이다. 1990년대 중반 싱가포르에 근무하는 동안 수많은 대표단이 방문하여 공항에 영접을 하는 경우가 많았다. 그럼에도 커다란 부담을 느끼지 않았던 것은 교통체증이 거의 없었기 때문이다. 싱가포르 입국 수속을 마치고 공항을 나오면서부터 시내까지 30분 정도 소요되어, 차량 내에서 25분 정도 대표단에 브리핑하고 5분 동안 질문 답변을 하면 숙소에 도착하곤 하였다. 몇 년 전 다시 싱가포르를 방문하는 기회에 예전 거리의 운행 시간을 재보니 거의 변함없이 30여 분 걸렸다. 교통의 흐름이 끊어지지 않는 것은 국민들에게 가능한 한 대중교통을 사용하도록 권장하는 가운데 교통 허용량 안에서만 자동차 등록증을 엄격히 제한하여 발급하기 때문이었다.

싱가포르 정책의 장점에 대한 긍정적인 시각이 많지만, 실용주의 측면이나 사회질서 유지를 지나치게 강조하여 개인의 자유와 창의성을 규제하고 있다는 비판적인 시각도 적지 않다. 개인적으로도 유교적인 가치관과 질서유지를 강조하는 고위 인사의 설명을 듣고 과도하다는 생각이 들었던 사례가 있다. 싱가포르의 셀라판 라마나단 6대 대통령이 국방전략연구소장이었던 시절에 그를 만날 기회가 있었다. 싱가포르에 대하여 느낀 특별한 소감이 있는지 그가 문의하기에 아이가 그림대회에 나갔을 때의 이야기를 했다. 고작 대여섯 살짜리 아이들이 자유롭게 그림을 그리는 대신 컴퍼스와 자를 가져와 산을 그릴 때 자를 사용하고 해를 그릴 때 컴퍼스를 이용하고 있어 창의성보다 정교함에 집착하는 것이 놀랐다고 대답하였다. 이에 대해 연구소장은 비판적 시각을 인정하기보다 어릴 때부터 질서와 규정을 가르치는 것이 필요하다고 설명하여 예술에까지 정부의 방침을 획일적으로 적용하는 싱가포르에서 문화가 발전하기는 쉽지 않겠다는 생각을 가지기도 하였다.

## 세계는 중국에 대한 리콴유의 식견을 원했다

　리콴유는 바쁜 총리직을 수행하면서도 1980년 이래 거의 매년 중국을 방문하여 지도층 인사와 의견을 교환하고 매번 8~10일간 중국 전역을 여행하면서 중국의 변화를 예리하게 파악하였다. 그는 중국의 부상을 미리부터 예견하면서 국제사회가 대응할 방안을 구체적으로 제시하곤 했다. 시일이 지나면서 중국의 부상이 뚜렷해지자 중국의 변화가 가져올 국제사회의 충격이 초미의 관심사가 되었다. 중국이 향후 아태지역에서 미국을 능가할 주도적인 국가가 될 것인가, 된다면 그 시점은 언제일까, 미·중 간의 물리적인 충돌이 발생할 것인가, 동아시아 국가에 대한 중국이 어떠한 입장을 취할 것인가 하는 여러 문제가 제기되었다. 리콴유는 미국이 군사적 및 기술적 우위로 아태지역에서 당분간 주도하겠지만, 2030년 또는 2040년 즈음하여 국민총생산 면에서는 중국이 미국과 견줄 수준으로 올라갈 가능성이 있다고 보았다. 이후 중국이 국내 소요 사태 없이 순조롭게 발전할 경우 2060년경에 아태지역에서 미국을 앞설 가능성이 있을 것으로 예견하였다.

　중국의 부상에 따라 미·중 간에 충돌이 발생할 것인가 하는 점에 대하여 리콴유는 미국과 중국이 서로 경쟁은 하지만 가까운 시일 내에 서로 충돌할 가능성은 미약한 것으로 보았다. 그 이유로 중국은 지속적인 성장을 도모하기 위해 내부적으로 안정이, 대외적으로 평화가 필요하며 이를 위해 당분간 기존 국제질서에 도전하지는 않을 것이기 때문이다. 그럼에도 중국의 부상에 따라 권력추가 움직이는 과정에서 미·중 간의 불협화음은 20세기의 영국에서 미국으로 권력이 이동하던 당시보다 더 많이 표출될 것으로 보았다.

　중국 문제에 대한 그의 식견은 독보적이었고, 2015년 서거할 때까지 세계 주요 지도자들은 싱가포르를 방문할 때마다 중국에 대하여 그로부터 자문을 구하였는데 그의 의견과 평가는 늘 국제사회의 화두가 되었다. 닉슨 대통령은 1972년 중국을 방문하였는데 그 이전에 리콴유를 만나 중국에 대한 의견을 들었고, 키신저 국가안보좌관은 1971년 중국을 비밀 방문하기 전에 리콴유를 만나 중국의 동향과 동아시아에서의 지정학적 변화에 대한 조언을 구하였다. 이에 리콴유는 중국이 빈곤한 국가이지만 가까운 시일 내에 아시아의 주도 국가가 될 것이며 미·중관계를 실용적으로 형성해 나가도록 권유하였다.

　덩샤오핑 중국 최고지도자는 1979년 미국을 공식 방문하기 이전인 1978년 싱가포르를 방문하여 리콴유로부터 경제개혁·중국의 현대화 방안·중국의 대외전략 등에 대한 의견을 청취하였다. 리콴유는 미국과 외교관계를 정상화하여 선진 기술을 도입하고 외국자본을 유치하도록 조언하였다. 이에 덩샤오핑은 점차 개혁개방정책을 취하면서 미국 등의 투자유치를 통해 고속 성장의 기반을 구축하였다.

　마가렛 대처 영국 수상도 1982년 덩샤오핑을 만나기에 앞서 리콴유를 만나 홍콩 반환 문제 등에 대한 조언을 구하였다. 이에 리콴유는 덩샤오핑의 리더십, 중국인의 사고방식을 설명하면서 중국이 영토주권 문제에 대하여 절대 양보하지 않을 것이며 홍콩을 예정대로 반환하지 않을 경우 무력으로라도 확보할 것이라고 설명하였다. 대처 수상은 홍콩을 계속 통치하려는 계획을 바꾸어 1984년 공동성명으로 반환 문제를 잘 마무리하고 여러 현안에 대하여 중국과 실질적인 협력이 이루어지는 방향으로 타결하였다.

## 미국의 동아시아 관여를 주장하고 중국의 부상에 기여하다

중국이 성장하면서 향후 동아시아 국가에 우호적일지 여부에 대해 리콴유는 확신하지 못하였으며 이 때문에 미국의 적극적인 균형자적 역할이 필요함을 주장하였다. 중국은 나라가 크든 작든 평등하며 자국이 패권국이 아니라는 것을 여러 차례 강조해 왔다. 이에 대해 리콴유는 중국이 스스로 패권국이 아니라고 자주 언급하고 있는 것 자체가 오히려 국제사회의 의구심을 불러일으키고 있다고 비판하였다. 그는 중국이 거대한 시장과 구매력으로 동아시아 국가들을 자국의 경제체제 안에 흡수하고 있어 일본·인도 등 여러 아시아 국가가 단합하더라도 중국에 대응하기에 어려울 정도가 되었다고 보았다. 나아가 중국이 평화를 추구한다고 주장하지만, 과거 역사를 돌이켜볼 때 주변국과의 비대칭적인 힘의 관계가 있었던 점을 상기시켰다. 중국은 미국과 달리 관대한 강국이 아니기에 아시아 지역에서 기울어진 힘의 불균형을 개선하기 위하여 미국이 적극적으로 관여하는 것이 필요하며 이것이 동아시아 전체적으로 이익이 된다는 입장이다.

중국에 대한 그의 평가가 냉철하고 비판적이며 또한 현실적인 것을 알 수 있지만 동시에 중국의 중요성도 강조하여 균형감을 잃지 않았다. 그는 중국이 소련과 같이 이념적인 경쟁으로 소멸할 국가가 아니며, 미국에 견줄 수 있는 강대국이 될 잠재력을 가진 나라임을 국제사회가 인정해야 한다고 주장하였다. 나아가 미국은 중국의 부상을 막을 것이 아니라 중국과 지배적 지위를 공유하면서 더불어 살아야 한다는 점을 강조하였다. 중국의 주권과 통합에 도전하는 경우 중국의 적대감을 불러일으키기에 중국을 적으로 돌리기보다 중국의 문화를 이해하는 가운데 중국이 국제 협력의 길로 나가도록 유인책을 제시할 필요성이 있다고 설명하였다.

리콴유의 중국에 대한 시각, 특히 중국의 부상에 대비하여 아태지역에서 미국의 균형자적 역할을 강조해 중국 젊은 층에서 리콴유에 대한 강한 거부감이 있기도 하였다. 그럼에도 그는 중국의 개혁개방과 성장에 실질적으로 기여하는 한편 세계 지도자들에게 중국의 역량이나 잠재력을 설득력 있게 설명하고 중국과의 협력이 필요함을 강조하여 중국 지도층으로부터 신뢰를 얻었다. 또한 중국의 비효율적인 인력운영과 관리되지 않은 행정 실태, 열악한 도로체계, 풍부한 관광자원의 미활용 등 부정적인 면을 적시하고 해결 방안을 구체적으로 제시하여 중국의 발전에 일조하였다. 덩샤오핑은 아세안국가와의 지역적 협력을 위하여 리콴유에게 자신이 무엇을 어떻게 하는 것이 좋은가 하는 자문을 구하고, 중국 인사들에게 개혁개방의 성공을 위해 싱가포르를 배우라고 지시하여 중국의 각계 대표단이 줄을 이어 싱가포르를 방문하기도 했다. 이러한 신뢰감이 쌓여 자오쯔양 총리는 리콴유를 중국의 오랜 동지라고 지칭하였고, 시진핑 주석은 리콴유의 타계 시 그를 중국 인민의 오랜 친구라고 하면서 조의를 표하였다.

## 경쟁력 있는 국정운영 능력과 중국에 대한 냉철한 시각이 요구된다

리콴유는 한 세대 이전의 인물이지만 그의 국정운영 방식은 우리에게 많은 시사점을 던져 주고 있다. 그의 지도자 관은 명확하다. 지도자는 엄격한 과정을 거쳐 등용된 인재의 조언을 받아 단기간의 안목이 아니라 중장기적인 시각으로 정책을 실행하여야 한다고 주장한다. 그러나 전략적인 시각과 국민 전체를 아우르는 따뜻한 취지로 선택한 정책이라도 기대한 방향으로 나가지 못하고 성과를 거두지 못한다면 대안 정책으로 나아가야 한다고 부연한다. 지도자들은 현 상황이 어떠한가를 냉정하게 인식하는 가운데 실천 가능한 정책을 선택하여야지, 새로운 시도를 한다고 하여 과거를 부정하거나 타당성이 입증된 기본 가치와 원칙을 바꾸어서는 안 된다고 강조하였다.

중국에 대한 리콴유의 시각이 통찰력 있었다는 것은 중국의 변화된 과정과 현재의 발전된 모습이 증명하고 있다. 닉슨부터 오바마까지 미국 대통령이 중국에 대한 리콴유의 시각을 경청한 것은 그가 중국의 문화를 잘 이해하는 가운데 중국 지도층과 긴밀하게 의견을 나누면서 중국에 대한 깊은 식견을 갖추었던 지도자였기 때문이다. 이에 반해 중국과 수천 년에 걸쳐 국경을 접하고 가장 빈번하게 교류하였던 우리가 중국에 대하여 잘 알고 있을까 하는 의구심이 든다. 조선 지도층의 과도한 중화 의식과 유교에 대한 맹신으로 조선왕조 내내 중국의 압력을 받았으며 근래에도 그러한 관례가 답습되지 않고 있다고 확신할 수 없다. 중국은 협력을 끌어내야 할 중요한 상대이기에 중국의 특성을 치밀하게 파악하여 대처하여야 한다. 이러함에도 불구하고 중국의 입장에 맞추면 한중 관계가 원만하게 전개된다고 믿거나 중국을 직설적으로 비난하는 것이 우리 국익에 도움이 된다고 생각하는 극단적 시각이 상반되어 나타나고 있다. 이에 반해 조그만 섬나라의 지도자인 리콴유는 중국을 직시하면서 냉철하게 대응하거나 또는 중국이 책임 있는 이웃 나라로 성장하도록 성의껏 지원하였다. 이런 이유로 중국 지도층이 싱가포르를 가볍게 보지 않고 리콴유에 대하여 깊은 존경심을 보였다는 점을 우리는 뼈아프게 받아들여야 한다.

국제사회는 튀르키예의 아타튀르크·러시아의 레닌·중국의 덩샤오핑과 함께 리콴유를 국가를 개조한 지도자로 평가하고 있다. 키신저는 이에 더하여 국제 문제에 대한 분석 수준이나 깊이가 탁월했던 지성인이고 전략적 감각을 가진 사상가로도 평가하고 있다. 힘의 논리와 국가안보를 통찰력 있게 바라본 역사 인식, 정책을 슬로건이 아니라 성과 측면에서 평가하는 실용적인 통치 방향, 그리고 정치적 측근이 아닌 전문적인 인재 등용을 통하여 현재의 경쟁력 있는 싱가포르를 이루었다는 점을 우리 지도자는 분명하게 인식하여야 할 것이다.

# XIII. 아타튀르크 대통령
## (튀르키예)

공화제를 도입하고 개혁정책을 통해 국가를 개조한 전략가이었다. 긴 안목으로 국가를 설계한 통찰력과 현실적인 개혁이 있었기에 현재의 튀르키예가 가능했다는 것을 역사가 말해 주고 있다.

튀르키예에 대사로 부임한 이후 방문하는 곳마다 국부 아타튀르크의 자취를 보게 되어 참으로 특이한 나라라는 생각이 들었다. 이스탄불 국제공항의 이름이 아타튀르크 공항이었고 모든 화폐에는 아타튀르크의 모습이 새겨져 있었다. 전국 어느 도시를 가더라도 그의 이름을 딴 거리가 있었고 시내 중심마다 아타튀르크의 동상이 세워져 있었으며, 어느 관공서를 가더라도 그의 사진이 사무실 중앙에 걸려 있었다. 외국의 대사들은 대통령에게 신임장을 제출한 이후 튀르키예 정부가 주선하는 아타튀르크 영묘靈廟 방문을 첫 외교 행사로 마치고 나서야 공식적으로 활동하였다.

아타튀르크를 너무 신격화하는 것이 아닌가 하는 생각도 들었지만, 여러 계층의 튀르키예 사람들과 이야기해 보면 거의 모두가 아타튀르크를 진심으로 존경하고 국부로 생각하고 있음을 알 수 있었다. 그래서인지 아타튀르크의 시신을 모셔 놓은 앙카라의 영묘는 튀르키예 국민들이 꼭 가봐야 할 버킷 리스트 방문지로서 사시사철 참배하는 사람들로 붐빈다. 영묘 건물 안은 우리의 현충원 같이 옷깃을 여미는 분위기이지만, 그 앞 광장은 유명 관광지처럼 남녀노소 사람들로 활기가 넘치고 사람들이 영묘를 배경으로 사진을 찍는데 여념이 없었다. 서거한 지 90여 년이 되는 지금도 아타튀르크는 여전히 국민들 삶의 한 부분이고 그가 남긴 정책이 아직도 튀르키예를 통치하고 있다고 하여도 과언이 아니다.

## 군사적인 열세를 외교적인 책략으로 극복하고 나라를 건국하다

　무스타파 케말 아타튀르크, 그의 본명은 무스타파이고, 중학교 시절 수학을 잘해 완벽하다는 의미의 케말이 별칭으로 붙어 무스타파 케말이라고 불렸다. 튀르키예 공화국 출범 이후 1934년 가족법에 따라 모든 사람이 성(姓)을 갖게 되었는데 그에게는 의회가 부여한 '튀르키예인의 아버지'라는 의미의 아타튀르크가 붙었다. 그래서 1934년 이전에는 무스타파 케말이라고 불리다가 이후에는 아타튀르크라고 불린다. 튀르키예인에 대한 여론조사에서 가장 자랑스럽게 생각하는 역사적 인물로 꼽는 1위는 단연 아타튀르크이다. 비잔틴 제국의 콘스탄티노플을 점령했던 오스만 제국의 메흐메트 2세 술탄이나, 중동·발칸·북아프리카에 걸쳐 광대한 영토를 차지했던 슐레이만 대제보다 아타튀르크를 국민들이 더 추앙하고 있는데 그에 대한 기록을 읽어보면 충분히 이해할 만하다.

　아타튀르크의 업적은 크게 양분된다. 그는 한편으로 오스만 제국이 처절하게 와해되는 가운데 소아시아 지역에서나마 튀르키예를 보전하여 나라를 구하였으며, 다른 한편 오스만 제국과는 완전히 다른 정체성을 가진 공화국을 건국하고 광범위한 개혁을 하여 나라를 근대화시켰다. 그는 시대가 낳은 인물이었지만 시대를 뛰어넘은 인물이기도 했다. 그가 태어나고 성장한 19세기 말과 20세기 초에 오스만 제국의 운명은 크게 흔들리고 있었다. 15~17세기에 걸쳐 유럽 세력을 좌지우지했던 오스만 제국이 19세기에는 오히려 유럽 강국에 의해 그 운명이 이리저리 흔들리고 있었다. 대외적으로 러시아의 남진, 영국·프랑스의 침탈, 제국 내 각 민족의 저항으로 방향을 잃었고, 국내적으로 술탄 등 지배층과 젊은 장교 등 신진 세력이 시대의 흐름을 좇고자 개혁하였으나 실패하였다. 설상가상으로 1912~13년 발칸전쟁에서 패배하여 일부 지역이 제국으로부터 떨어져 나갔고 제1차 세계 대전에 독일·오스트리아 편이 되어 참전하였지만 패전하여 제국은 와해되고 있었다.

이처럼 허물어지고 있는 오스만 제국에서 튀르키예 사람들이 그나마 기댈 수 있는 유일한 희망은 무스타파 케말 뿐이었다. 그는 군사적 전략가일 뿐만 아니라 난세의 지도자라고 평가받는데 그 결정적인 계기가 1915년 갈리폴리 전투였다. 무스타파 케말의 갈리폴리 전투는 임진왜란 당시 이순신 장군이 명량해전에서 불과 13척의 배로 133척의 일본 수군을 크게 물리친 명량해전으로 유추하여 보면 이해하기 쉽다. 갈리폴리는 다르다넬스 해협에 연해 있는 지역으로 지중해에서 이스탄불 및 흑해로 진입하는 요충지이다. 제1차 세계대전 중 러시아는 독일에 의해 유럽대륙·발트해 진출이 좌절되고 오스만 제국으로부터 지중해 진출이 저지당해 동맹국인 영국에 지원을 요청하였다. 당시 윈스턴 처칠 해군성 장관은 독일에 가담한 오스만 제국을 무너트리고 러시아를 지원하기 위해 갈리폴리 지역에 각종 장비와 많은 병력을 투입하였으며 무리 없이 장악할 것으로 판단하였다.

이에 반해 오스만 군대는 병력 및 군수보급에서 상당히 열악했고 영국·프랑스가 주축이 된 연합국과 전투하면서 탄약이 없어 후퇴할 정도였다. 이런 상황에서 최전선에서 지휘하던 무스타파 케말은 탄약이 떨어지면 총검을 써서 육탄전으로 버틸 것을 지시하는 등 배수진을 친 가운데 전투하여 연합군을 물리쳤다. 당시 그가 부하들에게 "공격하라는 명령을 내리지 않겠다. 다만 죽으라는 명령을 내린다. 우리가 죽을 때쯤 다른 부대와 지휘관들이 우리의 임무를 대신할 것이다."라는 지시는 튀르키예에서 회자되는 내용으로, 이순신 장군이 명량해전을 앞두고 말한 '살고자 하면 죽을 것이요, 죽고자 하면 살게 될 것이다(必死則生, 必生則死)'와 거의 유사하다.

  1915년 3월부터 1916년 2월까지 1년 가까이 지속된 전투에서 34만여 명의 양측 젊은이들이 희생되었다. 연합국이 갈리폴리 전투에서 패배한 이후 처칠은 해군성 장관직에서 물러나야 하는 불명예 퇴진을 해야 했다. 갈리폴리의 승리에도 불구하고 오스만 제국은 결국 연합국에 무릎을 꿇고 해체 과정을 밟았다. 영국과 프랑스는 중동 지역을 차지하고 이탈리아·그리스는 소아시아 남부·서부를 장악하며 제국의 수도였던 이스탄불은 영국·프랑스·이태리가 공동 관할하게 되었다. 아르메니아는 소아시아 동부까지 영역을 확장하고 쿠르드는 독립하며, 외국인들에게는 치외법권의 특권이 주어지도록 하는 세브르 조약안이 제시되었다.

  그러나 무스타파 케말은 이 조약안을 거부하고 독립전쟁을 시작하였는데 그 과정은 절대 순탄치 않았다. 갈리폴리 전투로 국민의 신뢰를 얻었던 무스타파 케말을 중심으로 저항의 구심점은 형성되었지만, 군사적 전력이 절대적으로 열세이었기에 국민들의 적극적인 지원만으로 극복할 수 있는 상황이 아니었다. 그는 전력의 열세를 만회하기 위하여 국제 상황의 변화를 읽으면서 외교를 통하여 연합세력 간의 분열을 조장하였다. 그는 영국·프랑스 간 상호 이견이 심하고 오랜 전쟁으로 프랑스·이탈리아 등은 소아시아에서 군사적 행동을 지속할 의사가 없으며 영국에서도 장기간의 전쟁에 대한 국민들의 염증 여론이 증가하고 있는 점을 파악하였다. 동부전선에서도 커다란 변화가 생겨 1917년 소련의 혁명 이후 정권을 장악한 소련의 볼셰비키는 제1차 세계대전에서 연합하였던 영국·프랑스를 제국주의 국가로 경계하면서 오히려 케말 군대에 대하여 무기 및 자금 지원을 하였다.

이러한 상황에서 러시아를 이용하여 영국을, 영국을 이용하여 프랑스를, 그리고 불가리아를 이용하여 그리스를 견제했다. 외교를 통하여 프랑스·이탈리아에게 경제개발 특권을 부여하면서 소아시아에서 그 병력을 철수하도록 하였다. 무스타파 케말은 연합국의 분열된 상황을 십분 활용하여 영국·프랑스 등과 전쟁을 피하는 가운데, 그 전력을 그리스 및 아르메니아를 격퇴하는데 집중하였다. 이를 통해 4년간의 독립전쟁을 승리로 끌어냈고 마침내 소아시아 지역을 보전한 가운데 튀르키예 공화국을 건국하였다.

## 세속적 정치체제, 전방위 개혁 그리고 주변국과의 평화를 이루다

무스타파 케말은 새로이 건국된 튀르키예를 어떤 방식으로 개혁할 것인가를 고민했다. 정치체제와 관련하여 오스만 제국의 술탄제와 칼리프제를 폐지하고, '모든 정당한 정부는 공화제'라는 장 자크 루소의 개념과 이를 모태로 한 프랑스의 공화제를 도입하였다. 다만 오스만 제국의 양대 근간이었던 술탄과 칼리프를 동시에 폐지할 경우 심한 반발이 일어날 것을 예상하여 공화국을 건국하기 이전인 1922년에 이슬람 종교에 기반한 술탄 중심 시스템을 먼저 폐지하였다. 다음 단계로 광신적 믿음은 사라져야 하며, 종교를 정치와 분리하는 세속적 정치체제를 추진하였다. 그는 칼리프제도가 중세의 용종과 같다고 보면서 1924년 의회의 결정을 빌어 칼리프제를 폐지하고 모든 종교학교를 일반 학교로 전환시켰다.

무스타파 케말은 술탄제 및 칼리프 지위를 폐지한 이후에도 개혁 조치를 계속해 나갔다. 그는 종교적 권한이 아니라 국가 의지가 담긴 혁명적인 조치를 취하여만 근대화가 이루어질 수 있다고 보았다. 그가 취한 대표적인 근대화 조치가 문자 개혁이었다. 당시 오스만 제국은 아랍어를 쓰고 있어 문맹률이 90%에 이를 정도로 높았다. 그는 국민들의 문자 해독능력을 증진시키기 위해 튀르키예어를 새로 만드는 문자 위원회를 구성하였다. 위원회 위원들은 문자를 새로 만들고 교육시키며 활자화하는 데 5년 정도가 소요될 것으로 보고하였다. 그러나 무스타파 케말은 3개월 이내에 새로운 문자를 만들도록 하였으며 새 문자가 제정된 후 바로 교육하고 활자화해 나갔다. 그는 아랍 문자가 이슬람과 오스만 제국을 연결하는 수단이었기에 새로운 문자를 만들어 그 연결고리를 끊고자 하였다. 새로운 튀르키예어는 한국어와 같은 표음문자로 배우기가 쉬워 튀르키예인의 문자 습득률이 급속히 증진되었으며, 튀르키예어로 쓴 오르한 파묵의 소설이 2006년 노벨문학상을 수상할 정도로 언어의 깊이도 있다.

또 다른 개혁 조치는 여성의 해방이다. 오스만 제국의 관념적 인식은 여성이 열등하기에 남편 등 가족뿐만 아니라 사회 전체가 여성을 주시하고 보호해야 한다는 것이다. 그러나 무스타파 케말은 남녀가 평등하며, 여성이 인간의 어머니이기에 동등한 교육, 나아가 더 나은 교육을 받아야 한다고 주장하였다. 그는 가족법을 개정하여 일부다처제를 없애고, 남녀가 동등한 권리로 결혼과 이혼을 할 수 있도록 하였으며, 새로운 선거법으로 여성에게 동등한 선거권과 피선거권을 부여하였다. 이러한 획기적인 조치에 대하여 의회 내 선거법 개정 과정에서 소동이 일어나고 특히 이슬람 세력의 반대가 심했다. 그럼에도 무스타파 케말은 오히려 여성의 투표를 독려하여 1935년 총선에서 17명의 여성 의원이 당선되었다.

무스타파 케말은 독립 전쟁 중에는 연합국 간의 갈등을 이용하였지만, 독립 후에는 주변국과 분쟁을 마무리하는 데 중점을 두었다. 그는 '국내의 평화를 통해 세계의 평화로(Peace at Home and Peace in the World)'라는 평화에 중점을 둔 외교 정책을 채택하였으며 외국의 분쟁에 가능한 한 관여하지 않았다. 이러한 외교정책에 따라 영국이 장악한 동남부 지역의 모술을 양보하였다. 모술은 석유 생산지로 쿠르드 분리주의자들의 거점이 될 가능성이 우려되었지만, 영국과 계속 전쟁을 한다고 하여 승리하기도 어렵고, 튀르키예의 독립 후에도 그리스와의 긴장이 지속되고 있었으며, 이탈리아의 무솔리니가 튀르키예의 남부인 안탈리아를 점령할 가능성도 있었기 때문이다. 그리스와는 서로의 영토에 거주하는 그리스계 110만여 명과 무슬림계 38만여 명 간의 강제 인구 교환을 실현하여 화해하였고 상호 총리 방문을 통하여 전쟁으로 인한 불신을 극복하였다. 또한 수백 년간 경쟁 관계였던 페르시아 그리고 이라크 및 아프가니스탄과 사다바드 평화조약을 맺어 튀르키예 동부 지역의 안정도 확보하였다.

무스타파 케말은 국제사회의 변화에 대하여 예리한 식견을 가졌는데 히틀러의 정책이 국민을 노예화하는 경향이 있다고 보았고, 무솔리니가 권력을 잡았지만 향후 국민의 반대로 축출될 가능성이 있다고 보았는데 정확한 판단이었다. 그는 독일 히틀러와 이탈리아 무솔리니의 부상이 국제적인 위협으로 대두될 것으로 예상하여 이에 대비하기 위해 발칸 국가들과 발칸 협약(Balkan Entente)을 맺는 등 국제적인 협조 망을 구축하였다. 소련과의 관계에서는 독립 단계에서 많은 협조를 받았고 스탈린에 대하여 높이 평가하기도 했지만, 볼셰비키 정권이 유럽 및 아시아의 위협요인이 될 것으로 보아 점차 거리를 두었다. 나아가 제2차 세계대전에는 중립 입장을 견지하여 제1차 세계대전에서와 같은 국가적 비극에 직면하지 않도록 조치하였다.

## 100년을 관통하는 아타튀르크의 통찰력이 주는 교훈

중동 국가들은 대체로 이슬람을 국교로 삼아 정치와 종교가 연계되어 있으며, 오랜 전통에 얽매어 정치·사회구조가 지금도 경직적이다. 중동 국가의 정치는 독재 및 왕권 국가에서 벗어나고 있지 못하고 여성의 인권 유린은 여전히 자행되고 있다. 그나마 민주주의를 경험한 나라는 이란과 튀르키예 정도인데 이란은 선거를 통하여 국민의 비판적인 여론이 표출되기는 하지만 지난 45여 년 간 신정체제가 강력히 운용되어 종교가 사회 전체를 압도하고 있다. 튀르키예 역시 이슬람의 영향력이 커지고 권위주의적 정치가 확대되는 가운데, 언론에 대한 통제도 있지만 중동의 이슬람을 믿는 국가 가운데 유일하게 공화제 국가이다. 튀르키예에서 탄력적인 정치체제가 갖추어진 것은 무려 100여 년 전의 일로 아타튀르크가 개혁을 통해 종교가 정치를 지배하지 못하도록 하는 정치구도를 만들었기 때문이다. 아울러 튀르키예에서는 여성의 평등과 사회참여를 제도화하여 법적으로 여성의 투표권 행사와 사회 진출에 제약이 없다. 남성 중심의 사회적 관습이 남아 있고 최근 들어 튀르키예의 이슬람화가 강화되는 경향을 보이고 있지만 다른 중동 국가와는 제도적으로 완전히 다르다.

이와 같이 아타튀르크는 오스만 제국 당시 종교가 지배적이었던 사회에서 튀르키예 공화국을 건국한 이후 세속적인 국가 구조로 완전히 개조하였으며, 그가 시행한 국가 개혁은 100년이 지난 현시점에도 작동하고 있다. 이러한 점에서 아타튀르크는 창의적이고 진취적인 구상을 현실화하였고, 사회의 구도 자체를 변화시킨 통찰력 있는 지도자라고 평가된다. 재임 중의 성과에 연연하기보다 긴 호흡으로 보면서 국가경쟁력을 높이는 정책을 시행하는 것이 국가 지도자의 책무라는 것을 100년이 지난 현재 아타튀르크가 남긴 유산을 통하여서도 느낄 수 있다.

튀르키예는 발칸전쟁·제1차 세계대전·독립전쟁 등 1911~1923년까지 12년간 오랜 전쟁으로 국력이 약화되고 전쟁수행 능력은 그리스 등 상대 국가에 비하여 절대적으로 열세였다. 무스타파 케말은 이러한 열세를 상대국의 상호 갈등을 이용하여 극복하였다. 독립 이후에는 국내 안정을 위하여 적대관계이던 주변 국가들과 협력관계를 끌어내고, 제2

차 세계대전에서는 중립을 유지하여 더 이상 국제분쟁에 나라가 관여되지 않도록 하였다. 그가 이러한 성과를 거둘 수 있었던 것은 젊은 시절부터 시리아·리비아·불가리아 등 해외 경험으로 국가 간 경쟁 및 국제적 흐름을 면밀하게 파악하여 활용하였기 때문이다. 또한 독립전쟁 시 서로 총칼을 겨누었던 적대국과도 적극 화해를 추진한 것은 튀르키예의 안보를 확보하기 위한 포석이었다.

최근 미중 간 갈등, 중국·일본 내 민족주의의 횡행 등 우리를 둘러싼 국제 환경은 바람직하지 않은 방향으로 움직이고 있다. 이런 상황에서 우리는 여전히 과거에 얽매이어 국제적 변화에 대응하지 못하고 있다. 그동안 우리의 미국·일본과의 협력은 원만하게 이루어져 왔는데 새로이 취임한 트럼프 행정부 하에서 한미일 삼국 협력이 어떤 방향으로 나아갈 지가 관건이다. 미국·일본과의 신뢰를 재확인하고, 한중일 3국 간 협력을 위해 교류를 확대해 나가며, 주요 국제 문제에 대한 여러 국가와 폭넓은 협의를 통해 우리의 대외적 영향력을 확장해야 할 시점이다. 우리만큼 외교가 중요한 나라에서 우리만큼 지도자들이 외교를 모르는 경우도 드물어 걱정된다. 유능한 전문가를 활용하여 보완해 나가야 할 것이다.

아타튀르크는 공화제를 도입하고 개혁정책을 통해 국가를 개조하고자 한 전략가이었다. 또한 오스만 제국의 문제를 정확히 파악하고 국내적 상황과 국제적 흐름을 인식하면서 국가적 과제를 해결한 실천적 지도자였다. 중동 거의 모든 지역이 20세기 이후 지금까지도 종교적인 경직성과 사회적인 불안이 가시지 않고 있다. 튀르키예 역시 쿠데타 등 사회불안을 겪었고 권위주의적 통치 경향을 보이고 있지만 민주주의와 시장경제 체제를 유지해 오면서 중동국가 가운데서는 비교적 유연하고 발전적인 면모를 보여 왔다. 이는 100여 년 전, 긴 안목으로 국가를 설계한 무스타파 케말의 통찰력과 현실적인 개혁이 있었기에 가능했다는 것을 그 역사가 이야기해 주고 있다.

# XIV. 블라디미르 푸틴 대통령
## (러시아)

지도자의 판단과 결정이 국가의 존망을 좌우하고 있음을 러시아 · 우크라이나 전쟁은 말해 주고 있다.

1999년 푸틴 대통령이 옐친으로부터 권력을 이어받았을 때 러시아는 이미 곪아 있었다. 중국도 1978년 덩샤오핑이 최고 지도자가 되었을 때 인구로만 큰 대국이었을 뿐 가난한 농업국가 중의 하나였다. 두 나라 공히 커다란 국가적 위기 상황에 봉착하였는데 국가권력을 인수한 두 지도자가 선택한 길은 전혀 달랐다. 덩샤오핑은 15여년 통치하면서 국민들의 열악한 생활을 개선시키겠다는 목표로 교육과 기술을 최우선으로 두어 개혁개방정책을 채택하였으며 이 정책의 성공으로 중국은 미국과 겨루는 G2 국가가 되었다. 반면, 푸틴은 집권 후 소련의 영광을 되찾겠다는 목표로 국방비를 50% 증액하고 선제공격이 가능한 군사 독트린을 채택하는 등 군사력 확충에 중점을 두었다. 푸틴의 25년 집권기간 러시아는 군사적으로 세계 2위의 강대국을 유지하였지만, 경제적으로는 여전히 에너지에 의존하는 취약한 국가에서 벗어나지 못하고 있다.

## 전쟁 수렁에 빠진 러시아

2022년 2월, 러시아는 막강한 군사력을 활용하여 우크라이나를 침공하였다. 푸틴은 속전속결을 통하여 우크라이나를 점령하고자 하였으나 벌써 3년이 넘어 전쟁의 늪에 빠진 상황이다. 러시아·우크라이나 전쟁은 한국전쟁의 모습을 재현하면서 역사가 반복되는 느낌까지 든다. 1950년 김일성은 남한의 극심한 좌우 대립과 허약한 국방력, 미국의 방어선에서 한반도가 제외된 점을 감안하여 중국·소련의 지원을 받아 남한을 공격할 경우 단기간에 장악할 것으로 확신하고 침략하였다. 그러나 남한의 강한 저항과 미국을 포함한 우방의 지원으로 목표를 달성하지 못하고 전쟁은 3여 년간 지속되다가 분단으로 마무리되었다.

푸틴도 우크라이나 내부의 정정 불안이 오래 지속되었고, 미국과 유럽 간의 협력이 약화되었으며, 미국이 시리아·아프가니스탄에서 철수하는 등 대외 분쟁에 관여하기를 꺼리는 상황을 감안할 때 우크라이나를 공격하더라도 별문제 없이 빠른 시일 내에 장악할 것이라고 보았다. 더구나 푸틴은 러시아·우크라이나·벨라루스가 단일 민족이라는 개인적 신념 하에 친러시아 성향의 동우크라이나에 한정하지 않고 러시아의 강력한 군사력으로 우크라이나 전역을 쉽게 장악할 수 있다고 판단하였다. 그러나 우크라이나 국민들의 강한 저항과 서구 국가들의 강력한 지원으로 푸틴은 예상치 못한 상황에 직면하게 되었다. 전쟁이 장기전으로 가고 있는 가운데 푸틴은 전쟁 명분을 정당화하고 자신의 정치적 권력을 유지하기 위해서라도 그대로 물러서기 어렵게 되어 동우크라이나 지역을 집중적으로 공격하여 장악하였다. 러시아·우크라이나 전쟁은 푸틴 리더십의 한계를 드러내 주고 있으며 러시아는 유럽 국가와의 관계에서 신뢰를 상실하여 앞으로 헤쳐가야 할 길은 더욱 어렵게 되었다.

## 러시아·우크라이나 전쟁의 원인: 서구의 동진과 푸틴의 오판

러시아·우크라이나 전쟁이 발생한 이유에 대한 여러 분석이 있지만 서구의 동진과 국제 문제에 대한 푸틴과 서구 지도자 간의 시각 차이, 러시아의 국내정치적 상황, 유가의 변동 등 요인이 복합적으로 연관되어 있다고 보인다. 첫째로, 서구의 동진에 대한 강한 거부감 때문이다. 푸틴은 서구 국가들이 러시아의 특별한 이해가 있는 지역(Sphere of Privileged Interests) 즉 구소련 연방 시절의 영역을 인정하고, 서구 국가들이 이를 침해해서는 안 된다는 입장을 지속적으로 제기해 왔다. 그는 러시아 인접 국가들의 NATO 가입을 서구 국가들이 자제시키기를 원하였지만, 미국이 오히려 조지아·우크라이나·키르기스스탄의 색깔 혁명을 지원하고, 동유럽국가 및 발트 3국도 NATO에 가입하여 러시아의 안보에 위협을 준다고 불만을 터뜨렸다. 더 나아가 우크라이나·조지아의 NATO 가입도 논의되자 푸틴은 서구의 동진으로부터 러시아를 적극적으로 방어하고자 하는 강한 입장을 수시로 표명해 왔다.

푸틴의 전쟁은 국제 문제를 바라보는 그의 시각과도 연관되어 있다. 1991년 소련의 와해 이후 러시아의 변화에 대한 서구 지도자와 푸틴의 시각은 완전히 다르다. 서구 국가들은 1990년대를 평가하면서 러시아가 다원주의와 시장체제로 변환하여 새로운 전기를 맞았으며 냉전 와해 후 형성된 서구 주도의 국제질서에 따라 러시아를 재건하게 되면 러시아에 도움이 될 것으로 보았다. 반면 푸틴은 이것이 서구 제국에 의한 러시아 지배라는 시각으로 인식하면서, 러시아가 서구 체제를 수용함으로써 불평등이 심화되고 가난·혼란·무질서가 횡행하게 되었다고 본다. 그는 국민들에게 러시아의 위상을 부활할 필요성과 함께 서구 제국의 러시아 이해 침탈을 수시로 비판해 왔다.

푸틴은 1999년 12월30일 총리로서 행한 새천년 연설에서 국민들에게 강력한 국가로의 복원을 약속하고 애국심을 요청하였다. 그는 러시아의 오랜 전통을 지켜나가고 러시아가 국제사회에서 나름의 역할을 하고 대우를 받는 것이 자신의 소명이라고 생각하였다. 러시아의 영향권이라고 생각하는 구소련 연방이나 러시아 인접 국가들(Near Abroad)에 대하여 서방 국가들이 영향을 행사하는 상황, 특히 NATO의 동진을 푸틴은 수용하기는 어려우며 우크라이나 전쟁을 통하여 이를 저지할 필요가 있다고 보았다.

둘째, 푸틴의 정책적 판단이다. 그는 상대국의 장점과 허점을 간파하는 예리한 정치적 감각을 가지고 이해를 달리하거나 적대적인 국가 또는 단체와도 노련하게 협상해 왔다. 2014년 러시아가 크림반도를 점령하였을 때 서구 국가들이 경제제재를 하고 G8에서 러시아를 축출하는 대응 조치를 취하여 푸틴은 어려운 상황이었다. 그러나 그는 후쿠시마 원자로 사고 이후 세계 각국이 러시아 에너지에 의존하는 경향이 높아가는 상황에서, 시리아 내전이 확산되고 국제 테러가 빈발하자 러시아 제재에 참여하였던 유럽 국가들이 러시아와 협력하지 않을 수 없었던 상황을 냉철히 파악하고 있었다. 또한 트럼프 대통령 1기 시절 NATO 동맹 간의 균열이 일어나고, 미국과 유럽 간의 무역전쟁, 영국의 EU 탈퇴 등 서구 국가들의 갈등을 직시하면서 이를 놓칠 수 없는 기회로 보았다. 푸틴은 바이든 정부가 들어선 이후에도 미국과 유럽과의 관계가 충분히 복원되지 않았다고 판단하였으며, 에너지 공급을 통하여 독일 및 유럽의 발목을 잡고 있다고 인식하면서 서구 국가 간의 이견과 갈등을 활용했다. 푸틴은 미국과 유럽 간의 이해 충돌, 유럽 국가 간 다양한 이해관계, 러시아와 유럽과의 에너지 연계성, 중동문제에 대한 러시아의 영향력 등을 이유로 우크라이나를 침공하여도 서구 및 중견국들이 우크라이나를 적극적으로 지원할 것으로 예상하지 않았다.

셋째, 러시아 국민의 지지 등 국내 상황과도 관련이 있다. 푸틴이 집권 25년 동안 높은 국민적 지지를 받고 있는 것은 경제성장을 통하여 국가의 경쟁력이 높아지고 국민들의 생활이 나아져서가 아니라, 전쟁을 통하여 러시아의 위력을 펼치고 테러를 강력하게 제압하였기 때문이었다. 1999~2000년 제2차 체첸전쟁, 2008년 조지아 북부 지역 점령, 2014년 크림반도 점령, 2015년 시리아 내전 참전 시 국민들의 지지가 높았다. 그러나 2010년대 후반 이후 국내경제가 침체되어 국민적 지지가 하락하는 추세를 나타내자, 푸틴은 2022년 러시아·우크라이나 전쟁을 통하여 국민적 지지를 반전시키고자 한 것이라는 평가도 있다. 러시아 국민들은 우크라이나 침공이 국가의 위상을 높이는 행위이며 비록 우크라이나 국민들의 희생이 있더라고 러시아의 이해를 위하여 불가피한 조치라고 보면서 전쟁의 늪에 빠진 현재도 푸틴에 대하여 높은 지지를 보내고 있다.

넷째, 유가 요인을 무시하기 어렵다. 푸틴이 국민적 지지를 얻기 시작한 것은 1999~2000년 테러에 대한 강력한 대응이었지만 이것이 가능하였던 것은 유가의 상승과도 관련이 있다. 옐친 집권기인 1990년대는 유가가 배럴당 20불을 밑도는 추세였다가, 푸틴이 집권한 2000년 이후부터 상승하기 시작하여, 세계 금융위기 시기였던 2008~2009년을 제외하고 2014년까지 계속 상승세를 유지하였다. 이후 2015~2020년까지 하락 추세였다가 2021년 이후 유가가 다시 상승하는 경향을 보인다. 2015년 푸틴이 시리아 내전에 적극 관여한 시점을 제외하고는 체첸·조지아·크림반도·우크라이나 등 지역에서 전쟁한 시점에 대체로 유가가 상승하였으며 높은 유가가 푸틴의 전쟁을 뒷받침하였다.

## 푸틴의 높은 지지 배경: 사회적 불안과 경제적 파탄 경험의 트라우마

푸틴에 대한 국민들의 지지가 러시아·우크라이나 전쟁 발발 이후 80%를 상회하는 고공행진을 보이는데 그 배경을 살펴볼 필요가 있다. 러시아 국민들은 1980~90년대 사회적 불안과 경제적 파탄을 직접 경험하면서 생존의 불안에 대한 트라우마가 생겼다. 국민들은 고르바초프 대통령 시절 소련이 와해되고 옐친 대통령 시절 러시아가 무너져 내리는 국가위기 상황을 겪었으며 푸틴이 들어서서야 국가 위기를 극복했던 과정을 경험하였다. 1990년대 말 러시아는 말기 암 환자와 같았으며 러시아 전체가 암병동이었다. 대통령의 권위는 곤두박질치고 국민들은 하루하루의 생존을 고민해야 했다. 기업인들은 국유자산을 헐값에 매입하여 잇속을 챙기기에 바빴고 지방 정부는 중앙의 지원이 끊어지면서 각자도생하고 있었다. 북코카서스의 체첸에서는 또다시 독립전쟁이 일어나고 모스크바를 비롯한 여러 곳에서 테러가 빈발하였다. 당시 주 러시아 대사관에 근무했던 나는 언제 어디서 폭발물이 터져 죽을 수 있다는 두려움에 가득 찬, 표정 없는 얼굴들이 모스크바 거리를 걸어가고 있는 상황을 목도하기도 했다.

1998년에 시작된 금융위기가 계속되는 가운데 옐친은 1여 년 동안 4명의 총리를 갈아치우다가 1999년 8월, 또다시 푸틴을 새로운 총리로 임명하였다. 행정 경험이 일천하고 정치적 경험이 부족한 정보요원 출신의 푸틴이 갑자기 임명되자 언론들은 그가 얼마나 버틸지가 관심거리였을 뿐이었다. 그러나 푸틴은 총리로서 체첸의 독립 움직임에 대해 군대를 동원하여 강력하게 저지하고, 테러에 대해 다수 민간인의 희생을 감수하고라도 관용 없이 대응하였다. 사회적 혼란과 국가의 붕괴를 지켜보던 국민들은 푸틴의 등장을 반겼다. 임명 당시 1~2%의 국민적 지지에 불과할 정도로 무명이었던 그가 대통령 대행이 된지 불과 3개월 만에 실시된 2000년 3월 대선에서 53% 지지를 얻어 단독으로 정부를 구성하였다. 이후 대선에서 푸틴은 71%(2004년), 64%(2012년), 77%(2018년)의 지지를 얻었으며 전쟁 중인 2024년 대선에서는 무려 88%의 지지를 얻어 당선되었다.

또한 경제적인 성과도 이루었다. 매우 취약한 경제 상황에서 권력을 인수한 푸틴은 유가 상승에 힘입어 연간 7%의 성장을 달성하였다. 러시아는 2008년 세계 금융위기도 무난히 극복하여 2014년까지 경제가 순항하였고, 2000년 국민의 1/3이 빈곤 상태이었으나 2015년에는 11%로 하락하였으며 국민들의 수명도 증가하였다. 그의 경제지표는 2010년대 중반 유가가 급락하면서 나빠지기 시작하고 이와 동시에 그에 대한 지지도 점차 하락하는 경향을 나타내기도 하였다. 러시아·우크라이나 전쟁 발발 이후 전시 경제에 따라 생산이 늘어나고 비교적 높은 수준의 유가로 현재의 경제 수치가 비교적 견실하지만, 전쟁이 종료한 이후 인플레이션과 생산력 감소 등 경기침체가 나타날 가능성이 농후하다. 향후 10여 년 이상 정권을 이어가고자 하는 푸틴이 경제가 어려워질 경우 어떠한 정책을 취할지가 주목되는 점이다.

## 러시아의 위상 하락과 푸틴의 리더십 손상

러시아는 우크라이나와의 전쟁으로 유럽과 갈등이 확산된 것은 러시아의 책임이 아니라 우크라이나 및 서구 국가의 대 러시아 정책에 문제가 있었기 때문이라고 주장하면서, 우크라이나가 NATO에 가입하지 않는 가운데 러시아가 장악한 동우크라이나 지역을 확보하는 선에서 전쟁을 마무리하는 조건을 내세우고 있다. 이에 대하여 우크라이나는 러시아의 종전 조건을 수용하기 어렵다는 입장이나 다시 취임한 트럼프 대통령이 종전을 요구하고 있어 불리한 상황이다. 그렇다고 러시아에 반드시 유리하리라고 보기는 어렵다. 설령 러시아가 동우크라이나를 자국의 영향권에 편입한다고 하여도 현재의 취약한 경제 상황에서 조지아 북부·크림반도에 이어 동 우크라이나까지 지원하게 될 경우 이는 러시아의 경제 여력을 초과하여 러시아 경제에 커다란 부담을 줄 수밖에 없다.

유럽의 강한 저항도 푸틴에게는 향후 커다란 부담이 될 것이다. 러시아는 서구 국가의 연합이 와해거나 이완되는 것과 비례하여 러시아의 이해는 증가한다고 보면서 러시아·우크라이나 전쟁이 유럽 국가 상호 간 이해 충돌을 가져올 것으로 보았다. 헝가리 등 일부 국가가 러시아에 동조하는 성향을 보이지만 푸틴의 기대와는 달리 대부분 유럽 국가는 우크라이나를 적극 지원하고 있다. 그 이유는 우크라이나 침공을 방치할 경우 러시아의 야욕이 유럽으로 확산될 가능성이 있다고 보았기 때문이다. 러시아에 대항하여 유럽 국가들은 국방력을 강화하는 한편 경제 제재에 적극 참여하고 미국과 안보협력을 재설정하고 있다.

또한 유럽 국가들이 에너지 구조를 전환하고 있어 이는 러시아의 에너지 수출에 중장기적으로 부담을 줄 여지가 크다. 비슷한 사례가 1973년 및 1979년 석유 위기 상황이었다. 당시 급등하는 유가에 대응하여 전 세계 국가들은 중동산 석유에 의존하던 구조에서 미국·영국은 신규 유정 개발, 프랑스는 원전, 일본은 에너지 효율화 방안을 추진하였다. 이와 마찬가지로 유럽 국가들이 러시아의 석유·가스 의존도를 점감해 나갈 경우 에너지 이외에 경쟁력 있는 상품이 거의 없는 러시아는 중국에 더욱 의존하게 되면서 국가경쟁력은 약화될 수밖에 없는 상황으로 가게 될 것이다.

중동에서도 러시아의 역할이 급락하고 있다. 러시아는 그동안 중동의 이란·이스라엘·사우디아라비아·튀르키예 등 국가들이 서로 경쟁하는 관계를 활용하여 자국의 이해를 극대화하였다. 14여년 지속된 시리아 내전에서 러시아는 아사드 정권을 지원하는 가운데 군사적 진출을 통하여 중동에서 그 위상이 높아졌다. 러시아가 시리아 문제에 관여한 것은 시리아 내전을 종식시키거나 시리아와 인근 국가 간의 이해 조정을 통하여 중동 문제를 해결하기보다 시리아를 거점으로 중동에서 자국의 영향력을 확대하는 것이었다. 사우디아라비아·UAE 등 친서방 중견국들은 러시아와의 대척적인 관계를 만들지 않기 위해 서구의 대 러시아 제재 요청에 참여하지 않았지만 그렇다고 하여 러시아를 신뢰할 수 있는 협력국가로 인식하는 것은 아니다.

중동 국가들의 미국과의 관계는 지금까지도 원만하지 않은 상황도 러시아에는 유리한 여건이지만 이를 활용할 여유가 없다. 2010년대 오바마 행정부의 갈팡질팡한 중동 외교와 2017년 트럼프 대통령이 시리아 파견 병력을 철수하는 데 실망하여 중동 국가들은 미국을 더 이상 안보적으로 신뢰할 수 있는 국가로 보지 않고 있다. 또한 2025년 2월 트럼프 대통령이 가자지역을 점령하여 개발하겠다는 발표에 대하여 이스라엘을 제외한 중동 국가들이 반대하는 입장을 표명하고 있어 미국과 중동 국가 간의 불협화음이 지속될 것으로 보인다. 그럼에도 러시아는 우크라이나와의 전쟁에 총력을 기울일 수밖에 없었다. 시리아에 대한 군사 지원을 줄일 수밖에 없었으며 이 결과 아사드 정권이 2024년 무너지고 러시아의 중동 거점이 사라졌다. 오랫동안 러시아의 영향이 절대적이었던 코카서스 지역에서도 변화가 일어나고 있다. 친러시아 성향의 아르메니아가 친유럽 방향으로 변하고 있으며 아제르바이잔·조지아의 독자적인 움직임도 강화되어 코카서스 지역에서 러시아의 위상과 영향력이 하락하고 있다.

푸틴에 대한 러시아 국민의 지지는 여전히 높지만, 그의 통치력에 대한 국제적 의구심도 점증되고 있고 국제 신인도는 하락하고 있다. 러시아 군대 자체적으로 전쟁을 수행하는 것이 어려워지자 바그너 그룹의 용병을 활용하였다가 그 수장이었던 예브게니 프리고진의 도전을 받기도 하였고 최근에는 북한군의 파병을 받아 전쟁을 수행하기에 이르렀다. 아울러 집권 초기부터 언론을 장악하여 여론을 통제하고, 기업의 자산을 몰수하여 경제활동이 위축되어 왔으며, 정부에 비판적인 여러 정치인·기업인·언론인들이 피살되는 사례가 빈발하여 안전의 위협을 느끼는 상황에 이르는 등 러시아에 대한 국제적 위상과 푸틴의 국정운영 능력은 점차 떨어지고 있는 것으로 평가된다.

## 지도자의 판단과 선택, 국가의 존망과 직결된다

러시아·우크라이나 전쟁을 계기로 러시아에 비판적인 서구 입장이 타당하지만, 우리의 지형적 위치도 감안하여 러시아와 유럽을 냉철히 바라볼 필요가 있다. 러시아의 영토 규모 및 전략적 중요성, 핵무기 보유, 유엔안보리에서의 거부권, 풍부한 자원 등을 감안한 러시아와의 협력 필요성 측면과 러시아의 대외침략 성향 및 북한과의 군사협력 등 경계할 측면을 같이 보아야 한다. 유럽 국가들은 인권·민주주의 등 국제 보편적 가치를 강조하여 왔지만 정작 오래 지속된 시리아 내전에서 아사드 정부의 비인도적인 처사에 대하여 독일을 제외하고 관여하기를 꺼렸다. 또한 대규모 시리아 난민의 유입에 대하여 극도로 경계하면서 자국의 이해를 우선시하였던 이중성을 간과해서는 안 된다.

중동·유럽에서의 러시아의 행태에 비추어 푸틴의 한반도 정책은 북한의 비핵화에 기여하거나 남북한의 평화적인 통일을 지원하기보다 자국의 이해 측면에서 남북한과의 협력을 저울질하여 왔다. 최근 러시아·우크라이나 전쟁에 북한이 파병하면서 러시아의 친북한 입장은 더욱 강화되고 있다. 한동안 우리는 신북방 경제정책을 수립하면서 남북한·러시아간 에너지 수송로를 연결하는 방안이 우리 국익에 부합된다는 의견도 제기된 바 있다. 그러나 러시아의 행태로 볼 때 우리의 에너지 수입원이 러시아와 연계될 경우 서로 협력으로 나가기보다 유럽에서 나타난 것과 같이 러시아의 압력으로 다가올 수도 있다는 점을 인식하여야 한다. 나아가 트럼프 2기 정부 출범 이후 미국과 러시아 관계가 어떻게 전개될 것인가도 주시하여 대처해야 할 것이다. 다만 러시아가 한반도의 인접

국이고 경제·과학·문화 등 협력 여지가 많으며 다수의 우리 기업과 교민들이 진출하고 있음을 감안하여 현실적인 접근도 필요하다는 점을 고려해야 한다.

아울러 러시아·우크라이나 전쟁이 주는 교훈도 되새겨야 한다. 러시아가 전쟁의 늪에 빠진 것은 우크라이나 국민들이 국가를 지키겠다는 강력한 의지로 러시아의 침공에 대응하기 때문이다. 이러한 점에서 본다면 북한의 점증하는 핵 위협에 대응하기 위하여 한미 동맹을 더욱 발전시켜 나가는 동시에 무엇보다 중요한 것은 우리 스스로 군사적 자강 역량을 강화해야 한다는 점이다. 국방력 강화 및 한미 동맹과 함께 우리의 외교력도 더 유연화하고 다변화시켜야 한다. 일본·중국·러시아와 이해를 달리하는 것을 불편하게 생각하고 병폐로 인식하는 경향이 있는데 사안에 따라 입장이 다른 것은 당연하다. 강력한 한미동맹이 중국의 협력을 배제하는 것이 아니며 우크라이나에 대한 인도적 지원이 러시아와의 접촉을 차단하는 것은 아니다.

아울러 지도자의 판단과 결정이 국가 운명을 좌우하는 현실을 되새겨야 한다. 푸틴 대통령은 우크라이나 전쟁을 일으킨 장본인으로 국제적 책임에서 벗어날 수 없다. 그는 유가 상승에 따른 국가의 부를 국민의 삶과 국가 경쟁력의 증강을 위하여 투자하지 않고 전쟁으로 소련의 영광 재현이라는 목표를 달성하고자 하였다. 젤렌스키 대통령 역시 국내 심각한 분열이 있는 가운데 무능한 측근을 등용하고, 서구만을 믿고 러시아의 불만을 등한시하여 전쟁을 막지 못하였다. 지도자들의 잘못된 판단으로 러시아와 우크라이나 국민들이 엄청난 손해를 입고 있으며 이들 국가의 위상은 하락하고 있을 뿐만 아니라 국제사회를 불안하게 만들고 있다. 지도자가 선택하는 길이 국가의 존망을 좌우하고 있음을 러시아·우크라이나 전쟁은 말해 주고 있다.

# XV. 우고 차베스 대통령
## (베네수엘라)

국민들을 석유로 옭아진 망에 밀어 넣었고 지도력의 상실 탓에 실패한 국가가 되었으며 그 피해는 국민들이 오롯이 지고 있다. 과거와 현재의 실패에서 교훈을 얻지 못한 채 국민들은 보이지 않는 미래로 떠밀려 가고 있다.

최근 100년간 베네수엘라 역사를 읽다 보면 남의 나라 이야기이지만 답답해진다. 19세기 라틴 아메리카의 독립을 선도했던 영웅 볼리바르의 거점 국가이기도 했던 베네수엘라가 국제사회의 조명을 받기 시작한 것은 1914년 석유를 발견하고서부터이다. 열대 농작물을 재배하던 농업국가 베네수엘라는 석유로 인하여 국가 구조가 완전히 바뀌었다.

엄청난 석유가 부존하여 국가 발전의 원동력이 될 수 있었으나 오히려 국가 혼란의 원인이 되었는데 이는 지난 100여 년간 지도자다운 지도자가 부재하였던 것과 관련이 있다. 가난하고 혼란에 빠졌던 베네수엘라를 구하리라고 생각했던 정치 아웃사이더 우고 차베스는 14년간의 통치를 통하여 나라를 오히려 나락으로 빠트렸다. 후계자인 마두로는 차베스의 잘못된 정책을 지금까지 그대로 이어가면서 베네수엘라는 남미의 최빈곤 국가로 전락하였다. 지난 110여 년 가운데 약간의 호황기가 있었지만, 수십 년간에 걸쳐 혼미한 정세는 지속되고 국민들은 국경을 넘어 탈출하고 있다. 죽은 차베스가 여전히 통치하는 나라, 베네수엘라는 어떤 문제를 가지고 있는가?

## 석유에 매달린 베네수엘라의 경제구조

베네수엘라의 현재 문제를 이해하는 것은 의외로 쉽다. 석유의 개발 및 운용과 차베스 대통령의 리더십을 좇아가 보면 된다. 우선 국가 경제 자체가 모두 원유를 중심으로 이루어지고 있어 원유생산 규모와 국제유가에 따라 국가 경제가 좌지우지되는 구도이다. 얼마나 많은 석유를 부존하고 있는지는 그 수치가 말해 준다. 2022년 BP Statistical Review of World Energy 보고서에 의하면 베네수엘라의 확인된 원유매장 규모가 3,040억 배럴로 세계 원유매장의 18%를 차지하고 있다. 이는 사우디아라비아의 2,980억 배럴을 능가하고 세계 1위 생산국인 미국의 690억 배럴과는 비교가 되지 않을 정도이다. 그런데 일일 생산량을 본다면 베네수엘라는 2021년 기준으로 60.5만 배럴이었다가 미국의 제재가 일부 완화된 탓에 생산이 증가하면서 2024년 92.1만 배럴을 기록하고 있다. 그러나 미국 1,340만 배럴, 사우디 1,080만 배럴, 러시아 1,075만 배럴에 비하여 빈약하기 그지없다.

베네수엘라가 석유에 의존하기 시작한 것은 1914년 메네 그란데(Mene Grande) 지역에서 경질유가 발견되면서부터이고 이후 오리노코(Orinoco) 지역에서 대규모 중질유가 발견되었다. 석유가 처음 발견된 당시의 후안 고메즈(Juan Vincent Gomez) 대통령부터 현재의 마두로 대통령까지 군부출신이든 민선이든 관계없이 국가경제 정책은 석유수출로 얻은 대금을 국가사업이나 해외 물품 수입에 대규모로 지출하고 그래도 부족할 경우 외채를 유치하여 방만하게 국가 재정을 운용했다.

에너지 보유 국가에서 나타나는 전형적인 네덜란드 병(Dutch Disease)이 발생하여 베네수엘라 국가 경제는 파탄으로 치닫고 있다. 그 과정을 살펴보게 되면 우선 석유를 대규모로 수출하여 외화(달러) 유입이 증가하게 되고 볼리바르 화폐 가치가 상승하게 되었다. 이에 따라 베네수엘라의 수출품 가격은 비싸지고 수입품 가격이 상대적으로 하락하게 되면서 국내 수출산업 및 전통적인 농업은 점차 경쟁력을 잃게 되고 수입품으로 대체하게 되었다. 석유 대금이 확대되면서 국내 임금은 증가하게 된 반면 낮은 수입품 가격에 힘입어 소비는 증가하고 국내 물가가 상승하게 되었다. 이 결과 경쟁력이 하락한 국내 산업이 도산하면서 실업이 증가하게 되었다. 이에 정부는 근본적으로 경제 구조를 조정하기보다 손쉽게 취할 수 있는 물가통제 정책을 채택하였는데 그 영향으로 시장에서 물건이 사라지면서 물가는 더욱 상승하고 오히려 암시장이 활기를 띠게 되었다.

석유 생산 규모나 유가의 등락에 따라 국가 경제가 좌지우지되는 경제 구조가 고착되는 가운데, 정부는 석유 대금을 가지고 사회사업을 실시하거나 교통·전기·주택 등 국민들의 생활을 보조하였으며 국민들은 미약한 소득원이나 국가의 보조금으로 생활하는 형태가 되었다. 지난 100여 년간 어느 대통령이 집권하더라도 국민들은 노동을 통하여 소득을 올리는 것이 아니라 오로지 석유를 바라보고 불로소득을 현금자동인출기(ATM)에서 돈을 뽑아내 소비하는 식이었고, 이 과정에서 지도층은 지도층대로 부패로 얼룩졌다.

## 왜 베네수엘라 국민들은 차베스 집권에 열광하였는가?

베네수엘라의 현재에 접근하기 위해서는 20세기 역사와 함께 차베스 정권이 등장한 배경을 이해하여야 한다. 1998년 왜 국민들은 차베스 대통령을 선택했고 열광했으며 지금도 그에 대한 향수가 깊게 남아 있을까? 석유에 의존하던 베네수엘라는 1970년대에 빈부격차가 있었지만, 유가 상승에 힘입어 당시 1인당 국민소득으로 보면 라틴 아메리카의 가장 부유한 국가로 전체적인 부의 규모가 영국에 비견할 정도였던 나라이었다. 그러나 1980년대 들어 유가가 하락하기 시작하면서 국민소득이 하락하게 되고 경제의 불안이 가속화되었다.

서구의 언론들은 차베스 시대를 비판하기 위하여 1970년대에 1인당 국민소득이 높았고 사회적 불평등도 다른 라틴 국가보다는 상대적으로 낮았다는 지적을 한다. 그러나 1970년대 역시 정책의 성공에 기인하여 경제가 활성화되었다기보다 당시 유가가 상승하는 추세이었기 때문일 뿐 석유 의존 경제 취약성은 내재한 상황이었다. 오히려 석유 수출액이 증가함에 따라 고질적인 집권층의 부정부패가 횡행하고 석유 수입이 항상 증가하리라는 잘못된 시각으로 공공부문의 지출이 확대되어 왔다. 이에 따라 정부 적자가 심해지고 또한 수입도 증가하여 무역적자 역시 악화되었다. 이를 보전하기 위하여 대외 채무도 증가하였으며, 중앙은행의 외환보유고가 감소하게 되자 볼리바르화의 가치가 하락하는 상황이 일어났다.

1980년대 이후 유가가 하락하는 가운데 국가 경제가 어려워지자 1984년 새로이 집권한 하이메 루신치 정부는 재정·금융정책의 확대를 추구하였는데 이 결과 통화가치가 더욱 하락하면서 높은 인플레이션이 발생했다. 이에도 불구하고 정부는 지속적으로 공공지출을 확대하고 통화를 추가 발행함으로써 인플레이션이 더욱 가속화되었다. 공공부문의 적자가 많이 증가되는 가운데 인플레이션을 완화하기 위하여 정부가 물가를 통제하고 농산물 가격을 동결하자 국민적 저항이 점증하였다. 민심이 떠나 국민들에 대한 통제가 어려워지자, 1989년 카를로스 안드레스 페레스 정권으로 교체되었다.

1970년대 경제가 비교적 나았다는 환상으로 국민들은 당시 대통령이었던 페레스 정부에게 기대하였지만, 그가 재집권하였던 1980년대 말 국가 경제는 이미 붕괴 직전의 단계이었다. 페레스 정부는 IMF 지원을 요청하면서 충격요법으로 경제적 활로를 모색하고자 하였다. 이를 위한 조치로 통화 평가절하, 재정 긴축, 석유·공공요금 인상, 관세 인하 조치 등을 취하였는데 이에 국민들은 대규모로 반발하면서 1989년 시위·폭동·살인이 크게 벌어진 카라카소 사건이 발생했다. 1970년대 가파른 상승을 하던 유가가 1980년대에 하락하면서 점차 빈곤층이 증대되고 국민들의 삶이 피폐해지자 1989년 불만을 품은 국민들의 데모가 대규모로 발생한 것이다. 이러한 상황에서 1992년 젊은 군인인 우고 차베스가 군부 쿠데타를 시도하였지만 실패하여 국가는 더욱 혼미한 상황이 되었다.

페레스 정부는 국민적 반대로 경제적 성과 없이 물러나고 1994년 라파엘 칼데라 대통령이 집권하였는데 그도 페레스 대통령과 같이 1969~1974년간 집권한 바가 있는 정치인이었다. 그는 경제적으로 반개혁의 기치를 내걸면서 정치적으로는 1992년 쿠데타 실패로 수감 중인 차베스를 석방하는 등 정치적인 포용 조처를 하였다. 그러나 그의 재임 기간에도 높은 인플레이션, 통화가치 하락, 경기 침체가 지속되었으며 1996년에는 또다시 IMF의 지원을 받을 정도로 경제 상황은 좋지 않았다.

1989년 대규모 데모 이후 1990년대 베네수엘라는 경제적 위기가 가속화되고 있었다. 국민들 사이에서는 부패한 정부 엘리트와 대기업이 서로 공조하여 국가의 부를 독점적으로 향유하는 반면 일반 대중들은 점차 빈곤화하고 있다는 시각이 널리 퍼지고 있었다. 이와 같이 차베스 집권 이전 베네수엘라의 상황은 매우 좋지 않아 대중적인 인기를 얻은 차베스가 등장하기에는 호기였다. 1998년 대선에서 차베스 후보는 석유 자원이 풍부한 국가에서 어떻게 국민들이 빈곤에서 벗어나지 못하고 경제가 혼미스러운가를 지적하면서 정치세력·대기업·외국기업을 신랄하게 비판하였다. 기존 정치인들을 불신하던 국민들은 새로운 정치 신인인 차베스의 애국심과 열정, 그리고 막대한 석유 자원을 활용하여 가난한 서민들을 위하여 나라를 재건하겠다는 그의 구호에 국민들은 적극 호응하였다. 이 결과 차베스는 대선에서 당선되었으며, 1999년 2월 대통령으로 취임하였다.

## 국가를 나락으로 빠트린 차베스의 정책

　차베스가 변화를 바라는 대중의 지지를 업고 정권을 잡을 수 있었던 것은 기득권 세력에 의한 부와 권력의 독점, 부정부패에 원인이 있었다. 이후에도 2000년·2006년·2012년 대통령 선거와 헌법개정 등 여러 차례의 국민투표에서 승리할 수 있었던 것은 국민들이 기존 정치인을 불신한 반면, 차베스가 부를 재분배하여 나라를 부강하게 만들 것이라는 믿음이 있었기 때문이다.

그는 집권한 직후 국민들의 지원을 등에 업고 베네수엘라의 정치·경제 제도를 완전히 바꾸었다. 의회를 해산한 후 1999년 새로이 제헌의회를 구성하고 이를 통하여 새로운 헌법을 채택하였다. 국명을 베네수엘라 볼리바르 공화국(Republic Bolivar of Venezuela)으로 바꾸고 양원제 의회를 단원제로 바꾸어 행정부의 권한을 강화하였다. 전 국민에게 의료서비스를 무상으로 제공하고 판사 임명에 행정부가 관여하도록 하였다. 빈곤 해소를 위하여 '미시온'이라는 이름의 사회복지사업을 새로이 신설하고 크게 확충하였다. 의료서비스를 제공하는 미시온 바리오 아덴트로 사업, 문맹 퇴치 및 교육 확대를 위한 미시온 로빈손 사업·미시온 리바스 사업·미시온 스크레 사업, 빈민층 식량 공급을 위한 미시온 메르칼 사업 등을 실시하였다.

이를 위한 재원은 석유 수출로 조성한 석유 기금으로 상당 부분 충당하였다. 국제 석유회사에 대한 재정적 인센티브를 폐지하고, 석유기업의 베네수엘라 지분을 60%로 상향하여 외국 회사의 운영권을 장악하였다. 베네수엘라 국영석유회사(PDVSA)가 관할하던 석유수출기금은 정치 중립적인 재원으로 인식되어 이전의 대통령들은 이 기금을 사회사업과 연계하지 않았다. 그러나 차베스는 이 기금을 사회사업에 활용할 수 있도록 하였으며, 외국 석유사에 이전보다 높은 세율을 부과하여 거둔 세금 수입도 차베스의 정치적 및 사회적 사업을 하는 데 이용하였다.

차베스는 사회주의 정책을 천명하고 대규모로 국책 사업을 시행해 나갔는데 시운도 따랐다. 차베스의 재임 기간에는 경제가 비교적 견실한 가운데 빈곤율이 하락하고 소득 불평등이 일부 호전되는 상황도 발생하여 국민들은 더욱 열광하였다. 그러나 이는 국가 산업의 경쟁력이 높아진 결과가 아니라 의존하고 있는 석유의 국제가격 상승에 의한 것으로서 경제 수치가 증명하고 있다. 1999년 2월 차베스 대통령 취임 시 유가(서부 텍사스유 기준)는 배럴당 12.3불에 불과하였으나 그가 사망한 2013년 3월의 유가는 97.2불이었다. 2008년 6월에는 140불로 치솟을 때도 있었고 세계 금융위기로 2009년 2월 한때 44.7불로 하락한 적이 있지만 대체로 차베스의 통치 기간에 유가는 높은 수준이었다. 그가 집권한 1999년 이후 2013년까지 석유 수출대금으로 벌어들인 금액이 7,680억 불이나 되며, 유가가 폭등한 2012년 한 해만 해도 930억 불의 수출 대금을 거두었다. 그러나 거두어들인 엄청난 수출대금을 시설투자나 불황기에 대비하여 저축하기보다는 사회사업 시행에 소진하여 차베스가 사망할 당시 남은 금액은 불과 300만 불 정도에 불과했다.

차베스에 대한 국민적 지지가 높은 수준으로 지속될 수 있었던 데는 2008년 세계 금융위기도 일조하였다. 베네수엘라인들은 탐욕스러운 자본주의와 이에 편승하는 국제적 대기업의 행태 그리고 시장에 모든 것을 의존하는 신자유주의적 경향으로 인하여 미국 중심의 금융시스템이 붕괴되었다고 보았다. 이와 반대되는 차베스의 정책이 오히려 적절하며 궁극적으로 빈곤을 줄이고 번영을 가져올 것이라는 믿음이 국민 간에 확산되었다. 이러한 착시효과로 국민들의 차베스 지지는 높았으며 이에 도취되어 반대층에 대한 비판을 강화하고 포퓰리즘 시책이 대규모로 시행되었다. 차베스는 대중적 지지를 계속 확보하기 위하여 빈곤층을 위한 사회사업을 강화하는 가운데 부유층을 공격하고 전략기업을 국유화하였다. 또한 대통령에 대한 견제 장치인 언론·의회와 사법부를 장악하고, 법과 질서의 확보·재산권 보호 등 경제 안정을 지탱해 주는 법 제도를 무력화하였다.

그는 고정환율제를 실시하면서 정부외환기관(CAVIDI)이 외환을 배분하는 역할을 하도록 하였다. 빈곤층을 지원한다는 명목으로 볼리바르화의 고환율을 실시하였는데 정권과 결탁된 계층은 가치가 낮은 볼리바르화로 달러를 구입하여 이를 암시장에서 높은 환율로 판매하여 수익을 거두는 상황으로 변했다. 점차 볼리바르화의 가치가 하락하면 할수록 이를 가지고 달러를 CAVIDI에서 더 많이 구매하여 암시장에서 이익을 확보해 나갔다. 일부는 수입품 규모를 실제보다 더 부풀려 기록하면서 그 차이를 관련자들이 서로 나누는 형태로 부패가 더욱 활개를 쳐 나갔다.

석유 수출기금을 사회사업으로 전환하여 충당하는데 국영석유회사(PDVSA) 직원들 상당수가 반대하였다. 이에 차베스는 PDVSA 전체 직원의 반 정도인 18,000여 명을 대규모로 해고하고 석유 수익을 대통령실에서 직접 통제하였다. 석유공사 사장을 비롯한 고위급 전문 인력을 해고하면서 그 자리에는 전혀 경험이 없는 군부 인사나 추종자를 임명하였다. 이 결과 석유공사 등 국영기업은 점차 적자로 전환되고 비효율적으로 운영되었다. 정부기관 역시 그 투명성과 독립성이 훼손되었는데 석유 수출기금이나 세금이 부족하면 중앙은행에서 통화를 발행하도록 하여 물가는 급상승하였다.

정치적인 면에서 차베스 집권 초기에는 선거가 비교적 자유로웠지만 공정하지는 않았다. 차베스는 법을 준수한다는 명목 하에 제헌의회를 새롭게 구성하고 친여당 성향의 대법원 판결을 통하여 상대를 무력화시켰다. 그는 1999년에 대법원을 해산하여 새로운 대법원을 구성하였으며 2004년에는 대법관 수를 20명에서 32명으로 늘려 증가된 판사 자리에 친여 인사를 임명하여 사법 체계를 무너뜨렸다. 이러한 결과 정부입장에 배치되는 판결은 한 건도 나오지 않았다.

점차 정부에 비판적인 언론은 폐쇄하고 야당 인사·판사·언론인들을 체포하여 추방하거나 유력한 야당 후보는 선거에 나서지 못하도록 하는 등 민주주의를 무너뜨렸다. 그는 포퓰리스트 정치인 또는 포퓰리스트 아웃사이더가 보이는 특성을 대표적으로 보였는데 기존의 정당, 기성 정치인들을 비민족적이라고 매도하고 엘리트 집단에 대하여 강하게 반대하는 성향을 노골적으로 나타냈다. 이로써 사회적 문제를 깊이 있게 토의하고, 경쟁력 있는 후보를 길러 내거나 정당 내 선동가를 식별하여 퇴출하여야 하는 정당의 기능이 무너져 내렸다.

차베스의 독특한 면은 국민과의 대화 프로그램을 통하여 감정적인 통치를 하였다는 점이다. 그는 국민들을 대상으로 매주 일요일 오전 '안녕, 대통령 각하(Hello President)' 라는 일종의 리얼리티 프로그램을 시행하여 선풍적인 지지를 끌어내었다. 이 프로그램에서 부유한 지역의 건물 소유주를 쫓아내라고 즉석에서 지시하였으며, 빈곤한 지역의 개발정책을 발표하고, 석유공사의 임원을 해임하는 등 가공이 아닌 실제 일어나는 상황을 TV 화면으로 방영하였다. 그는 1999~2012년까지 2,377회, 1,695시간의 방송을 통하여 국민들과 직접 접촉하였는데 각 부처 장차관은 언제 어디서 자신을 불러낼지 모르는 대통령의 리얼리티 프로그램 앞에 항상 대기하여야 했다. 이 프로그램에서 그는 자신의 이데올로그(차비스모, Chavismo)를 국민들에게 주입해 나갔는데 이 과정에서 빈곤층은 부유층에 대한 적대감을 가지게 되어 점차 국민들을 편 가르기 하는 분열을 조장하였다.

## 나락에서 더욱 헤어나기 어렵게 만드는 마두로 대통령의 정책

경제적 논리를 도외시하고 정치적인 감각으로 실시한 정책은 차베스 집권 후반기에 들어서면서 점차 부정적인 결과를 낳기 시작하더니 새로 집권한 니콜라스 마두로 대통령 시절부터는 경제가 곤두박질치는 상황이 발생하였다. 사회사업을 시작한 여러 국책사업은 마무리되지 못한 채 흉물로 전락하고 곳곳에서 정전 사태가 빈발하였으며 정비되지 않은 도로·다리 등으로 지역별 이동도 점차 어렵게 되었다. 차베스의 실패한 정책을 그가 2013년 죽은 이후에도 후임인 마두로 대통령이 승계하여 지금까지 이어오면서 베네수엘라는 점차 깊은 늪으로 빠져들었다. 포퓰리즘 정책이 지속되어 국가가 만성적인 부도 상황으로 내몰리고 더 이상 새로운 전환점을 찾기 어려운 상황에까지 이르고 있으며 그 결과 극빈층이 차베스 집권 이전보다 늘어나고 많은 국민들이 해외로 탈출하고 있는 실정이다.

석유에 의존하던 경제가 석유 감산 및 유가하락과 함께 무너지기 시작했다. 석유 생산은 석유 위기가 발생한 1973년 일일 370만 배럴, 차베스 대통령이 집권하기 전인 1998년 340만 배럴에서 2021년 60.5만 배럴로 급전직하하였다. 이 원인은 크게 세 가지이다. 첫째 베네수엘라가 현재 생산하는 석유의 대부분은 중질유(extra-heavy crude oil)로 원유를 정제하기 위하여 높은 기술이 필요하다. 이를 위하여 재투자와 선진 기술도입이 필수적인데 외국 기업을 적대시하고 외국 기업에 대한 인센티브가 거의 사라져 해외기업의 투자 및 발굴이 거의 중단되었다. 둘째 국유화한 석유공사(PDVSA) 역시 전문 인력을 대규모로 해고하고 석유 기금도 탕진하여 재투자가 어려운 상황이다. 경험 없는 경영진들로 인하여 부패, 비효율 그리고 낭비가 고착되었다. 셋째 일부 석유를 채굴하여 중국 등에 수출하기는 하지만 주요 수출선인 미국의 경제제재로 수출도 원활하지 않았다. 이러한 가운데 2014년 이후 유가가 하락하기 시작했으니 국가 경제는 돌아가지 않게 되었다.

1960년 OPEC의 창설에 기여하기도 했던 베네수엘라가 국제 석유시장에서 그 역할이 점차 하락하고 있을 뿐만 아니라 수출의 98%, 정부 수입의 50% 정도를 담당하는 석유 수입이 불확실하여 경제가 곤두박질치고 있다. 유가 하락과 생산량이 점감한 결과 석유 수출로 인한 대외수입이 급감하기 시작하여 2015년에 350억 불, 2016년에 260억 불, 2019년에는 230억 불에 불과하였다.

대외채무도 급증하였고, 인플레이션은 2018년에 100만 %라고 하니 가늠하기가 어렵다. 기업 활동 여건의 경우 190개국 가운데 188위로 가장 어렵고, 투명도 역시 161위이니 외국 기업의 투자가 이루어질 여건이 아니다. PDVSA 수출대금과 중앙은행 발행액 등 1,420억 불을 2005~2014년간 발전기금펀드(Fonden)으로 조성하였는데 이 기금 사용도 모자라 석유 수입을 보증 삼아 대규모 외국 대출을 받았다. 석유를 담보로 하여 중국으로부터 500억 불 등 620억 불의 중국 기금을 조성하였으나 탕진하였다. IMF 통계도 베네수엘라 경제 상황을 극명하게 나타내 주고 있다. 2013~2019년까지 GDP의 65%가 줄어들었는데, 미국의 대공황 시절인 1929~1933년간 27%가 줄어든 것과 비교하면 얼마나 줄어들었는지를 가늠할 수 있을 뿐이다. 베네수엘라 중앙은행이 발표한 인플레이션은 2018년에 130,060%이고 2019년에 하락하여 9,586%라고 하니 입이 벌어진다. 볼리바르화의 가치는 2012년에 달러당 23센트에서 2021년에 0.0000000000025센트이다.

국가 경제를 차베스가 엉망으로 만들고 마두로가 지속적으로 무너트려 왔다. 생산수단을 국유화하고 민간 기업을 수용하는 등 사회주의를 채택하였지만, 그 결과는 처참하고 국유화한 기업은 이제 애물단지가 되었다. 그 예로서 Sidor라는 철강회사는 2007년에 430만 톤을 생산하였는데 국유화된 이후 2019년의 생산은 0으로 전무하며, 그럼에도 고용은 5,600명에서 14,000명으로 증가하는 해프닝이 일어났다.

경제가 급락하는 상황에서 마두로 대통령은 실패한 차베스 정책을 그대로 답습하고 있다. 2014년 들어 유가 하락으로 석유 수출액 규모가 줄어들면서 점자 투기가 생기고 이에 따라 인플레이션이 발생하였다. 이에 정부는 상품의 가격통제를 하였으며 이는 물품의 부족을 재차 야기하고 또다시 인플레이션을 더 악화하는 결과를 가져왔다. 정부는 석유 수출대금이 줄어들자 정치적 목적으로 시행한 사업을 지속하기 위하여 중앙은행의 통화 발행을 확대하였다. 이에 인플레이션이 증가하자

다시 가격통제를 하여 암시장이 활성화하게 되었다. 고정환율제를 고수하는 가운데 볼리바르화는 통화로서의 기능을 거의 상실하였다. 위기에 대한 근원적이고 장기적인 전략을 시행하여야 함에도 오히려 임기응변의 전술만 횡행하여 사회는 더욱 혼란해지고 있다.

마두로 대통령 역시 국가의 발전보다 정권을 유지하는 데 모든 노력을 기울이고 있다. 군인에 의한 쿠데타를 우려하여 전문적 경험이 없는 군·관계 인사를 장관, 지방 주지사 또는 발전사 사장으로 임명하는 당근책을 쓰는 반면, 쿠바 정부의 협력을 받아 군에 대하여 감찰하고 반대자를 숙청해 나갔다. 군인을 중요한 정부 기관의 책임자로 임명하면서도 이들의 동향을 주시하는 점에서 차베스가 군 지도자를 다루었던 것과 유사하다.

친여 성향의 대법원과 선거관리위원회의 효력은 마두로 정권에서도 두드러지게 나타났다. 2015년 12월 총선에서 압승한 야당은 의회 표결을 통하여 정치인 사면법, 비상사태 선포 중단, 예산안 조정 등 법안을 통과시켰다. 이에 친여 성향의 대법원은 야당이 추진한 법안을 위헌이라고 결정하여 의회를 무력화시켰다. 2018년 대선에서는 후안 과이도 후보가 이겼다고 야당은 선언하였지만, 무위로 끝나고 말았다. 2024년 7월 베네수엘라 대선이 있었는데 선거관리위원회는 마두로 현직 대통령의 재당선을 발표하였다. 여러 여론 및 투표 출구 조사에서 압도적으로 야당 후보의 당선이 예상되었기에 야당 지지층의 항의가 격심했지만 이후 흐지부지되었다. 1999~2013년, 14년간 집권했던 차베스 대통령이 사망한 이후 정권을 장악한 마두로는 2018년 대선에 이어 2024년 선거로 다시 6년간 집권하게 되어 17년간 통치하게 된다.

## 출구가 막힌 베네수엘라, 왜 포퓰리즘이 위험한가

차베스의 통치로 국가 구조가 흐트러졌는데 동일한 이념으로 통치하고 있는 마두로의 통치가 지속되고 있어 베네수엘라의 장래는 어둡다. 석유의 발견으로 한때는 남미의 부국이었던 베네수엘라가 지도자의 잘못된 통치로 쇠락의 길을 밟고 있어 현재는 출구가 막힌 상황이다. 언젠가 뛰어난 지도자가 나와 재생하기를 기대하지만 설령 활력을 찾더라도 예전의 수준까지 이르기에는 상당한 기간이 소요될 전망이다.

차베스가 집권할 당시 기득권층의 부정부패로 빈곤이 더욱 악화되고 있는 등 베네수엘라의 정치·경제 상황은 매우 어려웠기에 당시 국민들은 새로운 지도자를 강렬하게 원하고 있는 시점이었다. 국민들의 불만을 정확하게 대변하고 빈곤 타파를 슬로건으로 내세우는 등 새로운 정책 방향을 제시한 차베스는 압도적인 지지를 받아 집권하였으며 이후 사망할 때까지 국민들의 입맛에 맞는 포퓰리즘 정책을 지속적으로 이행하였다. 그에게 운도 따라 대통령으로 집권한 1999년부터 유가가 저점에서 반등하여 재정적인 여유가 충분하였기에 어려운 사람들에게 초점을 맞춘 정책을 초기에는 무리 없이 추진할 수 있었다.

그러나 차베스의 정치 실험과 포퓰리즘은 대규모 난민을 양산하였다. 국민들은 더 이상 희망이 없어 대규모로 자국에서 탈출하고 있다. 해외 난민으로 전전하는 사람이 770만여 명에 이르렀는데 이는 인구 3,100만여 명 가운데 25%가 떠난 것이다. 국민들은 차베스가 제공한 달콤한 보조금에 젖어 자신들이 거주하는 사회가 붕괴되고 서 있는 장소가 점차 늪으로 빠져들고 있다는 것은 느끼지 못하였다. 한때 고평가된 볼리바르화로 달러화를 싸게 사서 해외여행을 빈번히 다니면서 쇼핑에 돈을 뿌렸다. 아르헨티나의 페로니즘처럼 베네수엘라의 차비스모(Chavismo)가 사회를 좀먹는 것을 알지 못하였다.

베네수엘라는 지난 100년간 대규모로 매장된 석유를 활용하기보다 석유에 의존하는 페트로 국가(Petro State)가 되었다. 지도자들은 국민들을 석유로 옭아진 망에 밀어 넣었고 국민들은 덫에 갇혀 있다. 지도력의 상실 탓에 실패한 국가, 마피아 국가가 되었으며 그 피해는 국민들이 오롯이 지고 있다. 과거, 현재의 실패한 과정에서 전혀 교훈을 얻지 못한 채 국민들은 보이지 않는 미래로 떠밀려 가고 있다. 남의 나라 역사지만 답답한 이유이다.

## 글을 마치며

　성공한 지도자의 자서전이나 평전을 읽는 동안은 왠지 모르게 들떠 내가 무엇을 이루는 느낌이었다. 이에 반해 실패한 지도자에 관한 책을 읽을 때면 마음이 묵직해지고 가슴이 답답했다. 러시아에 근무하는 동안 만난 따뜻한 러시아 사람들 모습이 눈에 떠오른다. 운전기사와 가정부 일을 하면서도 시간 나는 대로 책을 읽고 돈을 꼬깃꼬깃 모아 미술관을 방문하는 등 문화를 사랑하는 사람들이었다. 러시아가 잘 발전되어 이들이나 이들의 자손이 어깨를 펴고 활동하기를 바랐다. 그러나 코카서스 지역을 여행하면서 만난 러시아인들은 비교적 여유가 있는 사람임에도 주눅 들어 있는 모습이 보여 안타까웠다. 전쟁을 일으킨 나라에서 온 사람이라고 손가락질 받을 것이 두려워 그러하지 않을까! 난민촌에서 만난 시리아 여성은 자신을 감추기에 여념이 없는 가운데 애잔한 눈빛으로 나를 쳐다보았는데 그 모습이 내 기억에 아직도 뚜렷하다. 지도자의 잘못된 통치로 국민들은 자신감을 잃고 가난의 굴레에서 오랫동안 벗어나지 못하고 있다.

　이는 선진국에서도 마찬가지이다. 1970년대 석유 가격 급상승으로 어느 나라나 경제위기가 지속되고 미래가 불투명했다. 지미 카터 대통령은 1979년 연설을 통하여 당시의 정황이 에너지 위기와 함께 윤리적·정신적 위기라고 진단하면서 구체적인 방안보다 국민들의 희생을 요구하여 지금도 대통령 스스로 비관적인 의견을 표명한 연설로 회자되고 있다. 이 연설은 리더십의 상실을 상징하는 대표적인 사례로서 신뢰의 위기에 대한 연설, 불쾌감을 유발하는 연설(Malaise Speech)이라고 비판받고 있다. 리콴유는 지도자의 위치가 어려운 상황에서도 국민들을 격려하고 긍정적인 자극을 주도록 노력해야 하는 자리이지, 자신의 복잡한 생각을 공유하고자 하는 자리가 되어서는 안 된다고 하면서 카터의 행태를 비판하였다.

지금 우리의 현실은 성공한 13명의 지도자를 맞대는 것이 아니라 실패한 2명의 지도자나 카터 대통령을 보는 것 같다. 지도자는 국내외 흐름을 잘 파악하고, 위기를 어떻게 헤쳐 나가며 기회를 어떻게 활용할지에 대한 자신의 입장이 있어야 한다. 이를 근거로 국민들에게 어떠한 정책을 왜 해야 하는지 그리고 어떻게 할지를 설명하고 설득해야 한다. 즉 시대적 흐름, 이에 따른 정책 방향과 목표, 현시점에서 정책을 시행할 필요성 등에 대한 거시적인 시각과 미시적인 실천 방안을 가지고 추진해야 한다. 이 책에서 설명한 13명의 지도자가 성공한 근저에는 이를 실천한 데 있으며 2명의 지도자가 실패한 원인은 이러한 시각조차 가지지 못한 데 있다.

성공한 지도자들이 주는 교훈은 무엇일까? 먼저 이들은 시대적 흐름을 관통하여 읽었고 무엇을 해야 할지를 알았다. 이를 근거로 이들 지도자 대부분 자신의 글로 자신이 앞으로 무엇을 할 것인가를 기록하였고 연설로 발표하였다. 비스마르크·시어도어 루스벨트·처칠·리콴유 등은 역사를 공부하라고 하였는데 뛰어난 지도자들은 현재의 문제를 해결하기 위하여 과거의 역사로부터 얻은 교훈을 활용하였다. 역사는 과거 실책에 대한 경고등이고 미래를 안내하는 나침판으로 현명한 정책을 취하거나 결정하는데 커다란 도움이 된다. 역사적 사건을 통하여 성공한 지도자들의 공통

요인을 분석해 보면 리콴유·슈뢰더 등은 무엇을 해야 할지를 정확히 인식하고 있었다. 처칠·드골·브란트 등은 현장 경험이 풍부하여 시대적 흐름을 꿰뚫고 있었으며 프랭클린 루스벨트, 존 에프 케네디·로널드 레이건 등은 의회 및 국민들에게 부단한 설득 노력을 해 나갔다. 최근의 우리 지도자들은 시대적 흐름을 파악하지 못한 채 무엇을 해야 할지 방향을 잡지 못하다 보니 이미 일어난 과거의 사안을 다시 들추어내어 다투고 있다. 자신의 정책을 설명할 연설문을 스스로 작성할 지도자가 몇 명이나 될까 하는 의구심이 든다.

지도자는 어떤 정책을 왜 해야 하는지를 그리고 어떻게 추진할지에 대해서도 꿰뚫고 있어야 한다. 미국의 레이건 대통령은 사회보장제도 개혁에 대한 기본 구상을 토대로 사회보장 위원회를 구성하여 각 계층의 의견을 수렴하고 시대적 요구를 제도 개선 방안으로 담았다. 독일의 슈뢰더 총리는 노동 개혁 없이 국가경쟁력이 저하될 밖에 없다는 냉철한 판단으로 '어젠다 2010'이라는 개혁안을 입안하였다. 노동계·기업계 및 심지어 자신을 지지하는 사민당의 반대 및 격렬한 비판을 받으면서도 계속 설명하고 어렵게 추진하여 국가의 경쟁력을 회복하였다.

지난 10여 년간 리더십의 위기를 겪고 있는 우리 국민 모두는 새로운 대통령이 진정 성공한 지도자가 되기를 바라고 있다. 성공한 지도자들도 항상 성공만 이룬 것이 아니라 결코 적지 않은 실책도 범하였다. FDR은 대법원을 개혁하려다 실패하였으며, 스탈린의 술수를 읽지 못하여 동구 및 동아시아에서 소련의 영향이 확장되었다. 덩샤오핑은 천안문 사태를 수습하는 과정에서 많은 사상자가 생겼고 리콴유가 조언하기까지 동남아 국가들이 중국을 어떻게 생각하는지 몰랐다. 처칠은 오스만 제국과 벌인 갈리폴리 전쟁에서 잘못된 전략으로 수십만 명의 젊은 사병들이 전사하는 결과를 초래한 장본인이다.

이러한 실책에도 불구하고 이들은 자신의 가치관, 전문가들의 조언, 정책의 유연성을 결합하여 궁극적으로 성공을 끌어냈다. 누구라도 지도자의 위치에 올랐다고 한다면 상당한 수준의 역량을 갖춘 것이 틀림없다. 그러나 자신의 경험을 과신하거나 또한 경험의 미숙함에 불안하거나 하면 성공할 수가 없으며 자신감을 가지고 탄력성 있게 대처할 경우 성공한 지도자가 될 것이다. 존 에프 케네디는 미숙한 가운데 출발하였지만, 다양한 조언과 자신의 판단 및 용기로 뛰어난 지도자가 되었다. 푸틴은 미약한 가운데 출발하였는데 강한 리더십과 유가의 상승으로 성공의 가능성이 높았지만, 자신의 역량에 대한 과신과 충성 지향적인 측근을 등용하여 실패한 지도자의 길을 걷고 있다.

성공한 지도자와 실패한 지도자의 리더십을 되돌아보면서 리더십의 위기에 처한 우리의 현시점에서 새롭게 선출될 지도자는 무엇을 해야 할까? 시대 흐름을 우선 읽고 현재의 위기를 탈출하기 위해서 통합·민생·안보 등 중요한 과제를 해결하고 개혁하는 데서 시작해야 한다. 이를 위하여 현재 어떤 상황에 있는지, 상황을 극복할 과제가 무엇인지, 이를 타개하기 위한 방안이 무엇인지를 알 수 있는 능력이 있어야 한다. 이와 함께 국정을 운영할 각료 등을 임명하는 것이 무엇보다 중요하며 이것이 성공한 대통령의 출발점이 될 것이다. 지난 10여 년간 위기의 저변에는 인사의 실패에 기인하고 있는데, 그동안 의견이 다를 경우 인정하지 않으려는 경향이 서로 강하다 못해 고착되었다. 이를 풀어나가기 위해서는 성공한 지도자들이 인사에 대한 시각을 깊이 숙지하여야 할 것이다. 리콴유 총리는 정치인들이 선거기간 동안 도움을 준 사람들을 중요한 자리에 등용하는 잘못된 경향을 지적하면서 인재를 등용하는 데 정치적인 논리를 배제하여야 한다는 점을 강조하였다.

지도자는 리더십이 무엇인가를 정확히 인식해야 한다. 리더십을 연구한 제임스 번즈는 '리더십은 특정한 동기와 가치를 가진 사람들이 경쟁과 갈등 국면에서 리더와 추종자들의 독자적 또는 공유하고 있는 목표를 실현시키기 위하여 다양한 경제·정치·기타의 자원을 활용하는 상호 과정이다.'라고 설명하고 있다. 축약한 표현이기에 이해하기 어려운 점이 있지만 리더는 첫째, 국내외적으로 항상 경쟁과 갈등이 존재함을 인식하여 이에 적극적으로 대응할 용기를 가져야 하며, 둘째 추종자와 함께 공유하는 목표가 무엇인가를 정확히 인식하는 가운데 이를 정책으로 제시할 줄 알아야 한다. 셋째, 추종자와의 상호 작용이기에 자신의 정책을 무조건 실행하는 것이 아닌, 설득하고 이해를 시킬 수 있도록 노력하여야 한다. 이를 위한 여러 역량이 필요한 데 키신저는 우선 현재 상황에 대한 냉철한 분석이 우선되어야 함을 지적한 후 균형감각·용기·전략 등을 제시하였고, 리콴유는 결단과 용기를 지적하였으며, 처칠은 역사로부터 얻는 지혜를 언급하고 있다.

성공한 지도자들의 경우 여러 공통점이 나오는 데 현시점에서 우리에게 교훈이 될 몇 가지를 간추려본다. 우선 지도자는 침착해야 한다. 지난 10여 년의 국가 통치가 사실상 방향을 잃었고 국론은 양분되어 있다. 대통령은 선거 과정에서 심각히 양분된 국론을 통합하고, 국가를 위하여 자신이 품고 있었던 꿈이나 선거 과정에서 공약한 내용을 빨리 실현하고 싶을 것이다. 더욱이 지지층의 요구에 적극 부응한다는 명분과 함께 집권 초기에 강하게 밀어붙이지 않으면 이루기가 어렵다고 하니 더욱 조급해진다. 그러나 조급한 가운데 지지층을 의식하면 실패한다. 이럴수록 한 호흡을 늦추면서 여유를 가져야 한다. 미국의 조지 부시(43대) 대통령은 9.11 사태 직후 국민적 분노와 지지를 등에 업고 또한 민주주의를 중동에 이식하겠다는 종교적 신념으로 정보를 조작하면서까지 조급하게 이라크를 침공하였지만, 소기의 성과를 거두지 못한 채 무능한 대통령이 되었다. 차베스 대통령은 부정부패·빈부격차 해소를 원하는 국민적 염원에 힘입어 집권 직후부터 대대적인 포퓰리즘 개혁을 실시하였으나 실패로 끝나고 오히려 빈곤이 악화되면서 베네수엘라는 시리아 다음으로 많은 난민 송출국이 되었다. 이에 반해 프랭클린 루스벨트는 경제대공황 상황에서 그리고 진주만 공격을 받았다는 보고를 받고도 침착함을 유지하면서 자신의 정책을 치밀하게 추진하였다. 앙겔라 메르켈은 독일이 유럽의 병자로 전락하였던 전후 가장 어려운 시점에 박빙의 승리로 집권하였지만, 학자 출신답게 냉정하고 차분한 가운데 꼼꼼하게 국정을 운영하였다.

지도자는 어려운 결정을 하는 자리이다. 이를 위하여 여러 시각에서 중요한 문제를 바라보는 인사들로 의사결정 매커니즘을 구성한 가운데 다양한 의견을 들어 자신의 판단과 용기로 최종적인 의사결정을 해야 한다. 케네디는 집권 후 100일도 되지 않은 시점에 군사적인 이해를 우선시하는 CIA·합동참모부의 건의에만 의존하여 쿠바 카스트로 정권 전복을 위해 쿠바 망명자들이 주도하는 피그스 만 침공을 승인했지만 처절한 실패로 끝났다. 그는 이후 소련의 쿠바 핵미사일 배치 사건에 직면하여 일부 인사에 의존하기보다 여러 전문가의 상이한 방안을 들은 이후 결정하여 핵 위기를 지혜롭게 수습하였다. 오바마 대통령은 오사마 빈 라덴의 사살 조치를 결정하는 과정에서 서로 의견이 상반되는 부통령·국무장관·CIA 국장·국방장관 등 다양한 의견을 청취한 이후 최종 시행하도록 지시하여 성공으로 이끌었다. 우리의 경우 주요 정책 결정이 전문가가 아니라 자신을 지지한 인사 중심으로, 단선적으로 이루어지면서 성과를 거두지 못하였던 점을 지도자는 냉엄하게 인식해야 한다.

지도자는 유연해야 한다. 자신의 결정이 예상하는 성과를 거두는지 확인하면서 대응해야 한다. 성과가 없는 정책은 구호에 불과하다. 대중주의에 휩싸여 이상에 치우친 가운데 성과 없는 정책을 남발하거나 아니면 실현 불가능한 정책을 인기에 영합하여 추진하는 것은 결코 국익에 도움이 되지 않는다. 공약에 따른 정책이라도 소기의 성과를 거두지 못하고 있다고 판단되는 경우 다른 방안으로 선회할 수 있어야 한다. 리콴유는 자신의 정책이 예상한 결과를 내지 못할 경우 시정할 수 있는 용기도 있어야 한다고 설명하고 있다. 지지층만의 환호에 기대어 애초부터 실현하기 어려운 정책이나 약속하였기에 이행해야 한다는 것을 고집할 경우 자신의 정권뿐만 아니라 다음 세대에 부담으로 이어진다.

인재등용이 무엇보다 중요하며 유연할 필요가 있다. 외교의 경우 미·중 갈등, 러시아·우크라이나 전쟁 등으로 강대국 간의 이해가 상충되고 트럼프의 재집권과 북한의 핵미사일 개발로 주변 4강 및 북한과의 관계가 어느 때보다도 어렵게 되었다. 대통령이 급변하는 국제 상황을 이해하고 결정을 내리기에 쉽지 않고 국제 문제를 현장에서 다루어보지 않았던 지도자가 현재의 외교 문제를 맡기에는 너무나 위중한 상황이다. 이러한 점을 감안하여 보수·진보 정권 관계없이 능력을 평가받았던 인사를 영입 대상에 포함시켜 검토하는 유연성을 가져야 한다.

결론적으로 통합이 요구되는 현재의 엄중한 상황에서 성공한 대통령이 되기 위해서 당선에 공헌한 지지자가 아니라 전문가들을 중심으로 한 주요 의사결정 시스템을 구축하는 것이다. 전문성이 미약한 측근·정치인·시민단체 대표 중심으로 정책 결정그룹을 만들고 이들이 자신의 이해 계층에 초점을 맞추어 의사결정을 하여 정부의 실패를 초래하였다는 점을 유의하여야 한다. 이를 반면교사로 삼아 각 부처 장관이나 주요 직책에 경륜 있는 현장 전문가를 임명하고 그들에게 권한을 위임하면서 또한 책임을 묻는 시스템을 구축하는 것이 성공하는 지도자가 되는 길이다.

## 참고한 자료

강미현, 『비스마르크 평전』, 에코리브르, 2010

게르하르트 슈뢰더, 『아직도 시간은 있다』, 생각의 나무, 김누리 옮김, 1999

게르하르트 슈뢰더, 『슈뢰더 자서전』, 김소연·엄현아·박성원 옮김, 메디치미디어, 2017

그래햄 엘리슨, 로버트 블랙윌, 『리콴유가 말하다』, 석동연 옮김, 행복에너지, 2015

그레고리 쇨겐, 『빌리 브란트』, 빗살무늬, 2003

그레이엄 앨리슨, 필립 젤리코, 『결정의 본질』, 김태현 옮김, 모던 아카이브, 2018

김남균, 『로널드 레이건』, 선인, 2011

김형곤, 『로널드 레이건』, 살림, 2007

김황식, 『독일의 힘, 독일의 총리들 1 & 2』, 21세기 북스, 2022 & 2023

나가타 아키후미, 『미국 한국을 버리다』, 이남규 옮김, 기파랑, 1992

니콜로 마키아벨리, 『군주론』, 권혁 옮김, 돋을새김, 2005

대런 애쓰모글루, 제임스 A. 로빈슨, 『국가는 왜 실패하는가』, 최완규 옮김, 시공사, 2012

대릴 커닝엄, 『푸틴의 러시아』, 장선하 옮김, 어크로스, 2022

데라다니 히로미, 『러시아인의 의식구조』, 송원옥 옮김, 2000

도리스 컨스 굿윈, 『혼돈의 시대 리더의 탄생』, 강주헌 옮김, 로크미디어, 2020

랄프 마틴, 『우리시대의 영웅 케네디』, 허인회 옮김, 새롬 미디어, 1995

로버트 댈릭, 『케네디 평전』, 정초능 옮김, 도서출판 푸른 숲, 2007

루치르 샤르마, 『애프터 크라이시스』, 이진원 옮김, 더 퀘스트, 2017

리처드 뉴스타트, 『대통령의 권력』, 이병석 옮김, 다빈치, 2014

리콴유, 『리콴유의 눈으로 본 세계』, 유민봉 옮김, 박영사, 2017

마이클 돕스, 『1945』, 홍희범 옮김, 모던아카이브, 2018

----------, 『1962』, 박수민 옮김, 모던아카이브, 2020

마이클 베슐로스, 『대통령의 용기』, 정상환 옮김, 지식의 숲, 2009

마이클 해스큐, 『드골』, 박희성 옮김, 플래닛미디어, 2012

마틴 자크, 『중국이 세계를 지배하면』, 안세민 옮김, 부키, 2010

모식 템킨, 『다시 리더란 무엇인가』, 왕수민 옮김, 어크로스, 2024

박지향, 『윈스턴 처칠: 운명과 함께 가다』, 아카넷, 2023

박홍규, 『혼돈의 길 리더의 길』, 한국교육방송공사, 2020

보리스 존슨, 『처칠 팩터』, 안기순 옮김, 지식향연, 2018

볼프강 쉬벨부시, 『뉴딜: 세 편의 드라마』, 차문석 옮김, 지식의 풍경, 2009

빌리 브란트, 『빌리 브란트: 동방정책과 독일의 재통합』, 정경섭 옮김. 하늘땅, 1990

사빈포레로 멘도자, 『프랭클린 델러노 루스벨트』, 김병욱 옮김, 동아일보사, 2003

샤를 드골, 『드골: 희망의 기억』, 심상필 옮김, 은행나무, 2013

세바스티안 에드워즈, 『포퓰리즘의 거짓 약속』, 이은진 옮김, 살림 BIZ, 2012

슈테판 코르넬리우스, 『위기의 시대 메르켈의 시대』, 배명자 옮김, 한솔수북, 2014

스티븐 레비츠키, 대니얼 지블랫, 『어떻게 민주주의는 무너지는가』, 박세연 옮김, 어크로스, 2018

아더 슐레진저, 『세계의 대회고록 전집: 케네디』, 김철용 옮김, 한림출판사, 1983

알렉산더 판초프, 스티븐 레빈, 『설계자 덩샤오핑』, 유희복 옮김, 알마, 2018

앙겔라 메르켈, 베아테 바우만, 『자유』, 박종대 옮김, 한길사, 2024

앙드레 말로, 『참나무를 쓰러뜨리다』, 심상필 옮김, 은행나무, 2015

얀 베르너 뮐러, 『누가 포퓰리스트인가』, 노시내 옮김, 마티, 2016

에르하르트 콜브, 『지금 비스마르크』, 김희상 옮김, 메디치, 2021

에즈라보걸, 『덩샤오핑 평전』, 심규호·유소영 옮김, 민음사, 2014

엘렌 브라바르 테네브, 『오토 폰 비스마르크』, 백선희 옮김, 동아일보사, 2003

엘리너 루스벨트, 『자서전』, 송요한 옮김, 히스토리아, 2022

오바마, 『담대한 희망』, 홍수원 옮김, 알에이치코리아, 2007

원석조, 『미국 사회복지의 역사』, 공동체, 2018

월터 라퀴, 『푸티니즘』, 김성균 옮김, 바다출판사, 2017

이수현(편집), 『대통령의 성공조건』, 동아시아연구원, 2002

이승만, 『독립정신: 구한말 동북아 정세와 대한제국의 최후』, 김충남 편집, 일곡문화재단, 2010

이주흠, 『역사속의 리더십』, 박영사, 2007

정한용, 『21c의 힘, 탁월한 리더십 드골』, 글로리아, 2005

제바스티안 하프너, 『처칠 끝없는 투쟁』, 안인희 옮김, 돌베개, 2019

제임스 더글러스, 『케네디와 말할 수 없는 진실』, 송설희·엄지현 옮김, 말·글빛냄,

제임스 맥그리거 번스, 『역사를 바꾸는 리더십』, 조중빈 옮김, 지식의 날개, 2008

제임스 브래들리, 『임페리얼 크루즈』, 송정애 옮김, 프리뷰, 2009

제프리 베스트, 『절대로 포기하지 않겠다: 윈스턴 처칠 그 불굴의 초상』, 김태훈 옮김, 21세기북스, 2010

조영남, 『개혁과 개방』, 민음사, 2016

조윤수, 『오스만 제국의 영광과 쇠락 튀르키예 공화국의 자화상』, 대부등, 2022

조지 맥짐시, 『위대한 정치의 조건』, 정미나 옮김, 21세기북스, 2010

조지프 나이, 『미 대통령의 리더십과 미국 시대의 창조』, 박광철·구용회 옮김, 인간사랑, 2015

존 군터, 『루우즈벨트』, 박관숙 옮김, 한림출판사, 1972

존 램스덴, 『처칠: 세기의 영웅』, 이종인 옮김, 을유문화사, 2004

존 미첨, 『처칠과 루스벨트』, 이중순 옮김, 조선일보사, 2004

존 바네스, 『케네디 리더십』, 김영철 옮김, 마젤란, 2006

존 스타인벡, 『분노의 포도』, 김승욱 옮김, 민음사, 2008

존 에프 케네디, 『용기있는 사람들』, 배철웅 옮김, 민예사, 1990

제럴드 섹터 & 비아체슬라프 루츠코프, 『흐루시초프: 봉인되어 있던 증언』, 김국원 옮김, 시공사, 1991

처칠, 『처칠 회고록』, 문일영 옮김, 신태양사, 1965

카차 호이어, 『피와 철: 독일 제국의 흥망성쇠 1871-1918』, 이현정 옮김, 마르코폴로, 2024

캐서린 벨턴, 『푸틴의 사람들』, 박중서 옮김, 열린 책들, 2020

케이키 마튼, 『메르켈 리더십: 합의에 이르는 힘』, 윤철희 옮김, 모비딕북스 2021

키신저, 『헨리 키신저의 외교』, 김성훈 옮김, 김앤김북스, 2023

키티 켈리, 『낸시 레이건』, 하워드 최 옮김, 1991

톰 플레이트, 『리콴유와의 대화』, 박세연 옮김, 알에이치코리아, 2013

팀 마샬, 『지리의 힘』, 김미선 옮김, 사이, 2016

-------, 『지리의 힘 2』, 김미선 옮김, 사이, 2021

폴 보커, 『달러의 부활』, 안근모 옮김, 어바웃북, 2020

폴 켄고르, 『레이건 일레븐』, 조평세 옮김, 열아홉, 2020

필리프 라트, 『드골 평전: 그의 삶과 신화』, 윤미연 옮김, 바움, 2003

필립 젤리코, 콘돌리자 라이스, 『독일통일과 유럽의 변환』, 김태현·유복근 옮김, 모음북스, 2006

프레드리크 스탠턴, 『위대한 협상: 세계사를 바꾼 8개의 협정』, 김춘수 옮김, 말·글 빛냄, 2012

해리슨 솔즈베리, 『새로운 황제들』, 박월라, 박병덕 옮김, 다섯수레, 2013

헨리 키신저, 『리더십』, 서종민 옮김, 민음사, 2023

----------, 『헨리 키신저의 외교』, 김성훈 옮김, 김앤김북스, 2023

후베르트 자이펠, 『푸틴 권력의 논리』, 김세나 옮김, 지식갤러리, 2018

Bahr, Egon. and Kissinger, Henry. *Remembering Willy Brandt*, Schriftenreihe der Bundeskanzler-Willy-Brandt-Stiftung, 2003

Bismarck, Otto von. *Bismarck: the Man and the Statesman vol 1 & 2*, Forgotten Books, London, 2018

Boot, Max. *Reagan: His Life and Legend*, Liverright Publishing Corporation, 2024

Brands, H.W. *Reagan: The Life*, Doubleday, New York, 2015

Brandt, Willy. *the Ordeal of Coexistence*, Oxford University Press, Cambridge Massachusetts, 1963

-------, *My Life in Politics*, Viking, 1992

Brinkley, Alan. *Franklin Delano Roosevelt*, Oxford University Press, 2010

Burns, James Macgregor. *Leadership*, Harperperennial Political Classics, New York, 2010

Carroll, Rory. *Comandante Hugo Chavez's Venezuela*, Penguin Books, New York 2014

Colton, Timothy J. *Russia: What everyone needs to know*, Oxford University Press, 2016

Dalton, Kathleen. *Theodore Roosevelt: A Strenuous Life*, Vintage Books, New York, 2002

Dennett, Tyler. *Roosevelt and the Russo-Japanese War*, Double Day and Company, 1959

Dobrynin, Anatoly. *In Confidence*, Times Books, New York, 1995

Gallegos, Raul. *Crude Nation: How Oil riches ruined Venezuela*,

New York 2019

Geyer, David C. and Schaefer Bernd.(edit), *American Detente and German Ostpolitics 1969-1972*, German Historical Institute, 2004

Goldman, Marshall I. *Petrostate: Putin, Power and the New Russia*, Oxford University Press, 2010

Gould, Lewis. *The Modern American Presidency*, University Press of Kansa, 2009

Hanioglu, Sukru. *Ataturk*, Princeton University Press, Princeton, 2011

Julian, Jackson. *De Gaulle*, the Belknap Press of Harvard University Press, Cambridge, 2018

Kennedy, Robert F. *Thirteen Days: A Memoir of the Cuban Missile Crisis*, Norton & Company, New York, 1999

Kinross, Patrick. *Ataturk*, Weidenfeld & Nicolson, London, 1993

Mandelbaum, Michael. *The Titans of the Twentieth Century*, Oxford University Press, 2024

McFaul, Michael. *From Cold War to Hot Peace*, Houghton Mifflin Harcourt, Boston, 2018

Neuman, William. *Things are never so bad that they can't get worse*, St. Martin's Press, New York, 2022

Oswald, Edwin G. and Axelrod, Alan. *From Ronald to Donald*, McFarland & Company, Jefferson North Carolina, 2024

Reagan, Ronald. *Ronald Reagan: An American Life*, Threshold Editions, 1990

Roosevelt, Theodore. *An Autobiography*, Harper Collins, 2015

Sinn, Hans-Werner. *Can Germany be saved?*, The MIT Press, Cambridge, 2007

Sorensen, Ted. *Counselor*, Harper Collins, New York, 2008

Steinberg, Jonathan. *Bismarck A Life*, Oxford University Press, 2012

Stent, Angela E. *Putin's World*, Twelve, New York, 2020

Stone, Norman. *Turkey*, Thames & Hudson, 2014

Strock, James M. *Theodore Roosevelt on Leadership*, Three Rivers Press, New York, 2003

Szabo, Stephen F. *Germany, Russia and the Rise of Geo-Economics*, Bloomsbury, London 2015

Trenin, Dmitri. *What is Russia up to in the Middle East?*, Polity, 2018

Zakaria, Fareed. Culture is Destiny: A conversation with Lee Kuan Yew, *Foreign Affairs*, March/April 1994, pp. 109-126